本书由华侨大学华文学院“汉语国际教育与语言学研究著作专项课题”资助出版。

汉语国际教育与语言学研究丛书

总主编　胡培安

现代汉语准宾语结构研究

基于及物性理论的视角

Investigation on Modern Chinese Quasi-Object Construction from the Perspective of Transtivity Theory

王　倩　著

社会科学文献出版社
SOCIAL SCIENCES ACADEMIC PRESS (CHINA)

目　录

零　绪论

0.1　研究缘起、研究对象与研究角度

0.1.1　研究缘起

准宾语是现代汉语中一类较为特殊的宾语。一般认为，典型的宾语是动作的目标或受事，比如“买菜”中的“菜”、“打球”中的“球”，而汉语中的准宾语不是动作的目标或受事。朱德熙（1982）指出，汉语中的准宾语按内容差异分为动量宾语、时量宾语、数量宾语；其中，动量宾语一般指动量词充任的表示动作次数的宾语，动量词可按来源分为四类，分别是专用动量词、借用名词做动量词（动词、名词间不存在动宾关系）、借用名词做动量词（动词、名词间存在动宾关系）、重复动词做动量词，见例（1）；时量宾语一般指由表示时量的数量词或数量名结构充任的宾语，时量宾语表示动词延续的时间，见例（2）；数量宾语一般指出现在形容词述语后的，由度量词、不定量词和“很多、不少、多少”等充任的宾语，表示程度，见例（3）（引自朱德熙 1982:116）。

（1）a. 看一次　说一遍　走一趟　b. 踢一脚　砍一刀　洗一水
　　c. 放一枪　睡一觉　打一仗　d. 看一看　想一想　玩一玩
（2）等一会儿　走一天　学一年　住一个月　聊半个小时
（3）a. 长了三尺　好一百倍　b. 轻一点儿　好一些
　　c. 长了很多　小了不少

准宾语虽然在语义上不是典型的动作受事，但依然被定性为宾语，一方面是因为它能直接出现在宾语位置；另一方面是因为动词准宾语结构与动词宾语

结构在形式上还存在许多相似之处，见例（4）（引自朱德熙，1985:52）。

（4）a. 买一本——买了一本——买个一两本——买他一两本
——买一本书——一本也没买（动词＋名量）
b. 洗一次——洗了一次——洗个一两次——洗他一两次
——洗一次头——一次也没洗（动词＋动量）
c. 住一天——住了一天——住个一两天——住他一两天
——住一天旅馆——一天也没住（动词＋时量）

但是，准宾语在语义上又和典型的真宾语存在区别，因此是“准宾语”，而不是“真宾语”，准宾语是与真宾语相对而言的。郭锐主编北大版《现代汉语》（待出版）指出，述宾结构如“洗衣服”“看书”“喜欢他”中的宾语是典型的宾语，指称实在的对象，动词跟宾语的搭配是自由的，这类宾语是真宾语；但是，有些述宾结构中的宾语是非典型的，或是宾语并不能指称实在对象，如“喝他三天三夜”“看一下”，或宾语跟动词的搭配受到很大限制，如“高他一头”“跑了一身汗”，这类宾语是准宾语。

准宾语和真宾语相似，但不等同于真宾语。除了指称和搭配自由度的差异外，本书发现，准宾语、真宾语在动态篇章中有不同的语义功能表现。例（5a）中“吃食堂”的后续事件“学生用餐可以打折”是对“吃食堂”整体的进一步说明，而不是对动作对象“食堂”的说明；例（5b）中“吃饭”的后续事件说明的是动词对象“饭”，即语料中的“几个盘子几个碟的菜”和“主食”，后续事件不说明“吃饭”结构整体。除此之外，例（6a）中“吃食堂”需要整体与“吃盒饭”“吃农民家里的饭”并列；而例（6b）中“吃”的对象能与“早饭”“午饭”单独并列，存在并列缩合，但没有结构整体的并列。

（5）a. 平日里有条件的，中午都赶去吃食堂。学生用餐可以打折，经济实惠，省时省力，但味道实难恭维。（《人民日报·海外版》，2002-06-20）
b. 倘论起这十几年的变化，我看有一点是每个人都能感受到的，就是“吃饭”。且不说几个盘子几个碟的菜，就说那主食，早些年，那馒头有这样白么？（《人民日报》，1995-04-19）

（6）a. 现在，各地领导各级干部最需要的就是用行动说话，对奢华接待说“不”，甚至提倡到基层吃盒饭、吃食堂、吃农民家里的饭。（《人民日报》，2012–12–28）

b. 为了买书，他省吃俭用，经常不吃早饭、午饭。（《人民日报·海外版》，2000–11–15）

本书认为，准宾语和真宾语结构上相似，都能出现在动作后，可以归为一个大类，但是，两类结构在语义表达功能、语言使用环境上存在差异。这不禁使我们思考，是否准宾语和真宾语之间还存在更多的差异和相似之处？这两类宾语的差异和相似之处是因何形成？为什么准宾语能出现在宾语的语法结构位置？准宾语在使用中是否还有更多的语义表达功能？为了对现代汉语中的准宾语现象有更全面的了解，本书将对准宾语进行更深入的研究。

我们把研究范围定为准宾语，有几个原因。第一，以往对宾语的研究很多，但多集中在真宾语上，关于准宾语的研究多关注准宾语的语义分类，且至今准宾语的定义和界定标准仍然十分模糊，也很少有关于准宾语的篇章功能研究。准宾语是动词后出现的非典型配位宾语，是动词所代表的动作无法支配的对象，如“吃父母”中的“父母”。但并不是所有非典型配位对象都能出现在动词后，如“同学”同样是动词“吃”不能支配的对象，但是“吃同学”不能说，如果把“动词后出现的非典型配位对象”作为准则进行准宾语的判定，无异于循环论证，并不能成为可靠的形式标准。除此之外，如果准宾语是能出现在动词后的非典型对象，那么，准宾语跟动词的结合模式是怎样的？有什么样的机制？第二，以往准宾语的定义基于准宾语、真宾语的对立，认为出现在动词后的对象如果明确实在就是真宾语，不明确实在就是准宾语。但是，“V+准宾语”和“V+真宾语”真的能在形式、功能上等同吗？如果二者不能等同，那么准宾语其实就不能跟真宾语做横向对比。第三，也是最重要的一点，以往的研究多将真宾语、准宾语放在静态的独立小句中进行比较，很难对二者的差别有更深刻的理解，如例（7）中真宾语、准宾语出现在孤立的两类小句中，深入考察二者的差异存在困难，因此本书的目标是把真宾语、准宾语放在动态的篇章语境中，对两类准宾语的篇章功能进行考察，再对二者出现差异的原因进行研究。

（7）a. 我喜欢旅游　　　　b. 他踢前锋

在以往的研究中，学者对准宾语的生成机制做了许多讨论，大多数学者选择从形式语法的论元结构角度或功能语法的语法转喻角度来进行解释。本书不打算从这两个研究视角入手，我们的研究以及物性理论为指导，将在动态语境中考察现代汉语中准宾语的使用情况，试图在篇章中对准宾语做一番解读。

0.1.2 研究对象

本书对准宾语的分类主要来自郭锐主编的北大版《现代汉语》（待出版）语法部分，郭锐指出准宾语可大致分为三类。

第一类是数量准宾语。值得注意的是，数量准宾语和表示转指的数量真宾语不同，后者通过转指来指称实在的对象，跟动词的搭配依然是自由的，如“看一本”中的“一本”转指指称明确的“一本书”，还可以说“看十本”“买一本”；而准宾语只表示数量，一般不能转指事物。准宾语中的数量宾语一般能分为三类，分别是动量宾语、时量宾语、程度量宾语，分别见例（8a）（8b）（8c）（引自郭锐主编北大版《现代汉语》，待出版：91）。

（8）a. 看一次、说一下、切一刀、踢一脚、玩一玩、睡一觉、打一仗

b. 等一会儿、休息半个钟头、玩一个小时、走一天、住两个月

c. 长了三尺、好一百倍、轻一点、用力一点、长了很多、小了不少

第二类是虚指宾语。虚指宾语不指称实在对象、不表示数量，包括四小类。例（9a）是“什么”充任宾语，对整体意义进行否定；例（9b）是“他”充任宾语，表示轻松、不在乎的语气；例（9c）是“代词＋的”充任宾语；例（9d）是脏话格式中的宾语（下例均引自郭锐主编北大版《现代汉语》，待出版：92）。

（9）a. 叫什么、说什么、哭什么、笑什么笑、看什么看、吃什么吃

b. 喝他三天三夜、玩他几天再说

c. 他说他的、我玩我的、你忙你的、我做我的、他问他的、你吃你的

d. 懂个屁、好你个头、玩你个头、想你个头

第三类是特殊宾语。特殊宾语指一般情况下与动词不构成动宾搭配关系，

出于表达特殊语义的需要出现在宾语位置上的体词性成分，一般受到很大限制。主要有以下几个小类（下例均引自郭锐主编北大版《现代汉语》，待出版：92）：

（10）a. 工具宾语：写毛笔　吃大碗
（特殊语义：用毛笔写）
b. 原因宾语：哭周瑜　笑什么
（特殊语义：为什么笑）
c. 目的宾语：跑经费　排电影票
（特殊语义：为经费跑）
d. 方式宾语：踢前锋　吃食堂
（特殊语义：按照……方式 / 规则踢）
e. 比较宾语：高我一头　大他一岁
（特殊语义：比我高一头）
f. 主体（施事）宾语：死了一头牛　来客人
（特殊语义：有一头牛死了）
g. 产生宾语：跑了一身汗　急了一头汗
（特殊语义：跑出了一身汗）
h. 粘附宾语：碰了一鼻子灰　摸了一手油
（特殊语义：碰而粘上了一鼻子灰）
i. 受损宾语：吃他一个苹果　按了他一喇叭
（特殊语义：吃掉他一个苹果）
j. 得到宾语：跑了个冠军　唱了个第一名
（特殊语义：跑而得到一个冠军）

0.1.3　研究角度

准宾语作为一种语法成分，往往出现在述宾结构中。以往对于述宾结构的研究，按研究角度划分可分为形式、功能两类。形式语法遵循论元结构，认为谓语表达的主要内容可分为事件意义、事件参与者两个部分，一般来说，谓语一般由表示基础词汇意义的词根、表示事件意义的轻动词以及表示事件参与者的论元三项内容构成。事件参与者在事件中扮演一定的角色，形成一定的语义关系，题元关系可以描述参与者在事件中的这类语义关系。参与者和动词的关系可以是施事、受事、感事、致事等。

形式语法学者认为，真宾语和动词有直接关系，因此可以自由组配；而跟动词没有直接关系的准宾语在形式语法中往往要经历轻动词移位、提升等句法手段，才能出现在动词后。如果在形式语法视角下探究动词和准宾语的结合，那么就有一个研究预设，即动词和准宾语属于例外的动宾搭配，需要经过一系列句法操作才能达成。

形式语法认为，语法是天生的、自足的系统，形式语法有一个与生俱来的、独立的、抽象的语法系统，存在有限的普遍规则，用有限的规则生成无限的句子；除此之外，在语法系统内部，需要区分表层结构、深层结构之间的差别，还需要注意逻辑层面、语音层面的影响，语法是自主存在的，并且受到规则的控制。

与形式语法相反，功能语言学更注重综合，本着概念整合的思维模式，认为不同语言之间存在概念结构基础的差异，语义和语法之间存在密不可分的关系，在一定程度上，可以说语法是语义内容的结构化。功能语法学者认为，语义在很大程度上决定语法。

本书不认为准宾语是一种非自然的偶发性产物，理由是准宾语在汉语中数量众多，并有独特的语义表达功能，因此准宾语有存在的必要，且准宾语具有一定的能产性，在现代汉语中存在不同种类的准宾语。如果我们采用形式语法学者的观点，认为每一类准宾语都需要用特殊的句法手段来解释其生成的原因，那么不仅会将不同类别的准宾语割裂开，否认准宾语之间的相通之处，并且费时费力，不能形成更有说服力、更符合语言经济原则的研究。因此，本书将从功能语法的视角对汉语中的准宾语进行研究。根据准宾语的功能特点，我们将从以下角度对现代汉语中的准宾语进行对比研究。

0.1.3.1 准宾语和真宾语的对立

对准宾语的研究，不仅要进行描写，更要进行对比，才能对准宾语有更全面、深入的理解。一般认为，真宾语、准宾语比较相似，但也存在差异，因此可以从真宾语、准宾语的对立出发对准宾语进行研究。准宾语、真宾语都能出现在动词之后，但真宾语是典型的宾语，指称明确实在的对象，与动词的搭配是自由的，不受限制；而准宾语一般不能指称明确实在的对象，与动词的搭配是不自由的，受到限制。

我们发现，真宾语、准宾语在实际语料中存在使用上的差异对立，本书考察了“吃食堂”类旁格准宾语，发现准宾语跟真宾语所在小句有使用上的对立，如例（11a）中，旁格宾语不能作为后续小句的话题，例（11b）中的真宾语能作为后续小句的话题。除此之外，两类宾语还存在一系列使用差异，请见例（12）—（14）。

（11）a. ？我昨天吃了食堂，是一个特别大的食堂

b. 我昨天吃了苹果，是一个哥哥给我的苹果

（12）a. 你吃饭吧——你把饭吃了吧

b. 你吃食堂吧——* 你把食堂吃了吧

（13）a. 吃好吃的饭——？吃好吃的食堂

b.* 吃单位饭——吃单位食堂

c. 吃单位的饭——吃单位的食堂

（14）a. 一口饭——吃一口饭　一顿饭——吃一顿饭

b. 两个食堂——* 吃两个食堂　* 一顿食堂——吃一顿食堂

以往关于准宾语界定标准的研究判定依据围绕着“非典型宾语”“不指称实在对象”展开，但是，能满足这两点的语言成分很多，不是所有满足这些条件的语言成分都能充当准宾语。因此，我们认为准宾语的界定标准还需要得到进一步的描写，且描写应该建立在与真宾语的对立上。

0.1.3.2　“述词 + 准宾语”结构和“述词 + 真宾语”结构的对立

如果只从真宾语、准宾语出发进行功能、形式方面的对比研究，研究结论可能是相对封闭的，研究可信度也不高。本书发现，“述词 + 真宾语”结构整体与“述词 + 准宾语”结构整体的使用存在差异，请见例（15）—（18）。

（15）a. 十个人应该吃一锅饭

b.* 一锅饭应该吃十个人

（16）a. 明天十个人吃一锅饭

b.* 明天一锅饭吃十个人

（17）a. ？真没想到两代人穿了一条裤子

b. 真没想到一条裤子穿了两代人

（18）a. 十个人吃一锅饭的年代已经过去了

b.* 一锅饭吃十个人的年代已经过去了

由此可见，两类结构对小句的分布存在影响，所以本书也将从结构整体，即“述词 + 准宾语”结构和“述词 + 真宾语”结构的对比出发，在小句和动态的篇章语境中考察“述词 + 准宾语”结构和“述词 + 真宾语”结构出现的语义及功能特点，试图对两类动宾结构的表达功能进行再梳理，并从两类结构的差异出发，找出汉语中述词准宾语结构独有的篇章特征。我们相信这类篇章功能特征就是述词准宾语结构存在于汉语中的重要原因之一。

0.1.3.3 “述词 + 准宾语”结构和述补结构的对立

我们发现，一些形容词、动词与助词结合后可以出现在准宾语的位置。一般认为，出现在动词后的形容词、动词在句法成分归属上是补语。但是，本书发现，一些形容词、动词出现在谓词后，并不充当补语，而是充当准宾语，两类结构在使用上存在对立差异，但这种对立差异比较微妙，比如“说多一点”“说一下”，前者是述补结构，后者是动词准宾语结构。具体来说，本书对程度准宾语“V 个 P”做了研究，在研究中我们发现，程度准宾语与其对应的补语存在使用差异，请见例（19）—（25）。

（19）a. 今天得跟她说个明白，他可不是冤大头。（梅贝尔《爱你情深莫问愁》）

b.* 今天得跟她说得明白，他可不是冤大头。

（20）a. 他是一个喜欢让我们围着他哈哈笑个不停的人，为此他会不惜任何代价。（余华《我为什么要结婚》）

b.* 他是一个喜欢让我们围着他哈哈笑得不停的人，为此他会不惜任何代价。

（21）a.* 她不小心把这事忘个干干净净

b. 她不小心把这事忘得干干净净

（22）a. 我会弄个明白的——* 我会弄得明白的

b.* 你吃个痛快就好——你吃得痛快就好

c.* 明年我会把你们打个落花流水——明年我会把你们打得落花流水

（23）a. 谁来说个痛快？

b.* 谁来说得痛快？

c. 谁来说得痛快一点？

（24）a. 你说个明白行不行？

b.* 你说得明白行不行？

c. 你说得明白一点行不行

（25）a. 不吃个痛快就不走

b.* 不吃得痛快就不走

c. 不吃得痛快一点就不走

由此可见，准宾语和补语之间存在对立之处，准宾语结构和述补结构存在差异。但是，以往研究几乎没有对二者的差异表现、形成动因进行讨论，因此进行准宾语和补语的对立研究，将成为本书的重要内容之一，将有助于我们对准宾语的语法、语义、语用表现有更深入的理解。

0.1.3.4　“述词＋准宾语”结构和状中结构的对立

本书发现，动词准宾结构和状中结构存在差异对立。具体来说，第一，状中结构能进入表示时间、让步的从句中，换成相应的动词准宾语结构则不太好，分别见例（26）（27）；但是加上一些语言成分后动词准宾语结构在句子中也能成立，见例（28）。

（26）a. 我在食堂吃饭，看到了以前的同学

b.* 我吃食堂，看到了以前的同学

（27）a. 他虽在食堂吃饭，但不喜欢这些千篇一律的菜

b. ？他虽吃食堂，但不喜欢这些千篇一律的菜

（28）他虽也吃食堂，但不喜欢这些千篇一律的菜

第二，动词准宾语结构凸显整体，后续小句描写的是结构整体，状中结构不凸显整体，后续小句不围绕结构整体，如例（29a）中“写黑板”后续事件为“让队员代写”，实际上“代写”的是“写黑板”整体，而不是“写字”，因此例（29b）不太好。状中结构“在食堂吃饭”不凸显结构整体，可以凸显宾语“饭”，后续事件围绕“饭”进行，可追补与“饭”有关小句，见例（30a）；“吃食堂”凸显结构整体，后续事件应围绕“吃食堂”整体，不可追补只跟宾语有

关的小句，见例（30b）。

（29）a. 讲课没有力气，写黑板就让队员代写
　　b. ? 讲课没有力气，在黑板写字就让队员代写
（30）a. 他每天在食堂吃饭，还挺好吃的
　　b. ? 他每天吃食堂，还挺好吃的

第三，动词准宾语结构“睡沙发”凸显结构整体，能与动宾结构并列组合出现，见例（31a），但是状中结构“在沙发睡觉”不凸显结构整体，不能与动宾结构并列组合出现，见例（31b）。最后，凸显整体的动词准宾语结构能与动宾结构一起出现在对举语境中，见例（32a）；不凸显整体的状中结构不能与动宾结构一起出现在对举语境中，见例（32b）。

（31）a. 有些来客只得住浴室、睡沙发
　　b. ? 有些来客只得住浴室、在沙发睡觉
（32）a. 睡炕比睡沙发好，腰不疼的
　　b. ? 睡炕比在沙发睡觉好，腰不疼的

综上，我们认为动词准宾语结构和状中结构存在一些使用差异，我们在研究中应该针对结构的差异进行深入的考察和探究。

0.2 理论基础、研究方法和研究背景

0.2.1 理论基础

形式语法学者认为，在语法规则作用下，有限的语法成分能生成无限的句子，语法系统、语义系统是相互独立、相互分离的，两个系统之间存在界面（interface）效应。在语言规则作用下，语法结构具有高度能产性，语法结构的生成不用考虑语义，语言由一套规则组成。具体来说，能用一些基本语法范畴如 NP（名词短语）、VP（动词短语）、Aux（助动词）、Det（有定标记）来描写语言规律，生成学派学者认同语言结构规律可用如下的规则表示（Ouhalla，1999）：

（33）S ➡ NP Aux VP

NP ➡ Det N

VP ➡ V NP

按照形式语法学者的观点，可根据简单的结构公式来掌握动宾结构，但是，如果不了解结构所代表的现实事件意义，就会产生错误。例（34）是符合例（33）生成规则的动宾结构组合，但因为语义上不能组合，这些动宾结构都不能说。也就是说，形式语法的语言结构构造规则并不是绝对正确的。在进行语言编码时，说话人不仅应该了解语言构造规则，还要了解现实世界的运行规律，将现实世界发生的事件经过认知加工，再经过语言规则指导，才能产出符合现实规律的语言成分。

（34）*吃同学　*看洗衣机　*唱话　*玩衣服　*讲歌　*喝饭

*跳地　*说饼干

本书认为，我们的研究应立于功能语法视角，基于真实语料，多方考察认知因素、语言功能对现代汉语中的准宾语可能产生的影响。话语形成的流程并不是先由语言规则生成语言结构，再于语言使用中代入语义内容。本书认为，语法、语义密不可分，不是两个独立的系统，语义在很大程度上决定语法。本书将着重关注功能语法下现代汉语准宾语结构生成的深层原因。

0.2.1.1　及物性理论

以往关于准宾语的研究，多集中于形式语法中论元结构的生成规律讨论。本书不关注论元结构的生成规则，倾向于用及物性理论对现代汉语中的准宾语进行考察，研究的重点在于用及物性理论考察现代汉语中准宾语的语法、语义表现，并对动词准宾语结构所在小句的篇章功能和小句内部语义特点进行讨论。下面，我们将对本书的重要理论基础及物性理论进行介绍。

西方传统语法一般认为，及物性指的是动词是否带宾语的特征，具体来说，能带宾语的动词有及物性，不能带宾语的动词没有及物性。在英语中，及物动词（transitive verb）必须带宾语，如“I slapped him”，不能说“I slapped”；而不及物动词（intransitive verb）不能直接带宾语，如“She was sleeping”，不能说“She was sleeping that bed”。但是，这种简单的及物性表述不能解释汉语中的一些语言事实。英语是形态语言，对动词的变化形式把控很严，且在英语中主语、宾语是必须出现的。相较之下，汉语不是形态语言，汉语中主语、宾语不必须出现，上述英语例子对应的汉语句子“我拍了”“她睡床”都能说，用带不带宾语为标准来考察汉语中复杂的及物性表现，显然是不够充分的。

及物概念随研究深入日渐丰富，Halliday（1967,1985）拓宽了及物性的研究范围，认为及物性的研究对象包括小句中的“过程”、过程中的“参与者”以及与过程有关的环境成分。具体来说，过程可按照内容差异分为物质过程（Material Process）、心理过程（Mental Process）、言语过程（Verbal Process）、关系过程（Relational Process）；参与者能按内容差异分为感知者（Cognizant）、现象（Phenomenon）、说话者（Sayer）、报告（Report）、识别者（Identifier）、被识别者（Identified）、载体（Carrier）、属性（Attribute）、受益者（Beneficiary）、范围（Range）等。至此，学者认为及物性不仅是动词是否带宾语的特征，及物性反映了现实世界里的种种关系，这些关系通过语言规则转换为语言事实。

Hopper & Thompson（1980）提出及物性假说，指出“及物”指动作从一个参与者转移到另一个参与者的有效性和强度，及物性不只是动词的特征，更是句子整体的特征，两位学者提出判断及物性高低的语法标准。两位学者认为，及物性十项特征处于共变的及物性系统中，高及物性语法结构在各项参数上表现出高及物性，低及物性结构在各项参数上表现出低及物性。他们还发现，在话语信息功能上，高及物语法性结构多出现在前景（foregrounding）中，低及物性结构多出现在背景（backgrounding）中。

在 Hopper & Thompson（1980）的研究中，及物性不是动词是否带宾语的简单特征，而是小句的综合特征。两位学者深入考察了宾语受到影响的程度和宾语个体化的程度，在此基础上，指出小句中的参与者，小句中施事的施动性，谓词的语法意义如运动状态、瞬时性、意愿性、肯定性，小句整体的体貌和语态都与小句的及物性息息相关。两位学者提出的十类及物性考察指标全面且丰富，从语法、语义等方面综合考察了及物性十项特征与小句及物性表现之间存在的联系，拓宽了及物性研究的层面。本书认为，我们可以利用两位学者提出的十项特征参数，对小句进行更全面系统的综合考量，微观、细致地从小句的变化中对小句及物性的表现进行研究。

动词准宾语结构中的很多动词是“不及物”的，而结构中的宾语又是非典型的，结构中的两个成分都是动宾组合中的非典型成分，一般认为，由非典型成分组成的非典型语法结构，应偏离动宾原型范畴，能产性弱、数量少。然而，事实上，准宾语不是汉语中特殊的个别现象，其数量庞大，且类型丰富，这说明准宾语并不是非典型的、偶然出现的语法现象。在以往的研究中，学者往往从结构成分内部出发，考察单一动词或宾语意义对准宾语构成产生的影响。然而，我们认为，这种研究方法是静态、单一的，没有对准宾语所在小句、语篇进行动态语境考察；除此之外，以往研究只对准宾语进行了描写，没有对准宾语的形成原因和生成机制进行探讨。因此，本书将从动词准宾语结构所在的小句出发，运用及物性理论对准宾语进行全面、深入的研究。

值得注意的是，两位学者提出的及物性十项特征，都是从意义方面来说的，没有提出判断及物性十项特征指标高低的形式测试方法。因此，本书将以文章中各项及物性参数的意义为基础，在汉语中找出验证相关参数高低的形式测定手段，以此进一步明确小句中及物性十项特征的表现情况。值得注意的是，及物性十项特征指标并不是只有高、低两种表现，很多小句的参数特征在高、低两个极端值的中间，及物性参数不是绝对的，而是表现为连续统中的某个数值。因此，我们在进行及物性考察时，一般做的是小句与小句之间相对的及物性对比考察，而不是孤立地进行某类小句的及物性考察。

0.2.1.2　篇章语法理论

一般认为，语法研究不能被限制在句子范围之内，句子的形式可能受到句子之外因素的影响。引入篇章的概念，能更好地研究句子之间的相互作用关系。篇章语法理论包含范围广，在动态的篇章语境中进行语言研究能对研究对象有更全面、深刻的理解，因此本书将以篇章语法理论为理论基础进行研究。本书所指的篇章主要指语境、篇章上下文、语体三个层面的内容。

首先，语境对语言研究产生影响，我们的研究要关注语境对语法结构的影响。Malinowski（1923:307）指出，语言是社会人（social man）在语言社区的特殊需要和活动中发展起来的，人们必须在确定的语境中才能推知话语的准确意义。具体来说，语境可分为情景语境（context of situation）、文化语境（context of culture）。情景语境又可称为狭义语境，指的是当下的语言环境。具体来说，一般是指与交际活动直接相关的客观环境，包括时间、地点、人物等；文化语境又可称为广义语境，内容更广泛，一般指参与者所处的文化系统，包括社会习俗、共享知识、文化教育背景等。语境的范围很广，上下文、社会背景知识、讲话场合等语境因素都会影响句式的选择，透过语境来看准宾语的选择机制，能为准宾语研究提供新的思路。研究语言环境与语言结构之间的联系，能帮助我们在研究中明确语言结构出现差异的影响因素，能拓宽研究的视角，丰富研究的内容。语境是一个比较大的范围，可考察的范围也较大，在研究中我们需要关注的是使小句语义出现变化的语境。

其次，一般认为，篇章是一种情景语境，可以制约句式变体的选择。我们可以在篇章中观察不同语言结构的动态意义，句法和篇章紧密相关，我们能在篇章中更深刻地理解句法。陶红印（1994）指出，语言形式在原则上不是像形式学派所断言的那样独立自主、游离于言谈和认知；相反，语言系统只能源于言谈，受制于人类的交际。因此，我们认为，如果只在静态的句子环境内部对句法进行研究，很容易走入循环论证和自圆其说的死胡同，但如果将视野扩大到篇章语境中，就能对语法形式有更深刻、动态的理解。比如动词重叠准宾语“V一V”和动词重叠短语“VV”之间的差异是比较微小的，在很多情况下能换用，见例（35）；但是在篇章中，我们能通过语感判断用哪一种形式好，用哪一种形式不太好，如例（36）中的“V一V”改换为例（36’）中的“VV”形式后，例（36’a）中的动词重叠“VV”没有例（36a）中表达的“费力”“困难”“认真”“郑重”义，同样，例（36’b）中的动词重叠“VV”没有例（36b）中表达的“长时”“郑重”“过程”义。显然，“V一V”和“VV”的这种差别比较微妙，需要放到具体的篇章语境中才能分辨哪种用法更好一些。

（35）a. 这件事太复杂，我得想想——这件事太复杂，我得想一想

b. 我想跟你谈谈——我想跟你谈一谈

（36）a. 但不礼貌的回报是如此的丰厚，司机反过来对他礼貌了。这是一笔怎样混账的账？回过头来他得好好算一算。（毕飞宇《推拿》）

b. 他多么想在进入湖南边境，进入老苏区所在地的那一刻，下车来站一站、看一看、想一想，向苍穹、向大地深深鞠上一躬。（刘白羽《第二个太阳》）

（36’）a. ？但不礼貌的回报是如此的丰厚，司机反过来对他礼貌了。这是一笔怎样混账的账？回过头来他得好好算算。

b. ？他多么想在进入湖南边境，进入老苏区所在地的那一刻，

下车来站站、看看、想想，向苍穹、向大地深深鞠上一躬。

篇章跟语言使用有天然联系，因此我们探寻准宾语的形成机制和使用规律，必须在篇章中进行。篇章与句法存在多层联系，举例来说，篇章不仅可以制约句法结构的形成，还可以制约句式和句式变体，句子之中也会出现如指称有定、无定的篇章现象。由此可知，在篇章中研究准宾语的语用、语法规律，可以帮助我们拓展准宾语的研究，对准宾语的整体表现有更深刻的认识。方梅（2005）指出，在言谈交际过程中不同的功能需求的影响下，语法表达的形式也会呈现出多样性，不同言谈需要之间的竞争塑造了语言的不同结构形式。我们认为，语言结构在篇章中的使用变化能体现出结构动态的、不同的交际需求。

总而言之，篇章语法理论指导我们在语境、篇章中寻找对句法问题的解释，从语言运用中寻找语言形式的功能和机制。在语境、篇章中分析句法现象，可以拓宽我们的研究视野，使我们对研究对象有更深刻的理解。

最后，我们还必须关注语体的变化。本书将在同类语体下进行语言研究。事实上，语言不是一个自足的系统，它是在满足社会交际需求过程中形成和发展的，受到多方的影响，它的本质和功用表现出了社会性的特征。语言是说话者在语言社区的特殊需要和活动中发展起来的，在不同的情况下应该使用不同的语体。不同语体的语料是非同质的，因此我们在语言研究中必须注重语体的区别，如果将不同语体的语料糅合在一起研究，会得到不准确的结果。陶红印（1999）提出，可用传媒、表达方式来对语体进行分类，其中传媒代表工具，比如手、耳、笔、纸、声音、文字；表达方式可分为口语、书面语。除此之外，张伯江、方梅（1996/2014:5）指出，语体在第一层面上可分为独白语体和对话语体，其中，独白语体能按照内容差异进一步分为叙述体、论证体、说明体、劝告体等，对话语体能按照对话情境进一步分为日常对话、特殊对话。我们对准宾语的研究也应当区分语体，并且找出准宾语在不同语体中的表现，从而进一步阐释准宾语在不同语体中的功能差异。

本书认为，我们应该在篇章语法理论的指导下，从情景语境、文化语境、篇章上下文、语体等方面进行现代汉语准宾语的考察，以此来深化认识，加强我们对现代汉语中准宾语的理解。

除此之外，本研究的一个重要理论基础是前景、背景理论。本书所指的前景（Foreground）、背景（Background）概念是 Hopper & Thompson（1980）在及物性理论中提出的相关概念。两位学者在原文中提到，高及物性语法结构倾向于出现在前景中，低及物性语法结构倾向于出现在背景中。前景、背景体现了话语功能表现的差异，是说明及物性变化和及物性存在意义的重要形式证据。总的来说，前景、背景概念为篇章研究提供了新的思路。Hopper & Thompson(1980) 指出，如果及物性不与交流功能联系，及物性的区分就只是任意武断（arbitrary）的，因为缺少篇章中为什么某些语义成分被选择，而一些语义成分不被选择的原因。

两位学者指出，语言使用者在语言交际中不断地根据交际的需求、听者感知要求来安排言语，但是，在任何一种语境中，总有一些内容比其他内容与主题更相关（relevant），其中，与主题更相关的、提供故事主线（storyline）的部分是前景；对说话者目标没有即刻（immediate）和关键（crucial）的作用，仅仅起到帮助（assist）、丰富（amplify）、评论（comment）作用的话语（discourse）部分是背景。具体来说，背景、前景的判断可以从两个方面进行。首先，从内容上看，背景部分由情景设置（scene-setting statements）部分和评论（evaluative commentary）部分组成。其次，从形式上看，前景部分往往按时间顺序（temporal sequence）排序，如果前景部分的任意两部分顺序发生改变，那么该部分投射的现实世界事件也会发生改变。但是，背景小句间不存在顺序关系，甚至可以调换背景小句的顺序。

两位学者创造性地将小句及物性的高低与篇章表现结合起来，揭示了语言材料在表达时的排序规律。两位学者认为，高及物性小句往往出现在篇章前景中，低及物性小句往往出现在篇章背景中。换句话说，在语言表达时，如果要在故事主线上填充内容，说话人会倾向于选择将语言成分进行高及物性句式组合，使听话人在话语解码时能分辨出重要的内容；如果要为故事主线填充说明性内容，说话人会倾向于选择将语言成分做低及物性句式组合，使听话人在解码时分辨出次重要的话语内容。在说话人的语言使用过程中，涉及认知的判断及选择，因为及物性的高低并不是任意的，而是与语言使用的功能表达适配的。两位学者进行了广泛的语言调查，发现全世界的不同语言都不同程度地呈现出高及物性、低及物性小句的不同篇章选择倾向，并用语言数据证明了及物性假说有广泛的现实基础。

Hopper & Thompson(1980) 对于话语前景、背景讨论引人深思，两位学者将句法上的及物性和篇章功能新颖地结合起来，使及物性不再简单等同于动词后是否可加宾语的属性，为语言成分的组合提供了更具说服力的形式证据。但是，两位学者提出的概念只是意义上的，没有具体的形式验证标准，所以目前汉语学界关于前景、背景的界定标准虽然很多，但是并不统一，没有明确的形式判断操作手段。形成这一结果有以下原因：第一，两位学者提出的很多观点基于英语，很多情况不太适合汉语；第二，及物性和前景、背景理论是相辅相成、不可分离、互相验证的关系，但目前汉语中关于二者的研究往往是割裂开来的，标准不一。因此，把及物性理论和篇章前景、背景结合起来是非常重要的。

及物性理论与语言事实紧密联系，因此本书将在及物性理论的指导下，对现代汉语中的动词准宾语结构进行研究，并对动词准宾语结构所在小句进行篇章考察，以此得出汉语中动词准宾语结构的语义句法表现。除此之外，准宾语问题与及物性息息相关，而前景、背景作为及物性在篇章中的表现手段，是我们验证及物性理论最好的方式。由此，本书将对前景、背景的意义做进一步讨论，并且找出汉语中前景、背景的形式判定操作手段。

0.2.2　研究方法

0.2.2.1　意义和形式结合的研究方法

本书采用意义和形式结合的研究方法，对汉语中准宾语结构的及物性进行全面考察，试图找出高、低及物性结构的判断标准，并对汉语中准宾语结构的形成做出合理解释。

一般认为，把形式和意义结合起来，能让意义得到形式的验证，使及物性的研究更具客观性和说服力。一些学者对及物性研究的形式标准做过讨论，Taylor（1995）指出有意愿的动词能与劝服义词语搭配，如“I persuade Mary to kill the intruder（我说服玛丽杀死入侵者）/*Mary persuaded me to regret the incident（* 玛丽劝我为那件事后悔）”中，“kill”是有意愿的，能与劝服义词语如“persuade”搭配，“regret”是非意愿的，不能与劝服义词语如“persuade”搭配；除此之外，只有报道事件的句子才能用分裂句式表达，如“What happened was that...（发生的事是……）”，因为分裂句有强调作用，只有动作事件如“踢球（kick a ball）”能被强调，可以说“What happened was that Mary kicked a ball”，状态如“爱（love）”不能出现在分裂句中被强调，我们不能说“What happened was that Mary loved Jerry”；瞬时事件可以跟“突然”“在十点”等表时刻的词语共现，非瞬时事件不行，如“Suddenly, John saw Mary（约翰突然看见了玛丽）”中“看见（see）”可以是瞬时动作，能与“突然（suddenly）”共现，而“背叛（betray）”是非瞬时动作，不能与“突然（suddenly）”共现，不能说“*Suddenly, John betrayed Mary（*约翰突然背叛了玛丽）”；只有受到施事影响的受事才可以充当被动句的主语，可以说“The ball was kicked by Mary”，但不能说“Jerry was loved by Mary”，因为“这个球（the ball）”是动作受事，而“杰瑞（Jerry）”不是动作受事。Taylor（1995）以词语、句式为测试手段，对小句表示的意义进行了测定，这种测试方法之所以可行，是因为小句的构成必须做到形式、意义的统一。

在汉语学界，学者如王惠（1997）指出可用形式手段测定小句及物性的高低，该学者指出高及物性的前景句有很强的时间性，前景句中一般都有时间词语或时间副词；低及物性的背景句跟时间因素联系不密切，一般不受时间词语的修饰。Taylor（1995）和王惠（1997）的研究都从句法形式上验证了句法意义，又根据句法形式的相容性、相斥性对语法意义进行了说明和测试。本书认为，用形式、意义结合的方法进行研究是比较合理的，能最大限度地还原语言的真实面貌。

本书的两大理论基础是及物性理论和篇章前景、背景理论，虽然这两个理论的研究已经比较丰富，但研究主要着眼于意义特征，没有细致描绘意义的形式表现和测定标准，因此本书在研究中将提出相应的形式测试手段，对两类理论中提出的意义参数进行形式测定，使我们对两类理论中参数意义的显性特征、表现有更深的理解。本书认为，将形式和意义结合起来，能帮助我们提出判断及物性和篇章前景、背景的形式标准，对结构及物性表现的内部差异进行更全面的说明。

0.2.2.2 注重功能的研究方法

本书既讨论静态的一般性的语言规则，也注重篇章在语境中实际使用的倾向性。语言学研究学派中存在形式、功能的对立，两种语言研究观在许多方面存在差异。

形式语法学者宁春岩（2000）指出，形式学派的研究目标大致分为三个方面：第一是人脑的语言系统，第二是人类的语言能力或人类赖以获得语言能力的“语言习得机制”，第三是反映语言生物学遗传属性的“普遍语法”。除此之外，宁春岩（2000）指出形式语言学和功能语言学存在三项明显差异对立，分别是句法自治性（autonomy of syntax）、语言知识能力自治性（autonomy of knowledge）和语法自治性（autonomy of grammar）。最后，宁春岩（2000）还指出，形式语言学的元语言不仅是描写、表述功能的符号工具系统，更重要的是，元语言是一种能用来进行推理、推论的形式符号系统，形式语言学元语言的两类系统使用方法体现了形式语言学不仅具有公理性和演绎性，还具有科学理论应该具有的理论预测性和可证伪性。

事实上，形式语言学理论高度脱离语言实际，采取自上而下的研究方法，形式语法学者将语言分为语言能力（competence）和语言行为（performance）两个层面，主张从看不见的语言能力出发来展开理论，结果是忽略了丰富、多样、变化的语言事实。形式语言学派的很多研究过程与一般的科学研究不同，具体来说，科学研究一般从具体现象出发，经过抽象而发展成为一个系统，系统具有大量具体现象的支撑。与之对比，形式学派的研究是先有一套与数学等学科类比而来的抽象系统，再将现实语言现象套进抽象系统中，对其中不符合规律的个别现象再进行独立说明。比如许多形式学者认为“吃食堂”不符合一般动宾形式，用轻动词“Use/At/For”解释旁格宾语生成机制，但是轻动词生成并不能符合所有的语言事实，比如“吃父母”没有对应的轻动词，轻动词生成说并不能解释所有的旁格准宾语生成原理。

一般认为，形式主义主张语法是自主的，语言结构由规则控制；功能主义认为语法由交际需要产生，并且在使用中不断调整，句子处于动态变化的语言系统中。本书认为，形式主义的语言观不适合准宾语的研究，形式主义坚持论元结构语言观，认为准宾语本质上是动词宾语中的异类，采取如轻动词移位等方法来对准宾语现象进行说明，对准宾语的形成和发展机制没有比较合适的说明，而功能主义认为语法规则在人们的语言使用中形成，会在使用中不断调整，符合准宾语不是个别现象的语言事实，因此本书采用功能主义的研究方法。

0.2.3　研究背景

过去关于及物性的研究很多，不同学派的学者从形式、意义两个方面对小句的及物性展开了丰富的研究。本书认为功能学派的研究更符合我们的研究目标。下面，我们将简要介绍各学派的及物性研究情况，借此说明本书选择功能主义研究方法的原因。

0.2.3.1　形式学派的研究背景

及物性研究一直是汉语中的热门研究领域，汉语学者利用及物性理论解决了许多疑难问题，及物性理论为汉语研究带来了全新的视野。学界从不同的角度对及物性展开了研究，以往的研究成果丰富，不同学派有不同的研究方法，下面我们先从形式出发对各学派的研究进行说明。

第一，传统语法学派从形式出发，将及物性看作动词的特征，认为及物性指的是动词是否带宾语的特征，及物动词有直接宾语，动词代表的动作或行为从主语传递到宾语，宾语受到该行为的影响，从而产生某种变化。一般来说，及物性小句受影响程度大，这类小句一般能转换成被动句、“把”字句。然而，这一看法具有诸多争议。及物动词的不及物用法和不及物动词的及物用法就是很好的反例，如例（37）（38）中的动词既有及物用法，又有不及物用法，那这类小句是及物的还是不及物的呢？很显然，形式学派的看法不能解决动词和其后成分的复杂关系问题。如果我们从跨语言的语料出发，会发现及物性与句法形式实际上没有一一对应的联系，也就是说，纯粹的句法形式不能决定及物性。

（37）a. 他 笑 了　　　　b. 他 笑 你

（38）a.I know you　　　　b. I know of him

第二，形式学派注重论元结构，但我们在语料中发现，不论是及物小句还是不及物小句都有可能带两个或三个论元，这一语言事实说明论元结构并不能很好地解决和说明及物性的本质问题。第三，在类型学研究中，学者认为及物性只是小句特征，没有对其本质进行深层研究。第四，转换生成学派对及物性的研究也是从形式出发，认为及物性与动词次范畴限定特征有相关性，及物动词的特征能被描写为［+V,+Transitive］/_NP。除此之外，在转换生成学派的观点中，及物性、非及物性最大的差异特征还在于动词之后是否可跟上名词短语。第五，生成学派的及物性研究用特殊的生成、移位、提升、轻动词手段来解释动词和特殊名词的结合，但很多结构没有对应的生成手段，而且也不能面对每一个不符合受事语义要求的名词成分都大动干戈地进行研究，忽视语言的灵活性。综上，我们认为从形式出发的各类研究不能很好地说明语言中及物性的本质。

0.2.3.2　功能学派的研究背景

上文说到，从形式出发，不能较好地解决及物性的问题，因此一些学者转向意义层面，试图从意义角度对及物性进行更深的探索。第一，格语法学派学者主张从语义出发对及物性进行研究，Fillmore（1966，1968）提出，如果采用格框架理论代替转换规则来分析句法结构，转而将及物性看作是一种格关系的表现，就可以通过不同的格角色来界定及物性，对及物性做出另一层面的研究。

但是，因为格角色是有限的，很多名词成分没有对应的格角色，如“吃父母”中“父母”没有对应的格角色，格语法学派的观点不能解决一些名词成分的格角色归属问题。

第二，角色参照语法（Role and Reference Grammar）学派主张从语义出发研究及物性，Van Valin & Lapolla（1997）认为及物性并不只是动词的特征，不仅关涉动词的论元数量，还与动词语义宏角色相关。具体来说，宏角色是动词论元类型的概括，是抽象的类型，不指某种具体的论元，一种类型的宏角色下包括不同的小句论元类型。一般认为，在角色参照语法理论中，动词依然只指涉动词特征，及物、不及物的对立差异主要在于是否有承受者这一宏角色，也就是宾语是否在语义上是特指的、个体化的受事论元。宾语特指、个体化、受事的意义特征，对应的是形式学派认为的及物动词带宾语的特点，虽然这是及物性比较重要的一点，但仅凭宾语的特点并不能系统、全面地解释小句及物性的问题。

第三，认知语言学派主张从两个关系层面来研究及物性，分别是：a. 概念系统、身体经验与语言结构之间的关系；b. 语言、意义和认知之间的关系。除此之外，认知语言学派以形式—意义配对为研究对象，认为语言表达基于使用，受制于语言使用者的理解。Langacker（1987）提出认知语法理论，认为任何表达单位都是有意义的，在研究中应坚持语言的象征性和基于使用的主张。总的来说，语言不是对现实世界的直接反映，语言以认知为中介反映现实世界。基于认知语法的观点，及物性是一个语义概念，及物性的表达与现实世界息息相关，及物性的意义与我们的体验感知、认知方式及心智框架等方面联系密切，及物性这个概念的建立需要借鉴人类大脑对以往特定认知对象的认知模型。

第四，功能语法改变以往关注动作是否带宾语、宾语是否为受事宾语的研究常态，将重点置于语言功能上，研究倾向于探究语言的社会功能和语言通过什么方式实现这些社会功能。正因为如此，系统功能语法能解释非受事宾语能直接出现在动词后的原因。系统功能语法将及物性看作是一个语义系统，以Hopper & Thompson（1980）为代表的类型学学者对及物性做了详细深入的研究，提出了判断及物性的十项特征，并提出十项特征具有高低之分，指出及物性不只是动词的特征，也是整个小句的特征；及物性不只是与动词相关的特征，不是一个单一的概念、关系，而是一个连续统，及物性高低与及物性特征数量成正比。及物性十项特征为研究带来了新的量性视角，但这些特征并不是静态的，不能一概而论，即使是对同一场景的描写，语言使用者的识解过程也会因为语言使用者视角、语境、表达意图等语表外因素而产生变化。如例（39a）中“sneeze”本来是不及物动词，但在语境中可直接带宾语，例（39b）证明了语言使用在语表外因素的影响下会发生改变。

（39）a. John sneezed.
约翰打了个喷嚏
b. John sneezed the tissue off the table.
约翰打了个喷嚏，把桌上的纸巾弄掉了

本书认为，功能语言学学者对及物性的研究和形式学派相反，注重信息结构组成，将句法上的及物性和篇章上的信息编排联系起来，使及物性不再是一个孤立的概念，而是综合的语义、句法概念。Hopper & Thompson（1980）创造性地提出了及物性十项特征，能帮助判断及物性的高低。这些特征并不是简单关联动词的，而是基于整个小句的特征，囊括了语义、语法、形式等范畴。除此之外，功能学者将篇章中的前景信息、背景信息与高及物性、低及物性结合起来，使及物性有了可靠的形式标准，及物性的高低能通过实际语料的组织安排情况反映出来；另外，如果大致掌握了一类句式的及物性高低，我们就能判断这类句式倾向于出现在话语的什么位置，通过这种预判的方法我们可以更加科学地组织话语，还可以应用于文本生成，从而产出更合理的篇章语段。

综上，本书认为，在众多语言学派的研究方法中，采用功能语言学的研究方法对及物性进行研究，能更全面地对句式的及物性进行考察，还能利用语料中篇章信息的组织安排情况进行佐证，对本书来说是更科学有效的研究方法。

0.3 研究意义和创新之处

0.3.1 研究意义

第一，本研究对及物性理论中的及物性十项特征进行了意义阐释，说明了及物性各项特征在汉语中的意义表现，并根据意义特征，提出了相应的判断及物性高低的形式标准。本研究对汉语中测定及物性十项特征的形式标准进行了探讨，并对相关手段做了讨论和验证，研究结果比较可信。相关的研究结论可以用来进行汉语中其他结构所在小句的综合及物性考察，从而形成对不同小句及物性表现更深入、全面的认识。

第二，本研究着重考察了现代汉语中的七类准宾语结构所在小句的及物性表现，并讨论了七类准宾语结构所在小句的篇章功能特点，探讨了及物性和篇章特点之间的关系，揭示了七类准宾语结构所在小句的语义、语法、篇章功能表现与结构所在小句的及物性表现之间的关系。

第三，本研究对篇章功能特点的主要差异进行了讨论，试图找出不同篇章功能之间的区别性特点，并提出了在篇章中对篇章前景、背景进行判定的形式、意义判定标准和操作手段；对不同结构所在小句的篇章功能特点做了对比讨论，以期找出相似结构在篇章中的使用差异。

第四，本研究还关注结构所在小句整体的及物性，聚焦于小句及物性表现与篇章功能表现之间存在的关系，并通过对现代汉语中七类准宾语的综合考察说明小句整体及物性与其篇章表现之间的关系，说明及物性、篇章表现并不是分裂的、孤立的，结构小句的语言表现实际上存在种种联系，有相互决定、相互制约、相互应和的关系。

第五，本研究通过及物性理论考察了现代汉语中七类准宾语结构所在小句的及物性综合表现，七类准宾语结构包括个体化准宾语结构、旁格准宾语结构、重叠准宾语结构、借用动量准宾语结构、功用准宾语结构、主体准宾语结构、处所准宾语结构，比较系统地讨论了现代汉语中几类比较常见的准宾语结构的语义、语法、篇章功能特点，对七类准宾语结构的综合表现做了比较系统的总结，说明了七类准宾语结构之间的共同特点，对现代汉语中准宾语结构的研究有一定的贡献。

除此之外，本书还从整个语法系统出发，比较了现代汉语中七类准宾语结构与其语义相关的动宾、状中、述补、主谓结构之间的及物性表现特点，发现七类准宾语结构相对于语义相关的各项语法结构有比较统一的及物性表现，七类准宾语结构能以及物性为桥梁与语义相关的各项语法结构建立起比较稳固的转换关系。

最后，本研究指出，现代汉语中的准宾语结构不是偶发的现象，其形成存在着许多动因，准宾语结构中的动词、准宾语也存在一定的语义、语法限制，准宾语结构整体还有比较特殊的语言表现；系统地对现代汉语中的准宾语结构进行研究能丰富对汉语中动宾关系的认识，将动宾关系的研究扩展到小句的及物性范畴，从而对结构所在小句形成更深刻、全面的认识。

0.3.2 创新之处

第一，已有研究只对及物性理论中及物性十项特征的意义进行讨论，并没有明确提出相应的形式判断标准，本研究根据及物性理论的意义表现，提出了在汉语中判断及物性特征值高低的形式测定标准，并对相关标准进行了相应的测试和讨论以验证其可行性。及物性十项特征的形式判定标准可用于相关案例的及物性研究考察，以综合分析结构所在小句的及物性表现。

第二，已有研究没有对篇章前景、背景的差异进行系统的讨论，也没有明确提出相应的形式判定标准，本研究对篇章前景、背景的主要差异进行了讨论，并在此基础上提出了汉语中判断篇章前景、背景的操作手段和形式测定标准，相关的意义、形式测定标准和测定手段能用于不同的语言结构所在小句的篇章功能考察。

第三，已有研究对准宾语的讨论比较丰富，但没有系统地对各类准宾语结构所在小句进行综合性的考察。本研究从及物性理论出发，对现代汉语中的七类准宾语结构的及物性综合表现进行了全面的分析，从语义、语法、篇章功能等角度对七类准宾语结构的整体表现做了比较系统的考察，得出了比较可靠的结果。

第四，已有研究聚焦准宾语结构本身的语义类型和生成机制，本书不只进行某类准宾语的研究，还对现代汉语中七类准宾语结构相关的动宾、状中、述补、主谓结构所在小句的整体及物性做了考察，对准宾语结构及相关语法结构的语义、语法、篇章功能表现进行了比较全面的对比研究，指出相同的语义成分可通过进入不同的结构来提高结构所在小句的及物性，以此提供相应的篇章功能信息。

第五，已有研究没有系统地对现代汉语中不同种类的准宾语结构进行研究，往往集中于某一类。本研究不仅对现代汉语中出现频率比较高的七类准宾语结构进行了研究，还对七类准宾语结构相关的语法结构进行了考察，从整个语法系统的视角对现代汉语中准宾语结构的整体语义、语法表现做了全面分析，发现准宾语结构表现出不同于其他语法结构的一些语言特点，进入结构的语言成分存在一定的语义、语法限制；除此之外，七类准宾语结构具有比较统一的语义、语法表现。本书有助于我们对现代汉语中的准宾语结构形成更全面和系统的认识。

0.4 结构安排与语料来源

0.4.1 结构安排

本书除绪论外共分十章，内容的安排如下。第一章是研究综述，分别介绍及物性理论、准宾语结构相关的研究成果及研究中存在的问题。第二章到第九章是本书的主体部分。第二章讨论及物性理论中十项特征的意义、形式判断标准。第三、四、五、六、七、八、九章将对现代汉语中的七类准宾语进行及物性研究，并从前景、背景角度对结构的篇章功能进行考察。第十章对现代汉语中的准宾语进行理论思考，分析汉语准宾语形式与功能的选择机制及内在动因，讨论篇章前景、背景在汉语中的形式判断操作标准和依据，探讨篇章前景、背景的应用潜力。

0.4.2 语料来源

本书语料来自北京语言大学语料库（BCC）。根据 Thompson & Hopper（2001），英语中真实日常会话的句式多为低及物性小句，对于前景、背景的分布没有说明意义。为了更好地说明及物性与前景、背景的联系，本书的语料主要来自书面语。

第一章　及物性理论及准宾语研究综述

本书的重要理论基础是及物性理论，本书的研究对象是现代汉语中的准宾语。下面我们将分别对及物性理论、准宾语做研究综述，梳理以往研究的概况，介绍前人时贤在这两个方面的研究成果，并讨论以往研究存在的优势及不足之处，为我们后文的研究做铺垫。

1.1　及物性理论的研究综述

我们将对及物性理论的研究进行综述，综述分为两个部分，第一部分为国外的及物性研究，第二部分为国内的及物性研究。这里的及物性研究可分为狭义的、广义的两种，狭义的及物性研究只集中于动词是否带宾语的特征，广义的及物性研究不关注动词是否带宾语的特征，而是关注小句整体的综合语法、语义表现。

1.1.1　国外的及物性研究

国外对及物性的探讨开始得比较早，外国学者对及物性的研究主要集中在两个方面：一方面是对及物性本质的探讨，包括对及物性是动词特征还是小句特征、及物性作用机制的讨论；另一方面是对典型及物、不及物事件的讨论。

前人时贤对及物性的内涵、及物性的特征、及物性的传递过程有丰富的研究。在西方传统语言学中，及物性是在小句语法分析中使用的一个范畴，指动词和结构中依附成分的关系。具体来说，及物性是动词的一种属性，可以带直接宾语的动词是及物的（transitive），如“他唱歌（He sings song）”中的“唱（sing）”；不能带直接宾语的动词是不及物的（intransitive），如“我要睡觉（I am going to sleep）”中的“睡觉（sleep）”。在传统语言学视角下，及物性是一种指示动词和宾语之间关系的语法特征，但是，如果将及物性简单解释为动词是否带宾语的性质，许多及物动词不带宾语、不及物动词带宾语的现象将不能得到解释。

系统功能语法代表学者 Halliday（1985）指出及物性是一种语义概念，是语言中概念功能的实现形式。他认为语言有三种纯理功能（metafunctions），分别是描述经验意义的概念功能（ideational function）、涉及语言使用者交流关系的人际功能（interpersonal function）、构筑语篇语义连贯性的语篇功能（textual function）。具体来说，概念功能指人们用语言描述物质世界、精神世界经验的功能；人际功能指人类使用语言与人进行交流，并且建立、维持人际关系的功能；语篇功能指使用语言过程中，人们借助主位结构、信息结构和衔接结构来构筑连贯的语篇语义统一体。其中，及物性系统、词语的概念意义、不同的逻辑关系共同构成语言的概念功能，使说话人能通过不同的语言组合方式表达丰富的语义。Halliday(1985) 指出，及物性系统通过不同的动作事件反映现实世界中的经验，及物性系统由过程（process）、参与者（participant）、环境成分（circumstance）组成，活动、事件的性质不同，过程的结构类型也会不同；过程的结构类型不同，不同类型过程所涉及的参与者也会不同，例（1）为不同过程对应的不同参与者类型。

（1）a. 物质过程：动作实施者、动作承受者、动作受益者、范围
　　b. 关系过程：感知者、现象
　　c. 心理过程：载体 / 属性、被识别者 / 识别者
　　d. 行为过程：行为者
　　e. 言语过程：讲话者、受话者、讲话内容、针对者
　　f. 存在过程：存在物

系统功能语法学者认为及物性是小句的特征，由参与过程、参与者、环境成分组成。但是，将小句过程分为不同类型，不同类型过程涉及不同的参与者，环境成分出现在不同的过程中，这三项操作只剖析了小句内部动作的形成情况，并没有说明不同过程、不同参与者、不同环境成分对小句及物性的影响，也没有说明不同过程、不同参与者、不同环境成分是如何体现及物性变化的，更没有具体阐释小句内部动作的传递过程。但是，系统功能语法学者的观点使我们认识到了及物性不是动词的一项简单特征，而是小句的综合特征，可以体现在

小句中的许多方面。他们还提出不同的动作过程对应不同的参与者和环境成分，这一观点扩展了我们对及物性的认识。

Hopper & Thompson（1980）从大量跨语言事实出发，提出及物性理论，认为语言中的及物性是语言使用中的一项重要特征，体现在十个方面，分别是参与者（participant）、体貌（aspect）、运动状态（kinesis）、瞬时性（punctuality）、意愿性（volitionality）、肯定性（affirmation）、语态（mode）、施动性（agency）、宾语受动性（affectedness of O）、宾语个体性（individuation of O）。这十项及物性参数构成及物性系统，一般来说，高及物性结构中，及物性的十项特征参数倾向表现高值；低及物性结构中，及物性的十项特征参数倾向表现低值，及物性的各项特征处于共变（covary）的系统中。两位学者还将语法层面上的及物性理论和篇章上的话语功能结合起来，认为高及物性结构往往出现在话语前景中，低及物性结构往往出现在话语背景中。两位学者认为，如果语法上的及物性理论不与交流功能联系，那所谓的及物性理论就是毫无根据的，因为我们无法指出语义语法成分与句法位置间的准确关联。及物性假说是及物性理论的核心，在及物性假说中，假设一种语言有两个小句 a 和 b，如果小句 a 在任何一个及物性特征上显示出更高的及物性，那么与该及物性特征相关联的语法或语义区别若出现在小句的其他地方，也会显示出小句 a 有更高的及物性。跟传统语法、系统功能语法学者的观点相比，Hopper & Thompson（1980）的及物性理论扩展了及物性研究的范围，不仅考察小句内部的及物性，提出小句内部及物性各项参数对动作传递存在影响，指出句内各项参数的及物性变化规律，还将小句的及物性跟小句在篇章中的功能位置结合起来，认为小句及物性的高低与篇章地位选择存在直接关联，小句在篇章中的功能表现是小句的及物性决定的。换句话说，如果需要表述不同篇章功能的小句，就需要在表达过程中选择相应的不同及物性的小句，因为小句在及物性、篇章两个层面上的表现应该是一致的，两个层面存在着互相制约、互相影响的关系。

一些学者对典型及物事件、不及物事件做了讨论，产出了丰富的成果。Givón（1984）指出，典型及物性事件对应的句法特征一般是“施事 + 动词 + 受事”。典型及物事件有三个核心要素，首先是事件有两个参与者，其次是其中一个参与者对另一个参与者做出意志性行为，最后是受事受到该动作的影响。Langacker（1999）指出，在及物性事件中，施事和受事之间的关系是不对称的，施事到受事有一种物质和能量的传递，但受事到施事没有物质和能量的传递。典型不及物事件只有两个要素，表现为一个参与者有意志地参与某种行为。除此之外，及物性事件可看作是一个连续统，典型及物、不及物事件在连续统的两端，中动结构、反身结构等特殊语法现象处于连续统中间。一般认为，处于连续统两端的及物、不及物典型事件是无标记的，处于中间的事件是有标记的。

学者对及物、不及物事件的研究使我们对小句的及物性有了更深刻的认识，明确了典型及物小句包含动作传递过程，典型不及物小句不包含动作传递过程。但是，研究并没有说明处于典型及物、典型不及物连续统中间的小句的及物性是如何变化的。我们在研究时的确应该关注典型对象，但在实际生活中非典型的小句数量更多，因此我们也应该关注非典型及物、不及物小句的及物性内部变化，考察这些小句内部的及物性表现。本书研究的对象是现代汉语中动词准宾语结构所在小句的及物性状况，并不研究典型及物、不及物小句之间的差异表现及来源。本书将着重利用 Hopper & Thompson（1980）的及物性理论，对现代汉语中动词准宾语结构所在小句进行考察，以期全面掌握现代汉语中动词准宾语结构所在小句的及物性表现情况。

1.1.2 国内的及物性研究

在上文中，我们对国外的及物性研究有了基本的梳理，下面我们将对汉语学界的及物性研究进行综述。汉语学界关于及物性的研究可大致分为两类：一类集中在及物、不及物标准的确定上；另一类集中在利用 Hopper & Thompson（1980）及物性假说讨论汉语的及物性表现上。本书将主要利用第二类研究中的成果，借鉴前人时贤对及物性假说的理解，进行现代汉语动词准宾语结构所在小句的及物性考察和研究。

首先，第一类研究主要关注动词及物、不及物的划分。许多学者提出了划分动词及物、不及物的标准，总结起来主要有三种，分别是根据意义划分、根据形式划分和结合形式和意义进行划分。

马建忠（1898）、黎锦熙（1924）都提出用意义来区分及物动词、不及物动词的方法，认为动词可根据其指涉的动作是“凝集自身”还是“射及他物”进行划分。

王力（1985）最早主张用纯形式的标准来区分及物动词、不及物动词，认为可用动词之后是否必须出现目的位来区分及物动词、不及物动词。具体来说，动词后必须带目的位的动词是及物动词，动词后可以不带目的位的动词是不及物动词。随后，陆俭明（1991）从形式主义角度指出，动词后能带宾语的是及物动词，动词后不带宾语的是不及物动词。

20 世纪 70 年代之后，许多学者开始采用意义与形式结合的标准来研究及物动词、不及物动词，这个标准首先是看动词能不能带宾语，然后看动词能带什么样的宾语。赵元任（1979）指出，不能只按照是否能带宾语来区分及物动词、不及物动词，及物性的划分还应该关注动词所带宾语的种类，综合形式和意义两项标准才能更全面地考察及物性的特征，证据是不及物动词也能带宾语，不过带的是自身宾语或倒过来做“倒装主语”的宾语；而及物动词可以带任何宾语，受到的限制比较小。朱德熙（1982）指出，及物动词和不及物动词的区别在于所带的宾语的不同，不及物动词只能带准宾语，及物动词除了带准宾语之外，还能带真宾语。刘月华（1983）认为，及物动词主要是带受事宾语的动词，如“看书”“写字”“发动群众”“挖墙”等，不及物动词不能带宾语。范晓（1996）指出，在意义自足的主事主语句中，没有特定的条件但是必须带宾语的动词是及物的，不带宾语时句子意义也自足的动词是不及物的，及物、不及物的区别在动词带宾语、不带宾语时对句义是否存在影响。徐杰（2001）指出，可根据动词带受事宾语的能力，将动词分为不及物动词、潜及物动词、单及物动词、双及物动词等四类，这几类动词处在连续统上。邢福义（2002）认为，从音节角度入手，将动词分为单音节、双音节的，其中，单音节动词中能带对象宾语或目的宾语的是他动词，不能带对象宾语或目的宾语的是自动词；双音节动词中能带宾语尤其是能带名词性宾语的是他动词，不能带宾语的是自动词。王文丽、陈昌来（2017）认为，现代汉语中的动词存在及物性差异，可根据及物性的差异将现代汉语中的动词分为及物动词、作格动词、不及物动词和假及物动词四类。

但是，也有一些学者认为汉语中没有及物动词、不及物动词之分，因为很多动词在一些环境下必须带宾语，在另一些环境下不用带宾语，因此及物、不及物的判定是没有意义的，因为即使对动词的及物性质有了判断，在语言使用中及物动词、不及物动词的划分也不能成为一个稳定、可靠的标准。针对这一点，沈家煊（2019）指出，汉语的动词实际上没有严格的及物与不及物的区别，可以说汉语的动词都是及物动词，都可以带宾语，只是所带宾语的种类不同，如“来一趟”中的“一趟”是动量宾语；也可以说汉语中的动词都是不及物的，因为一般定义中的及物动词是“可以带宾语”，如果把及物动词定义为“必须带宾语”，那么几乎没有动词能满足这个要求，比如“咱们交朋友”，不能孤立地说“咱们交”，“交”后必须带宾语，但是在对话中可以不带，如问“咱们交不交朋友”，就能回答“咱们交”。

本书同意不用划分及物动词、不及物动词的看法，不应该囿于及物动词、不及物动词的预设，限制语言的灵活使用，因为在语言交际中，的确有许多不及物动词带上宾语、及物动词不带宾语的情况，如果强行对动词进行及物、不及物的判定，结果将是不准确的。除此之外，花费精力对动词进行及物与否的判定也将得不偿失。动词是否带宾语不仅受到语言成分本身的影响，还受到小句、语境的影响。动词能否带宾语是存在变化的，在不同的时间、空间、语境、说话人因素的影响下，动词能否带宾语的接受度也是存在变化的。因此，本书不赞同强行划分及物动词、不及物动词，我们倾向于使用及物性理论来看整个小句的及物性特征。下面我们将对汉语学界利用及物性理论进行研究的成果进行综述。

汉语学界对及物性的第二类研究集中于利用 Hopper & Thompson（1980）的及物性理论对汉语的及物性进行考察。王惠（1997）介绍了 Hopper & Thompson（1980）的及物性理论，并利用该理论对汉语中的四种主要句式进行了及物性考察，这四种句式包括一般主动句、把字句、被字句、受事主语句。经过研究，王惠（1997）指出及物性十项特征大致能说明汉语的及物性程度，但还不够全面；认为“动作”“完成”“瞬时”特征属于动词的固有特征，及物性的考察还应考虑外在的时间特征，如动词后的“了”“着”“过”“在”等成分也应该纳入研究。王惠（1997）还认为每种句式所包含的及物性特征是有限度的，一种句式最多能带几个高及物性特征，最少可以带几个高及物性特征，是不可随意更改的，每个句式的及物性都体现为及物性连续统上的一部分。王惠（1997）利用及物性理论考察了汉语中的几类典型句式，丰富了及物性的研究，研究的结果也和我们的一般认知情况符合，研究证明了通过及物性理论来考察汉语中小句的及物性是比较合理的。

唐翠菊（2005）对汉语中的无定主语句进行了及物性考察，讨论了汉语无定主语句的及物性表现，认为汉语中的无定主语句可分为有生无定主语句、无生无定主语句，发现现代汉语中的有生无定主语句有高及物性语义特点，汉语中的无生无定主语句有高及物性、低及物性语义特点。文章指出，高及物性的无定主语句多出现在话语前景部分，低及物性的无定主语句一般出现在话语的背景部分。文章还讨论了篇章前景、背景的一些语言表达特点。唐翠菊（2005）考察了汉语无定主语句的及物性，但没有对判定及物性高低的形式手段做详细说明，也没有对及物性与篇章前景、背景的联系做过多描述。除此之外，文章也没有对判定话语前景、背景的方法做出讨论。

吴义诚、李艳芝（2014）对汉语中构式的及物性表现进行了深入研究，指出动宾关系是及物性研究中最基本的问题。及物性研究不仅涉及动词是否带宾语的特征，还涉及结构整体和语义因素、话语因素和语用因素；还指出宾语不仅仅是动词的宾语，还是整个构式的宾语；及物性实际是一种语法、语用现象，及物性研究从语用现象变为语法现象是一个渐变的过程。两位学者的研究将构式和及物性联系起来，明确指出不应孤立考察小句中的参数特征如宾语特征，还应该考虑小句所在语境的影响。除此之外，研究者还认为小句的及物性处于连续统中，但是没有明确讨论判定参数特征高低的方法，也没有指出研究小句及物性的意义。

罗艺雪（2015）发现，政论语体中的“带来”小句多项及物性特征弱化，宾语受动性却得到强化，这看似与 Hopper & Thompson（1980）提出的及物性理论相悖，实际上却反映了政论语体中小句的及物性动态变化，即政论语体中“带来”句式表达的意义虽然有从实到虚的变化，但因为政论语体中的“带来”句式表明了说话人的鲜明态度，所以该句式有强烈的主观性。“带来”句隐含移情可能，因此宾语从受一般影响成分转为受强影响成分。罗艺雪（2015）的文章考虑到了语体对小句及物性的影响，从移情角度解释了小句及物性和宾语受动性变化的原因，但是没有用形式测定手段检验这一观点的真实性。

寇鑫、袁毓林（2017）对语料中的“给 VP”句式进行了研究，分析了该句式的及物性表现，发现“给 VP”有高及物性，在句法上呈现双论元结构，受事受影响程度强，小句是完成的，且动词有“动作——结果”义，排斥否定性的句法环境，不出现在否定语境中，在语篇中一般编码前景信息。该文还根据 Tsunoda（1985）指出意愿性是及物性十项特征中的冗余特征，并指出意愿性特征不能作为及物性的十项标准之一。两位学者的研究较好地使用形式测定手段对及物性十项特征进行了测试，提出了判断篇章前景、背景的方法是看小句是否能出现在流水句的句末，但是没有对这种判定方法进行形式检验。

胡骏飞、陶红印（2017）利用会话口语、影视口语和书面语三种语体的语料库，对“弄”字句的实际用法进行了定量、定性研究，认为“弄”字句属于高及物性小句，并指出对动词相关的句法语义现象研究不能只限于论元结构描写，应该借助语体、语料库手段进行更深层次的考察。两位学者的研究较好地控制了研究中的变量，指出“弄”字句的及物性特点，但没有说明小句及物性的意义，也没有将小句的及物性特点与篇章的前景、背景结合起来。

王惠静（2017）从认知语法理论视角对及物性进行了深层研究，根据实际语料的表现提出了判断小句及物性高低的认知语义参数，认为语言使用对及物性研究有重要作用，认知因素对小句及物性的影响较大。该研究从认知语言学角度考察了及物性的几项判断参数，但没有对及物性和篇章前景、背景的联系机制做进一步的说明。

王惠静、文旭（2017）指出形式学派对及物性的研究着眼于句法，及物性是动词的一种二分概念；类型学研究认为及物性属于小句特征，是一个连续统，目前类型学的研究限于语言描写，对小句及物性的形成机制认识不足；认知语言学对及物性的研究解决了语言形式、认知、意义之间的关系，说明了及物性背后的认知机制，采用认知语言学的研究方法能更科学地对及物性进行研究。两位学者的研究较好地说明了及物性研究中存在的问题，提出了日后研究的具体方向，但没有深入探讨及物性特征的判断测定标准。

王文丽、陈昌来（2017）运用及物性理论对现代汉语中的动词进行了再分类，认为及物性是动词的一种根本属性。两位学者将现代汉语动词分为四类，分别是及物动词、作格动词、不及物动词和假及物动词。他们认为动词及物性不仅是动词是否带宾语的特征，及物动词、不及物动词之间的差异对立不仅在于是否可带宾语、所带宾语的类型，我们更应该关注的是，及物动词能描写事物之间的相互作用和影响，不及物动词不能表示事物间的相互作用和影响，一般只对事物存在的状态和状态的变化进行描写。两位学者的研究着眼于动词的性质，对动词的性质变化情况做了详细描绘，但研究只承认动词与及物性的联系，没有提到及物性与其他成分之间的联系。研究中提到的“事物之间的相互作用、影响”实际上涉及了参与者、施动性、宾语受动性等因素，但研究只关注动词本身，且研究的对象只有动词，不涉及小句，因此该研究对及物性的描写、说明不够全面。

许红花（2017）用及物性理论对汉语中的“$\text{NP}_{受}$+VP”句式进行了研究，经考察后发现该句式呈连续统分布，低及物性小句一般有静态描写或评议的表达功能，在句法上多使用心理动词、情态动词、否定副词等非现实性句法手段；高及物性小句一般有动态叙述的表达功能，在句法上多使用动作动词、结果 / 处所 / 趋向补语、时体标记“了”等现实性句法手段。文章指出，语料中的“$\text{NP}_{受}$+VP”类小句一般是低及物性的，出现在篇章的背景部分；少数“$\text{NP}_{受}$+VP”句式是高及物性的，能出现在篇章的前景部分。文章认为，决定

“$NP_{受}$+VP”小句及物性高低的根本因素是信息功能。但是，该研究说明了句式及物性高低与篇章前景、背景的联系，却没有说明判断篇章前景、背景的形式标准，没有讨论及物性与篇章前景、背景的联系机制，只对句式在篇章中的倾向性做了说明。

钟小勇（2017）利用 Hopper & Thompson(1980) 的及物性假说对真实语料中的重动句、把字句进行了分析，指出重动句的及物性低于把字句，认为两类句式产生及物性显著差异的原因跟话语功能有关。文章从话语角度验证了及物性假说的研究思路。该研究将小句的及物性高低与话语功能直接联系起来，但在研究小句及物性高低时，对及物性参数的测定标准没有做具体说明，除此之外，也没有说明话语功能间的具体差异，没有讨论判断话语功能的标准。

邵健、王小潞（2018）讨论了及物性特征和单宾语小句的关系，通过回归分析和数据可视化方法，验证了 Hopper & Thompson(1980) 的及物性假说。文章指出，单宾语句内部存在类别差异，“意愿”“生命”“源头”“瞬时”“受力”“变化”等因素是判定句子及物性的重要参数特征，其中，“生命”“受力”“变化”三项因素对单宾语句的典型判定有重要的作用，是单宾语句内部产生典型性差异的主要原因。该研究对小句的及物性参数做了讨论，指出十项参数的重要性程度不同，但是没有说明为什么一些参数重要、另一些参数不重要的原因，没有探究某些参数能对及物性产生影响的原因，也没有讨论重要参数对小句及物性产生影响的机制。

李劲荣（2018）从及物性角度对准双向动词的扩展情况进行了研究。文章指出，准双向动词的高及物性特征如合成度高、自反性弱和动作性强的特征是准双向动词突破常规功能进入“NP_1+V+NP_2”句式的前提条件，句式的高及物性特征则是准双向动词进入“NP_1+V+NP_2”句式的决定因素，动词和句式的高及物性特征在准双向动词进入句式的过程中发挥作用。该研究说明了小句的及物性对句式选择的影响，但没有说明及物性差异在篇章中的具体作用。

总的来说，虽然前人时贤利用及物性假说产出了丰富的成果，但及物性的研究依然存在一些亟待解决的问题。钟小勇（2020）讨论了汉语及物性研究中存在的问题，指出及物性研究应该有更全面的参数分析、更明确的参数概念、更统一的考察对象、更准确的及物性假说解释，认为及物性研究应该采用全面的十项参数分析，应该有更明确的参数考察对象。除此之外，研究还应该更重视及物性研究的话语特征和及物性在语言演变中的作用。钟文指出，及物性是小句的特征，分析及物性参数时，应以整个小句为分析对象，及物性假说适用于两类小句（type）的比较，而不是两例小句（token）的比较，需要探讨两类小句之间的共变。

综合前人的研究来看，还有五个问题需要解决。第一，以往的研究大多只注重对小句及物性的分析，并没有揭示小句及物性与篇章前景、背景的深层联系。Hopper & Thompson（1980）明确指出，脱离语境谈及物性没有意义，及物性是篇章前景、背景选择某一类小句的根本原因。因此，及物性的研究还应注重及物性分析和篇章功能的结合，我们的研究不应该只关注小句的及物性，还应该关注不同及物性小句在篇章中的差异化表现。

第二，及物性假说中及物性十项特征的概念是从意义出发的，所以及物性的研究还必须确立及物性特征的形式标准。以往的研究没有对判定及物性十项特征参数高低的形式测定手段进行讨论，这也是当前研究的薄弱部分，因此我们的目标是提出判断及物性十项特征的形式测定手段，不仅在意义上说明及物性十项特征的表现，还要在形式上标注出及物性高低的句法语义证据。及物性十项特征参数的高低并不是两极分立的，而是处在一个连续统中，因此对小句及物性的描写必须遵从形式标准，符合小句真实的及物性情况。

第三，以往关于及物性的研究只对研究对象的及物性进行了考察，但是，只对静态的句式进行及物性的研究无法匹配语言使用的动态事实，因此本研究立足于比较的方法，对小句的及物性进行动态的比较分析，试图得出相对合理的及物性研究结果。

第四，篇章前景、背景与及物性紧密联系，但是，以往研究一般只简单地说明高及物性小句有出现在篇章前景的倾向，低及物性小句有出现在篇章背景的倾向，没有说明篇章前景、背景的真正意义，也没有对判断篇章前景、背景的形式标准进行讨论。篇章前景、背景在及物性理论中至关重要，因此本书的一大目标是解决篇章前景、背景的形式判断标准问题，为及物性的研究提供验证手段，丰富小句及物性的研究。

第五，Hopper & Thompson（1980）的文章为我们提了一个创新性的观点，即小句及物性跟篇章功能相联系，并从数据角度证明了这是在许多语言中都存在的现象。我们的研究应该继续这个思路，验证这个观点是否适用于汉语：为什么小句及物性能跟篇章功能相联系？及物性、篇章功能是通过什么样的界面（interface）效应产生了直接关联？其中存在什么样的结合机制？

1.2 准宾语的研究综述

准宾语是比较特殊的一类宾语。下面，我们将对汉语中的准宾语和英语中的准宾语做简要介绍，再从准宾语的定义、准宾语的分类、准宾语的句法性质、准宾语的生成机制四个方面对以往的研究做综述。

从20世纪60年代开始，动宾语义关系及宾语语义类型的研究逐渐成为汉语动宾问题的研究焦点，学者如丁声树（1961）、赵元任（1979）、吕叔湘（1979）、朱德熙（1982）、李临定（1983）、徐枢（1985）、孟琮（1987）、马庆株（2005）对汉语中宾语的语义类型进行了全面的研究和梳理。一般认为，宾语和动词的语义关系多样且丰富，按照语义类型对宾语进行分类，可分为受事宾语、施事宾语、工具宾语、对象宾语、结果宾语、目的宾语、处所宾语、原因宾语等。在语义类型分类的基础上，一些学者对宾语的语义做了进一步的分化。谭景春（1995）指出宾语可分为材料、工具两类；陈昌来（2001）对工具宾语进行了深层研究，指出工具宾语具有“与施事同现”“被用性”“传递性”“不变性”“无生性”等语义特征；张云秋（2004）从典型范畴角度出发，指出宾语可分为典型受事宾语、非典型受事宾语，可按照语义对非典型受事宾语进行分类，包括材料、工具、动机、方式、处所等宾语。

前人时贤在宾语内部的语义类型上研究成果丰富，但在动宾典型、非典型搭配关系方面的研究成果稍显单薄。动宾关系包括动宾搭配的典型关系和非典型关系，涉及现代汉语中的真宾语、准宾语问题。一般认为，真宾语是动词可以支配的宾语。所谓支配关系，指的是动作和宾语的意义密不可分，真宾语除了直接参与动词所指的动作、状态、过程之外，还可以从动词的意义中推导出来，真宾语与动词有直接联系，真宾语可以表示动作支配的对象，如“学英语”，“学”可以支配实体“英语”；真宾语可以表示动作的结果，如“造船”；真宾语可以表示动作凭借的工具，如“盖被子”；真宾语可以表示动作涉及的处所，如“去公园”；真宾语可以断定人或事物，如“他是农民”。总之，真宾语的语义类型是多种多样的，并且与动词存在直接联系。与真宾语相反，准宾语跟动词没有直接关系，如“学一年”，动作“学”不能支配时量词“一年”。我们认为，真宾语、准宾语的确定应该着眼于动词和宾语之间的非典型搭配关系，不能单单根据宾语的语义类型确定。同时，还应关注宾语和动词之间存在的互动关系，比如处所词“食堂”，如果出现在可支配它的动词后就是真宾语，如“去食堂”；如果出现在不能支配它的动词后就是准宾语，如“吃食堂”。

英语中的准宾语与汉语中的准宾语不同，英语中的宾语、补语统称为补足语（complement），英语中只有复杂宾语及物动词的宾语后可跟补足语，如果单宾语及物动词或少数双宾语及物动词的宾语后可跟起补足语作用的形容词，那么，这种形容词称为准宾语补语（quasi-object complement）。英语中可带准宾语补语的单宾语及物动词有“buy”“find”“hate”“like”“sell”等，使用情况请见例（2）。

（2）a.He sells them new = He sells them when they are new
当它们新鲜的时候，他卖掉它们
b.We can't drink it hot = We can't drink it when it is hot
它热的时候我们不能喝
c.They picked the apples ripe = They picked the apples when they were ripe
苹果熟了的时候他们才摘

在英语中，准宾语补语主要表示时间意义，但也可表示条件、原因等意义，特别是当准宾语补语为“-ed”分词时，使用情况请见例（3）。

（3）a.I like your house painted blue=I like your house when it is blue
当你的房子是蓝色时，我很喜欢
b.I like your house painted blue=I will like your house if it is painted blue
如果你的房子漆成蓝色，我会喜欢
c.I like your house painted blue=I like your house because it is blue
因为你的房子是蓝色的，所以我很喜欢

汉语中的准宾语和英语中的不同，甚至复杂得多。英语中的准宾语补语都是形容词，从形态上能很容易地跟宾语区分开；而汉语中的准宾语可以是名词、动词、形容词等，不容易跟真正的宾语分开。除此之外，汉语的准宾语形式比英语更复杂，动词跟准宾语的关系也更复杂。宾语词性不是判定汉语准宾语的形式手段，汉语中的准宾语主要由动词和准宾语之间的非典型支配关系决定。

丁声树等（1961）首次提出了准宾语概念，指出在宾语位置的动量词、时量词具有和宾语相似的性质，但又跟一般的宾语又不尽相同，因此称为“准宾语”。

准宾语现象有其特殊性，在汉语学界争议已久。自20世纪80年代以来，许多语言学者投入准宾语的研究。以往研究集中于四点：一是什么是准宾语，涉及准宾语的定义问题；二是准宾语有哪些分类；三是准宾语从语法性质上看是补语还是宾语；四是准宾语是如何生成的，涉及准宾语的生成机制。下面，我们将从这四个方面对前人时贤的研究进行综述。

1.2.1 准宾语的定义

准宾语是跟真宾语比较而言的，准宾语指非典型的宾语，这里的非典型可以分为两个方面。首先，从动宾层面来说，不及物动词不能带宾语，形容词也不能带宾语，因此如果不及物动词和形容词后的成分是名词，两类成分构成动宾关系，该名词就是非典型的准宾语。举例来说，“飞”“湿”分别是不及物动词、形容词，一般在句中做谓语、定语，如“蝴蝶飞了”“衣服湿了”，但是，它们后面也可加准宾语，如“飞上海”“湿个透”。其次，从宾语内部层面来说，宾语一般是动词可以支配的词，如“吃苹果”中，“吃”是典型动作词，可以支配动作“吃”的对象，但“吃”不能支配处所名词如“饭馆”，“吃苹果”中的“苹果”是真宾语，“吃饭馆”中的“饭馆”是准宾语。

不及物动词、形容词后一般不能带宾语，如果带了宾语，那么该宾语为准宾语。我们需要进一步解释的是，什么是“支配关系”。首先，支配关系应该跟“语义联系”区别开来。比如说，任何动词都与地点、时间有天然的语义联系，如“切菜”可以在厨房切，可以在下午切，但是我们不能说“切厨房”“切下午”，这是因为“厨房”“下午”只是跟“切”有语义联系，但没有支配关系。支配关系指动词所代表的动作能够对动作对象产生作用的关系，如动作“切”可以支配动作内容对象“菜”，可以说“切菜”，可见支配关系和语义联系是不一样的。但是，一些非动词支配对象即准宾语可以出现在动词后，如工具“大刀”跟动作“切”有语义联系，但“切”不能支配工具“大刀”，可是“切大刀”能说。

胡华（2002）从语义结构出发对宾语和准宾语的本质进行了讨论。在语义逻辑演算中，一元谓词P对谓项x进行表述可标记为P(x)，二元谓词P对谓项x、y的关系进行表述可标记为p(x,y)，准宾语虽然形式上表现为二元谓词P(x,y)，但y实际上不是谓项，而只是语义上的义丛性表述，所以准宾语实际上还是属于一元谓词 P(x)，是带有义丛性表述的一元谓词。例（4a）是单纯的一元谓词表述，例（4b）是带有义丛性表述的一元谓词表述。文章认为，准宾语只是义丛性表述而不是谓项，跟谓词没有直接联系，带真宾语的谓词表述义丛为“谓项 $_1$+ 谓词 + 谓项 $_2$”，带准宾语的动宾结构表述义丛为“谓项 + 谓词 + 义丛性表述”，前者的谓词是二元谓词，后者的谓词是一元谓词。

（4）a. 门关了 我睡了 冲突发生了

b. 门关了两次 我睡了半小时 冲突发生了三回

根据上面的对比讨论，我们能进一步确定准宾语的形式、语法、语义特点。首先，在形式上，准宾语可以是名词、动词、形容词。根据沈家煊（2019）的名动包含说，汉语中的名词和动词不是对立的，名词是“大名词”，包含动词，动词是一种动态名词，因此谓语后的准宾语是多形式的。其次，在语法上，准宾语能被谓语支配。值得注意的是，这里的谓语、准宾语不对应动词、名词。我们认同沈家煊（2019）的名动包含说，这也是动词能做主语、宾语，名词能做谓语的原因，谓语根本上是指称性的，动词是指称动作的指称语，名词是指称事物的指称语，结构中的谓语可以是动词、名词。最后，在语义上，动词和准宾语之间存在非支配的语义联系，在非支配的语义联系基础之上，准宾语又跟动词存在着联系，只是这种联系不是支配关系。

1.2.2　准宾语的分类争议

前人时贤对准宾语进行过分类研究，成果丰硕，以往研究多是依据语义进行分类。首先，南开大学中文系预科语文教学小组（1972）在《现代汉语语法分析试用教材》中指出，准宾语的“准”是可以当作某类事物看的意思，如“准将”。一般来说，只有及物动词能带真宾语，真宾语是受动宾语。该教材中，不及物动词和形容词带的宾语称为准宾语，按照语义类型可分为四类，见例（5）。值得注意的是，所属宾语的述语都是形容词，宾语本身是形容词表示的性质、状态的所属者，原因宾语中的代词及可能出现的名词或名词性词组都是说明动作原因的。

（5）a. 数量宾语：走三里、休息一天；买一尺、吃一碗；来一次、跑一趟

b. 所属宾语：大着胆子、小点儿声儿
c. 方位宾语：来天津、飞北京、住里屋
d. 原因宾语：笑什么、哭谁、嚷什么

朱德熙（1982）对准宾语做了进一步解释，认为准宾语包括动量、时量、数量宾语三类。当动词是及物动词时，动量、时量准宾语后可以再出现名词，见例（6）；但是，数量准宾语后不能再出现名词，见例（7）。这是因为：数量准宾语结构中的谓语位置是形容词，动量、时量准宾语结构中的谓语位置是动词，而形容词不能支配动词受事，所以名词不能出现在数量准宾语后。

（6）a. 进一次城 看一回电影 住一次宿舍 去两趟北京
b. 等一会儿老师 走一天景点 学一年英语 住三年宿舍
（7）* 长了三尺腰围 * 轻一点手 * 好一些病情 长了很多身高

朱德熙（1982）对准宾语的语义类型做了划分，但没有对准宾语的使用做进一步的研究；指出不及物动词只能带准宾语，及物动词能带准宾语、真宾语，不及物动词带准宾语和不带宾语时意义有差别，见例（8）。

（8）a. 他笑了——他笑你
b. 他哭了——他哭他父亲
c. 我睡会儿——我喜欢睡硬板床
d. 他清醒过来了——清醒清醒头脑

张清源（1990）在《现代汉语知识辞典》中提到，准宾语也称自身宾语、数量宾语，指表示动作自身的动量、时量或幅度等的宾语。张清源（1990）对准宾语的分类和朱德熙（1982）大致相似，但他认为准宾语还包括所有不及物动词和形容词充任述语所带的宾语，比如表存现意义的准宾语“来了客人”、表处所意义的准宾语“飞昆明”，以及“红了脸”“横着心”之类。

陆俭明（2018）指出汉语里有三类典型的准宾语，第一类是由“什么”充任的非实指宾语，整个述宾结构表示否定意义；第二类是由第三人称“它 / 他”充任的非实指宾语，增加俏皮、轻快、无所谓或不在乎的语气或感情色彩；第三类是由“人称代词 + 的”构成的“的”字结构充任的非实指宾语，整个述宾词组表示“别理会、不管他”的意义，分别见例（9）a—c（引自陆俭明，2018）。陆俭明（2018）认为真宾语是实指的，准宾语是虚指的，且准宾语所在述宾词组表示某种特殊语法意义；还认为真宾语只出现在及物动词后，但准宾语可以出现在及物、不及物动词后。

（9）a. 去什么！回家吧！

b. 对呐，干脆就喝它个迷迷糊糊

c. 没关系，让她忙她的吧！

虽然学界对准宾语的分类有一些争议，但是大部分学者的观点还是一致的。以往对准宾语的判定往往从两个方面进行：第一个方面是准宾语的动词一般是不及物动词和形容词；第二个方面是动词和准宾语之间不具有直接支配关系。前人时贤对准宾语的分类多是从语义出发的，随着准宾语研究的深入，现代汉语中的准宾语分类还在扩充中。

1.2.3　准宾语的句法性质争议

学界对准宾语的句法性质有许多争议，回顾以往的研究，前人对本书讨论的“准宾语”有不同的看法，认为“准宾语”有五种可能的句法性质，分别是准宾语、真宾语、宾语或定语、补语、谓语，下面我们将从五个方面进行综述。

在以往关于“准宾语”的研究中，丁声树（1961：38）、朱德熙（1982：116）、北大中文系（2004：322）等坚持准宾语的观点；以吕叔湘（1979）、赵元任（1979）为代表的学者坚持真宾语的观点。坚持准宾语观点者认为，“准宾语”出现在宾语位置，但并不是动词语义上能支配的典型宾语，性质跟真宾语存在差异，因此是准宾语。坚持真宾语观点的学者认为，“准宾语”如“学一遍”“学三年”中的“一遍”“三年”，跟动宾结构“学理论”“学手艺”中的“理论”“手艺”固然不一样，跟述补结构“学好”“学透”中的“好”“透”更相去甚远，因此“一遍”“三年”更靠近宾语性质。学者对于真宾语、准宾语的观点存在差异，主要原因在于真宾语、准宾语比较相似，如果为了准宾语单列一类，明显不符合语言的经济原则，持这类观点的学者认为本书所指的“准宾语”应该被看作真宾语；但是，准宾语又和真宾语存在差异，如果将准宾语看作真宾语，则不能很好地说明准宾语存在的不同之处。

马庆株（1992）认为，动词后的数量成分可能是宾语或定语，在“动词 + 数量成分 + 名词”的结构中，如果数量成分在意义、结构上只跟动词发生关系，跟后面的名词没有任何关系，那么该结构就是双宾语结构，数量成分是宾语，如“批评一气小王”；如果数量成分和后面的名词有修饰关系，形成偏正结构，那么数量成分是定语，如“去了三趟天津”。马庆株（1992）将动词后的数量成分放在更大的语言环境中考察，并不只关注处于某一句法位置的数量成分，但是，只有数量成分后能补充名词，别的动词准宾语结构如“吃食堂”之后不能再补充名词如“饭”，不能说“吃食堂饭”。因此，认为准宾语具有宾语或定语两种性质的观点具有一定的局限性。

胡裕树（1995）认为表示动量的数量词组只充当补语，不充当宾语，因为形容词不能带宾语，“好一百倍”中的“一百倍”显然是补语而不是宾语。把数量词分析为时量补语的还有刘月华（1983）、邢福义（1991），把数量词分析为数量补语的有朱晓亚（2001）。但是，这些学者只考察了数量准宾语的情况，汉语中还有许多其他种类的准宾语。除此之外，在形式上，动词准宾语结构的表现跟动词宾语结构更相似，跟动词补语结构相差较大，如动词准宾语结构中时体标记一般出现在动词、准宾语间，如“吃了食堂”“吃了一次”，这和动词宾语结构一样，如“吃了饭”，但动词补语结构中时体标记不能插在动词、补语中间，不能说“吃了饱”“吃了好”，只能说“吃饱了”“吃好了”，因此，“准宾语”不是补语。

石定栩（2006）认为，动词后的数量短语不是宾语也不是补语，而是谓语；数量短语与前面的主要动词属于同一个小句。除此之外，他还指出动词后的数量短语不是宾语，证据是这类数量短语在句法功能上不同于一般做宾语的指称性名词短语，具体来说，这类数量短语能受状语修饰，能跟情态动词搭配，还可以被否定。因此，动词后的数量短语不是补语，如果将这类数量短语归入补语，可以解释相关现象，但扩大了补语范围，所以并不可取。石定栩从动词后的数量短语与状语、情态动词、否定成分及宾语的关系出发，以递归关系为验证手段，认为动词后的数量短语在句法地位上实际为谓语。但是，如果“准宾语”是谓语，在形式上准宾语后能再跟上宾语，出现时体标记，但事实上并不能说“吃一次了”“吃食堂完”，显然，“准宾语”不是谓语。

以往学者对于准宾语性质的探讨，大多集中在动词后的数量短语上，但是，动词后的数量短语只是本书讨论的准宾语中的一种。除此之外，学者在动词后数量短语的宾语、补语性质上纠结，其原因除了准宾语定义不统一之外，还有一个重要的原因就是，到底需不需要区分宾语、补语。赵元任（1979）指出，“有些中国文法学家管补语、宾语都叫‘补足语’”。事实上，如果把传统的宾语、补语合成一个大类，对汉语语法形式分析基本没有影响，但为了讨论上的方便，我们依然坚持将补语和宾语区分开。我们赞同朱德熙（1982）对宾语、补语的区分方法，即补语只能是动词性成分，主要作用是说明动作的结果、状态等事件意义；其他不作为主语的论元，可以理解为宾语。由此，我们认为本书讨论的“准宾语”不是主语的论元，也不说明动作的结果、状态等事件意义，因此应该属于“宾语”范畴，但又和一般意义上的典型宾语有一些句法差异，因此应该属于准宾语。

以往研究还关注“准宾语”的结构成分归属问题，即“准宾语”是宾语还是补语。本书赞同准宾语从大类上应该归属于宾语的观点，并从语言的功能角度进行了验证。

第一，一些补语可以是形容词性的，补语前可加上程度副词，但准宾语前一律不行，见例（10）。

（10）a.* 说个很清楚——说得很清楚

b.* 喝个很痛快——喝得很痛快

第二，汉语中的体标记“了”“着”“过”一般可以出现在动词和宾语之间，不能出现在动词和补语之间，只能出现在述补短语之后。我们发现，体标记能出现在动词和准宾语之间，见例（11）。

（11）a.* 洗了干净 /* 说了明白 /* 问了清楚

——洗干净了 / 说明白了 / 问清楚了

b. 吃了食堂 / 写了毛笔 / 聊了微信

——吃食堂了 / 写毛笔了 / 聊微信了

第三，一些准宾语后面一般不能再跟宾语，但是补语之后可以，见例（12）。

（12）a. 看清楚那个人　吃饱饭　洗干净那件衣服　说明白那个问题

b.*打主力篮球 *踢前锋足球 *睡地板觉 *吃食堂饭菜
*写毛笔书法

综上，我们认为准宾语不是补语，属于宾语。除此之外，我们还需要探究的一个问题是：准宾语和真宾语有什么区别？

第一，在语义上真宾语是动词表示的动作能支配、作用的对象，是实在的物体，如“吃菜”中的“菜”，在我们的认知中就是一个立体的三维物体；而准宾语在语义上不是实在的动作能支配的对象，或者说是跟动作没有直接联系的对象，如“吃大碗”，按照常规理解，“吃”是一种进食动作，其宾语一般是能被吃的物体，如真宾语“饭”，准宾语“食堂”显然不是动作“吃”能“进食”的对象。然而，虽然准宾语不是动作直接支配的对象，但依然是立体的实体，所以动作能作用于准宾语，指示动作事件；而补语通常不能指称实在物体，如“洗干净”中的“干净”，所以不能作为动词作用的对象，只能补充动作的状态、程度、结果意义等。

第二，在形式上，准宾语和动词的结合更受限制，一些准宾语如“喝个痛快”“吃他三天三夜”必须在成分“个”和“他”的辅助下才能成为准宾语，如果没有两个成分则结构不成立。但是，真宾语和动词的结合是非常自由的，表现在二者之间不需要添加辅助成分，如“跳舞”“打架”；真宾语可以自由移动到句首充当话题成分，而准宾语不行，见例（13）；第三，动词与真宾语的组合是自由的，动词所受限制也更少，动词可以重叠，还能添加体标记“了”“着”“过”，而准宾语不行，分别见例（14）（15）。

（13）a. 吃饭了——饭吃了　洗衣服了——衣服洗了
说话了——话说了
b. 吃食堂——*食堂吃了　写毛笔——*毛笔写了
洗冷水——*冷水洗了
（14）a. 吃饭——吃吃饭　打架——打打架　睡觉——睡睡觉
b. 吃个痛快——*吃吃个痛快　打个一下——*打打个一下
（15）a. 吃饭——吃着饭　打架——打着架　睡觉——睡着觉
b. 吃个痛快——*吃着个痛快　打一下——*打着一下
睡一觉——*睡着一觉

综上，我们认为现代汉语有单独设置准宾语的必要。准宾语是一种特殊宾语，与普通宾语存在差异，与补语、谓语也存在差异。准宾语与真宾语、补语的不同主要表现在语义、句法功能上，在后文中我们将进行更深入的探究。

1.2.4　准宾语的生成机制

一般认为，准宾语是不及物动词或形容词后的宾语，但在传统观点中，只有及物动词才能加宾语，且及物动词后能加的是与动词有直接联系的宾语。一些学者对不及物动词带宾语和动词带无直接联系宾语的现象之成因进行了讨论，并对准宾语的生成机制进行了研究。

郭继懋（1999）提出，动、名组合的语义事理关系为“动＋（‘谓＋名’）”，“动”是不及物动词，“名”是宾语，“谓”是在句法平面上没有得到表现的语义成分，作用在于说明“动”“名”之间的事理关系，“谓”项意义根据语境义确定，随语境变化。除此之外，郭继懋（1999）还认为不及物动词带宾语构成的小句不是基本小句，因此主要出现在比较随意的口语中，作用动机是追求省力。郭继懋这里的“谓”实际上相当于形式语法学中表示事件意义的轻动词，这样的看法非常新颖，但是解释力有限，因为并不是所有准宾语都能得到解释，比如“吃父母”就没有相应的“事理关系”“谓”词。

徐盛桓（2003）认为，不及物动词带宾语受语义作用影响，结构的形成是动词内的语义成分和动词后宾语内的语义成分相互作用导致的，不及物动词凝固了典型的宾语语义成分，语义成分为隐性表述，可使语言使用更加经济、准确。该研究的可取之处在于，承认不及物动词带宾语现象不是某个动词、宾语造成的，而是动词和宾语的相互作用造成的，认为语言成分不是孤立的、没有联系的，而是相互影响的。但是，该研究没有详细论证不及物动词是如何凝固宾语语义成分的，也没有论证准宾语是通过什么样的形式与动词结合的。

刘晓林（2004）指出，动词从不及物到及物是一个渐进的过程，不及物动词在语义深层凝固了动作对象受动元。除此之外，不及物动词还具有潜在的及物性，受到语境影响时潜在的及物性可呈现在表层结构。该研究与徐盛桓（2003）的研究存在相似之处，即认为不及物动词带宾语是因为不及物动词本身包含了一个论元，但是研究同样没有从形式上论证假设，也没有详细论述在什么样的语境下深层及物性可呈现于表面。

可以看出，以往研究中关于准宾语成因的讨论较少。已有的研究中，一些研究吸收了形式句法学中的“轻动词”概念。具体来说，形式句法学中的“轻动词”代表事件意义，如“BE”表示状态，“DO”表示活动，“BECOME”表示完结、达成，动词和准宾语之间存在“句法平面上没有表现的语义成分”。还有一些研究认为，不及物动词本身“凝固”了宾语的语义。本书认为，这两类观点都是建立在及物动词、不及物动词的对立基础上的，不及物动词一定不能带宾语。如果放弃从“及物动词”“不及物动词”的传统视角来看准宾语问题，转而利用及物性理论集中研究小句整体的及物性特征，或许能更好地解答准宾语问题。

在上文中，我们对准宾语的定义、分类、句法性质、生成机制分别做了综述，我们还需要明确的一点是，准宾语的语义、形式、功能限制是什么。动词不能搭配的非典型实在对象很多，为什么某些非典型实在对象能出现在动词后表达特殊意义充当准宾语，而一些非典型实在对象不能出现在动词后表达特殊意义充当准宾语。准宾语作为汉语语法中的特殊存在，值得我们进行更深刻的挖掘和研究。本书认为，抛弃过往动词及物、不及物的观点，转而使用及物性理论考察小句的综合语义特征，能对现代汉语中动词准宾语结构所在小句有更深刻、全面的阐述。除此之外，以往对准宾语的研究集中于宾语部分，我们应当尝试从动词准宾语整体结构所在小句、语篇对其进行研究。

第二章　及物性理论十项特征的意义阐释及其在汉语中的形式判断标准

准宾语是汉语中的特殊宾语，特殊在两点：其一是准宾语不是典型宾语，不是动词后能直接作用的对象，本不应出现在动词之后的宾语位置；其二是与准宾语搭配的动词不能支配准宾语代表的实体对象。以往研究或集中于形式主义的移位、轻动词手段，或集中于动宾语义组合机制，但这两方面的研究都不能较合理地解释准宾语的生成动因和机制。

及物性理论比较全面地考察了小句整体的语义、语法特征，认为动词带不带宾语不是动词本身的特征，而是小句整体的特征。及物性理论的研究方法将语言研究的视角扩大到不同的语言范畴中，认为小句的及物性表现是综合小句的多项语言特征形成的，并通过广泛的语言材料验证了这一假设的真实性。及物性理论的十项特征参数反映了小句组合的基本要求，当小句有表达不同语言内容要求时小句内部的语言特征会随之变化，小句语义内容由不同的语言成分组合而成，小句的整体及物性由小句内部不同的及物性特征综合构成。高及物性小句内部存在动作传递，小句要求句内各项及物性特征能帮助动作传递的过程；低及物性小句内部不存在动作传递，不要求各项及物性特征帮助动作传递的过程。

及物性理论代表了一种综合性的语言视野，代表了一种语言大局观，认为小句的及物性是多项小句内部及物性特征共同作用的结果，不是某项特征单一作用的产物。及物性理论反映了语言表达的本质是社会的，语言表达内容和语言组合成分之间存在相互制约的关系，当要表达事件主线内容时，需要将语言成分进行高及物性方式的排列组合，小句体现出多项高及物性特征；当表达非事件主线内容时，不需要将语言成分进行高及物性方式的排列组合，小句不体现出多项高及物性特征。也就是说，需要根据语言表达内容搭配合适的语言组合方式，语言组合方式要适应语言表达的需要。

及物性理论是一种创新的、全面的理论和研究方法。该理论认为及物性不单是动词的特征，而是语言中各项语法语义特征综合表现的句法结果，并将语法成分的组合表现与篇章功能的前景、背景结合起来，指出故事发展的本质在于动作传递，篇章功能的表现与小句的及物性综合特征存在直接关联。

在以往的研究中，学界所做的及物性理论多集中于意义。然而，在对小句进行及物性考察时，只有意义是不够的，我们必须找出在汉语中测试及物性高低的形式手段。前人时贤的研究偶有提到判定及物性高低的形式方法，但是研究不成系统，因此，下文我们将提出在汉语中判定及物性高低的形式标准，并给出我们的理据。

本书认为，在明确汉语中及物性十项特征的意义和形式测定标准后，我们才能对现代汉语中准宾语结构所在小句进行全面的考察，再根据准宾语所在小句的及物性表现讨论准宾语结构所在小句的生成机制和生成流程。下面我们将对十项及物性特征的意义进行阐释，并且对十项及物性特征在汉语中的形式判断标准做出讨论。

2.1 及物性理论的十项特征

Hopper & Thompson（1980）提出及物性假说，指出“及物”指动作从一个参与者转移到另一个参与者的有效性和强度，及物性不只是动词的特征，更是句子整体的特征，两位学者提出判断及物性高低的语法标准（见表一）。十项及物性标准处于共变的及物性系统中，高及物性语法结构在各项参数上表现高及物性，低及物性结构在各项参数上表现低及物性。在话语信息功能上，高及物语法性结构多出现在前景（foregrounding）中，低及物性结构多出现在背景（backgrounding）中。

表一 及物性十项特征

参数	高及物性特征	低及物性特征
参与者（Participants）	两个或以上的施事或受事的	只有一个施事或受事的
施动性（Agency）	高施动性的	低施动性的
宾语受动性（Affectedness of O）	受事完全被影响的	受事不受影响的

续表

参数	高及物性特征	低及物性特征
宾语个体性（Individuation of O）	受事高度个体化的	受事非个体化的
运动状态（Kinesis）	动作的	非动作的
瞬时性（Punctuality）	瞬时的	非瞬时的
意愿性（Volitionality）	有意志的	非意志的
肯定性（Affirmation）	肯定的	否定的
体貌（Aspects）	完整体	非完整体
语态（Mode）	现实的	非现实的

及物性十项特征围绕三个重要因素展开，即参与者、谓词、句子。在参与者（Participants）因素中，有两个或以上参与者的结构是高及物的，只有一个参与者的结构是低及物的。法语中双论元动词可通过添加自反语素（reflexive morpheme）降低及物性，转为单论元动词，见例（1）[①]。参与者中的施事与施动性（Agency）相关，施动性指施事的影响、决策力，高施动性、低施动性分别对应高及物性、低及物性。在爱沙尼亚语中，高施动性施事是作格（ergative）的，受事不被标记；低施动性受事是旁格的，施事不被标记，分别见例（2a）（2b）。参与者中的宾语联系两项特征，分别是宾语受动性、个体性。宾语受动性（Affectedness of O）分为宾语完全受影响的、宾语不受影响的，对应高、低及物性。西班牙语中未受完全影响的宾语有与格（dative）标记，见例（3）。宾语个体性（Individuation of O）分为宾语高个体化的和宾语非个体化的，前者所指宾语是有指的、有定的、明确的；后者所指宾语是无定的、不明确的。在汤加语中，动词带定指 (definite) 宾语施事标记为作格，见例（4a）；带无指宾语施事标记为通格，见例（4b）。

（1）a. ouvrir-s'ouvrir 打开　　b. terminer-se terminer 结束

c. vider-se vider 清空

① （6a）—（6b）例句引自 Garcia,1975;（7a）—（7b）例句引自 Qinas,1996;（9a）—（9b）例句引自 Milner,1974;（10a）—（10b）例句引自 Keen,1972; 其余出现在（1a）—（8b）中的例句均引自 Hopper & Thompson,1980。

（2）a. Na fasi e le tama le teine

TENSE hit ERG the boy the girl

The boy hit the girl

男孩打了女孩

b. Na va'ai le tama i le teine

TENSE see the boy OBL the girl

The boy saw the girl

男孩看见了女孩

（3）Me gusta la cerveza

Me-DAT pleases the beer

I like beer

我喜欢啤酒

（4）a. Na'e kai 'e Sione 'a e ika

PAST eat ERG John ABS DEF fish

John ate the fish

约翰吃了那条鱼

b. Na'e kai ika'a Sione

PAST eat fish ABS John DEF

John ate fish

约翰吃了鱼

动词因素包括动作状态、动作的瞬时性、意愿性、肯定性。运动状态（Kinesis）分为动作的、非动作的，分别对应高及物性、低及物性，分别见例（5a）（5b）。动作按瞬时性（Kinesis）分为瞬时的、非瞬时的，可延续、反复的动作是非瞬时、低及物性的，见例（6a）；一发生就结束的动作是瞬时、高及物性的，见例（6b）。意愿性（Volitionality）可分为有意志的和非意志的，施事可控制的动作是有意志的、高及物性的；施事不可控制的是非意志的、低及物性的。爱沙尼亚语中，有意志的施事带所有格（genitive）受事见例（7a）；非意志的施事带部分格（partitive）受事见例（7b）。肯定性（Affirmation）分为肯定的和否定的，分别对应高、低及物性；在法语中，肯定句中宾语是特指的，见例（8a）；否定句中的宾语是非特指的，见例（8b）。

（5）a. Jerry knocked Sam down 杰瑞把山姆撞倒了

b. Jerry likes beer 杰瑞喜欢啤酒

（6）a. La paja ardió

The straw burned

The straw burned

秸秆烧了

b. La paja SE ardió

The straw burned

The straw caught fire

秸秆着火了

（7）a. Ta tundis selle naise ära

He knew this woman(GEN) away

he recognized this woman

他认出了这个女人

b. Ta tundis seda naist

He knew this woman(PART)

He knew this woman

他认识这个女人

（8）a. Nous avons du pain

We have PART-the bread

We have (some) bread

我们有（一些）面包

b. Nous n'avons plus de pain

We NEG-have more PART bread

We have no more bread

我们没有更多的面包

句子因素与体貌、语态相关。体貌（Aspect）可分为完整体（perfective）和非完整体（imperfective），前者表示动作已经完成，是高及物性的；后者表示动作没有完成，是低及物性的。在萨摩亚语中，逆被动（antipassive）标记可以表示非完整体，见例（9a）；作格（ergative）标记完整体，见例（9b）。语态（Mode）可分为现实性的（realis）、非现实性的 (irrealis)，分别对应高、低及物性。现实性事件指现实世界已经发生的事件，非现实性事件指现实世界没有发生或虚拟世界正在、已经发生的事件。Yukulta 语中，施事为通格（absolutive），受事为间接格（oblique），动词有不及物词缀，请见例（10）。

（9）a. Na va’ai le tama i le i’a
TENSE look at the boy OBL the fish
The boy was looking at the fish
那个男孩正在看鱼
b. Na va’ai-a e le tama le i’a
TENSE look at-TRANS ERG the boy the fish
The boy spotted the fish
那个男孩发现了鱼
（10）Kuita -pa -ka -Ø
See(DESID/VTR) -you(OBL) -I(ABS) -PRES.INTR
I’d like to see you
我想见你

及物性假说的十项特征处于共变系统中；高及物性结构在各项特征上表现出高值，低及物性结构在各项特征上表现出低值；结构的及物性不是二级对立的绝对概念，而表现为由强到弱的连续统（continuum）。及物性假说使及物性不再简单等同于动词能否带宾语的属性，而是创造性地提出了十项特征，用于综合考评句子整体的及物性。然而，及物性假说虽然提出了十项特征，但这十项特征基本上都是从意义出发进行说明的，如果只以意义为纲对句式进行考察，难免有失偏颇。因此，在下文中我们将对及物性的十项特征做进一步的梳理，并提出及物性各项特征在汉语中的形式判断标准。

2.2 及物性理论十项特征的意义阐释及其在汉语中的形式判断标准

在上文中，我们对 Hopper & Thompson（1980）中及物性十项特征的基本表现做了回顾，下面我们将针对汉语的特点，对及物性十项特征进行意义阐释，并对及物性十项特征在汉语中的形式判断标准进行讨论。

2.2.1 参与者的意义阐释及其在汉语中的形式判断标准

本书对参与者的意义阐释为，参与者指参与动作过程的人、物或事实，一般表现为名词词组形式。龙日金、彭宣维（2012）指出，参与者类型可分为施事（agent）、受事（patient）、动作者（actor）、目标（goal）、载体（carrier）等，施事、受事都经历了状态变化的动作过程，且施事、受事之间存在致使关系，见例（11a），在有指向的动作过程中，受事是必选成分，施事是可选成分，见例（11b）。动作者经历了状态变化的动作过程，本身就是施动者，跟施事不同的是，动作者在动作过程中是必要成分，目标才是可选性参与者，目标一般出现在过程之后，分别见例（12a）（12b）。当动作不表示运动、活动时，会赋予参与者一些属性或特征，这类参与者是动作过程中的载体，见例（13）。

（11）a. 他打死了人（施事——受事）
　　　b. 人死了（施事）——*他打死了（受事）
（12）a. 猪变成狗了（动作者——目标）
　　　b. ？变成狗了（目标）——猪变了（动作者）
（13）a. 他高（载体）
　　　b. 小明很胖（载体）
　　　c. 这件事非常重要（载体）

本书对汉语中参与者特征的形式判断标准是：两个及以上参与者所在小句是高及物性的，参与者可能是施事（agent）、受事（patient）；只有一个参与者的小句是低及物性的。例（14）中只有一个内在参与者，Halliday（1966）认为这类动作过程句是“无指向”（non-directed）物质过程，这类过程小句是“描述性”（descriptive）小句。当事件中至少含有两个参与者时，动作转移（transfer）才会发生。我们发现，参与者特征影响语言成分的组配，比如例（15a）中句子只有一个参与者“我”，例（15b）中句子有两个参与者，分别是“我”“李老师”，例（15b）参与者个数更多，及物性高于例（15a）。及物性系统各项特征处于共变系统中，将只有一个参与者的例（15a）和有两个参与者的例（15b）进行比较，我们发现，只有一个参与者的例（15a）不能搭配倾向性、意愿性词语如“宁可”“更愿意”，也不能搭配表示弱现实的词语如“只能”“应该”，但有两个参与者的例（15b）可以，分别见例（16）（17）。

（14）他跑了

（15）a. 我问了　　　b. 我问了李老师

（16）a.* 我宁可问——我宁可问李老师

b.* 我更愿意问——我更愿意问李老师

（17）a.* 我只能问——我只能问李老师

b.* 我应该问——我应该问李老师

具体来说，本书认为，在形式上参与者能用“谁”或“什么”提问，见例（18），“谁”“什么”问句是判定参与者的形式手段。

（18）a. 谁来了？——妈妈来了

跟谁去北京考试？——跟小明去北京考试

b. 什么变了？——你变了

那是什么？——那是一只小狗

2.2.2　施动性的意义阐释及其在汉语中的形式判断标准

本书对施动性的意义阐释为，施动性是参与者层面的属性，指施事对发生的事件、情景有责任、控制力，对动作有效力（potency）。Silverstein（1976）提出施动性层级（agency hierarchy），见例（19），Thompson & Hopper（2001）认为人类有施动性，非人类有低施动性或无施动性。一般来说，有高施动性的参与者能影响动作的传递，但有低施动性的参与者不行，见例（20）。例（20a）中参与者“李老师”是成人，具有高生命度，是高施动性参与者；例（20b）中参与者“婴儿”非成人，具有低施动性。例（21a）中“李老师”是有生参与者，具有高施动性，所以动作“吓我一跳”是在预期内的结果；例（21b）中“这瓶奶”是无生的参与者，没有施动性，动作“吓我一跳”是不可预期的结果。例（21c）（21d）是无施动性参与者与“吓我一跳”的组合，但无生参与者对动作并没有控制力，“声音”“豆豉”都不能控制动作“吓”，更不能控制“吓”的程度，只有例（21a）中的有生参与者“李老师”能控制动作“吓”和动作“吓”的程度。

（19）第一人称 > 第二人称 > 第三人称 > 某人的名字 > 人 > 有生 > 无生（Inanim）

（20）a. 李老师给我一瓶牛奶

b.* 婴儿给我一瓶牛奶

（21）a. 李老师吓我一跳

b.* 这瓶奶吓我一跳

c. 这声音吓我一跳

d. 一颗诺大的豆豉吓了我一跳

本书对汉语中施动性的形式判断标准是，高施动性参与者所在小句是高及物性的，低施动性参与者所在小句是低及物性的。具体来说，施动性的形式判断标准可从两方面来谈。一方面，就参与者而言的，成人参与者施动性最高，婴儿、孩童、动物有低施动性，无生参与者如“桌子”无施动性。另一方面，我们可以用是否能与表示高施动性的词语“努力”“使劲”共现来测定施动性高低，能与高施动性词共现的小句具有高施动性，不能与高施动性词共现的小句具有低施动性，如例（22a）中“认出”所在小句有高施动性，例（22b）中“知道”所在小句具有低施动性。

（22）a. 他认出（recognized）了小明——他努力认出了小明

b. 他知道（knew）小明——* 他努力知道小明

2.2.3 宾语受动性的意义阐释及其在汉语中的形式判断标准

本书对宾语受动性的意义阐释为，宾语受动性指动作传递到受事时，受事受影响的程度。及物性理论认为，宾语高受动性对应高及物性，宾语低受动性对应低及物性。例（23a）中“牛奶”比例（23b）中“牛奶”受动性更高，因为例（23a）中的牛奶喝完了，例（23b）中的“牛奶”只喝了一部分。

（23）a. 我喝完了牛奶

b. 我喝了一些牛奶

本书对汉语中宾语受动性的形式判断标准可分为三个方面。第一，宾语受动性的高低可用全称量化副词、小称量化副词来判断。高宾语受动性的句子可搭配全称量化副词如“全”“都”，低宾语受动性的句子不行，见例（24）；低宾语受动性的句子可搭配小称量化副词如“只”，高宾语受动性句子不行，见例（25）。

（24）a. 牛奶我全 / 都喝完了——* 牛奶我全 / 都喝了一些
　　b. 作业我全 / 都做完了——* 作业我全 / 都做了一部分
　　c. 饭他全 / 都吃完了——* 饭他全 / 都吃了一点
（25）a. 我别的都吃光了，* 但只喝完了牛奶
　　b. 我别的都吃光了，但只喝了一些牛奶

第二，我们还能用“把”字句判断。一般认为，进入“把”字句中“把”后的宾语表示动作对宾语做出处置，即宾语受到了动作的影响，因此宾语一般是高受动性的，见例（26）。因此，本书认为“把”字句也是判断宾语是否具有高受动性的形式标准之一，高受动性宾语能进入“把”字句，低受动性宾语不能进入“把”字句，见例（27）。

（26）a. 妈妈把衣服洗了
　　b. 姐姐把药喝了
（27）a.* 我把衣服洗完了，剩了几件还没洗
　　b. 我把衣服洗了一些，剩了几件还没洗

第三，我们还能用后续追补的表示不同完成度的小句来测试小句中的宾语受动性，能追补表示动作完成度高的小句的，其前句宾语受动性高；不能追补表示动作完成度高的小句的，其前句宾语受动性低，分别见例（28）（29）。

（28）a. 所有事他都忘了个一干二净，什么都想不起来了。
　　b.* 所有事他都忘了个一干二净，但能想起一些。
（29）a. 老人把水咕咚咚喝个干净，瓶子里什么都不剩了。
　　b.* 老人把水咕咚咚喝个干净，但没喝完。

2.2.4　宾语个体性的意义阐释及其在汉语中的形式判断标准

本书对宾语个体性的意义阐释为，宾语个体性指宾语的个体化程度，高个体化的、有指的宾语是高及物性的，低个体化的、无指的宾语是低及物性的。

动作能更有效地转移到个体化的、有指的宾语上，非个体化的、无指的宾语不行，个体化宾语常被看作受到了更完全的影响。例（30）中的宾语“他”是无指的，是非个体化的，后续不能追补表示强调宾语的句子，例（31）中的宾语“他”是回指的、有指的，是个体化的，后续能追补表示强调宾语的句子。

（30）a.* 今天无缘无故心情不好，我要吃他一顿大餐，吃的就是他。
b.* 今天无缘无故心情不好，我要吃他一顿大餐，吃的就是大餐。

（31）a. 老王$_i$又气我，我要吃他$_i$一顿大餐，吃的就是他。
b. 老王$_i$又气我，我要吃他$_i$一顿大餐，吃的就是大餐。

石毓智、雷玉梅（2004）指出“个”使动词、形容词离散化，表示单一具体的动作行为，见例（32）。我们认为，“个”使动词、形容词离散化，成为动词的个体化宾语。

（32）a. 搞个采访　打个招呼　听个叫唤
b. 看个仔细　问个明白　吃个痛快

本书对汉语中宾语个体性的形式判断标准可分为两方面。一方面，本书参考了 Hopper & Thompson（1980）提出的宾语个体化、非个体化特征（见表二），对宾语是否具有个体性特征进行判断。

表二　宾语个体化、非个体化特征

个体化的（individuated）	非个体化的（non-individuated）
专有名词（proper）	普通名词（common）
有生命的（human, animate）	无生命的（inanimate）
具体的（concrete）	抽象的（abstract）
单数的（singular）	复数的（plural）

续表

个体化的（individuated）	非个体化的（non-individuated）
可数的（count）	不可数的（mass）
有指的、明确的（referential, definite）	无指的（non-referential）

在汉语中，个体化宾语、非个体化宾语如例（33）所示，在左边的是个体化宾语的特征，在右边是非个体化宾语的特征。

（33）a. 北京语言大学、北京（专有名词）——大学、城市（普通名词）
b. 老师、同学、快递员（有生名词）——桌子、椅子、电脑（无生名词）
c. 猫、床、金字塔（具体名词）——自由、民主、正义（抽象名词）
d. 一个人（单数名词）——警务人员、全体同学、人们（复数名词）
e. 同学、衣服、菜（可数名词）——太阳、星光、心情（不可数名词）
f. 那个同学、那件事（有指名词）——饭、书、歌、水（无指名词）

个体化宾语、非个体化宾语的区分概念比较好理解，但其中有一对概念"有指""无指"比较容易混淆，下面我们借鉴陈平（1987b）的观点进行解释。陈平（1987b）指出，任何一个名词成分在不同话语中都有不同的指称性质，指称性质是可变化的，分别是有指（referential）和无指（nonreferential）的，如果一个名词性成分的所指对象是话语中的某个实体（entity），则该成分是有指成分；如果发话人提到某个名词时仅仅着眼于该名词的抽象属性，而不是具体语境中具有该属性的某个具体的人和事物，那么该名词成分是无指成分。

另一方面，基于"有指""无指"的划分标准，可用宾语是否能被零形回指来测试宾语是否是个体化的，如例（34a）中的"一碗饭"是有指的，能被零形回指，例（34b）中的“饭”是无指的，不能被零形回指。

（34）a. 我吃了一碗饭 $_{i}$，$_{oi}$ 馊了。

b.* 我吃了饭 $_{i}$，$_{oi}$ 馊了。

2.2.5　运动状态的意义阐释及其在汉语中的形式判断标准

本书对运动状态的意义阐释为，运动状态指句子中动词所指动作事件的类型，可分为动作的（action）和非动作（non-action）的两类，动作可以从一个参与者转移到另一个参与者，因此动作对应高及物性；非动作即状态，不能从一个参与者转移到另一个参与者，所以非动作对应低及物性。例（35a）中，“抱”的动作由“我”发出，传递到被“抱”的对象“小明”；例（35b）中，“喜欢”是一种心理状态，“我”的心理状态对“小明”不产生直接影响，没有动作传递。Hopper & Thompson（1980）认为“动作”多指涉定向的身体动作（directed physical activity），如“踢”“打”等，“非动作”更多地指涉心理状态，如“想”“喜欢”等。

（35）a. 我抱了小明　　　　b. 我喜欢小明

事实上，如果把运动状态简单地分为动作、非动作是不合理的，因为除了身体动作和心理状态，汉语中还存在其他语义类型的动词。龙日金、彭宣维（2012）指出可根据动词的意义类型将动作过程分为动作、心理、感知、言语、关系类，其中，只有动作类对应本书所指的高及物性动作状态，其他几类动词都对应低及物性非动作，见例（36）。

（36）动作：洗、笑、吃、喝、玩、学、砸、碰、踩、抓、撞、打、踢

心理：喜欢、怕、爱、恨、气、哭、笑

感知：看见、闻、打量、瞧、听到、懂、知道、相信

言语：问、猜、说、讲、谈、讨论、评述、闲谈、哼、骂、咒骂、数落、教训、叫、喊、嚷、嚎吵、唠叨、絮叨、叨咕、嘀咕、嘟囔、吹、聊、哭诉

关系：是、称为、有

例（36）中五类动词出现在句子中的情况请见例（37），我们认为，例（37a）中的动作句能表示动作的传递过程，例（37b）至例（37d）中没有动作传递，只表示状态描写。

（37）a. 我洗了衣服
b. 小明喜欢鸟
c. 那女孩儿不懂英文
d. 老师说下周放假
d. 那女孩儿是一个工人

本书对汉语中运动状态的形式判断标准为，动作的运动状态对应高及物性，动作词可回答“做什么”或“发生了什么”的问题；非动作的运动状态对应低及物性，非动作词不能回答“做什么”或“发生了什么”的问题，分别见例（38）（39）。

（38）a. 你在做什么？
b. 洗衣服
（39）a. 你在做什么？
b.* 喜欢你
c.* 相信你
d.* 问你
e.* 是你

动作特征对应高及物性，非动作特征对应低及物性，根据及物性共变原理，动作、非动作特征会影响到句子的其他及物性特征。例（40a）小句是动作的，例（40b）小句是非动作的。我们发现，动作动词能与表示瞬间时刻和意愿性的词语共现，非动作动词不能，分别见例（41）（42）。动作动词有动作开始到结束的指向，所以能与表示动作完成的体标记“了”共现；非动作动词如“喜欢”不包括动作开始到结束的指向，只表示一种心理状态，所以不能与表示动作完成的体标记“了”共现，见例（43）；动作动词所在句对比非动作词所在句对无定主语的容纳能力更高，见例（44）。

（40）a. 我洗衣服

b. 我喜欢数学

（41）a. 我马上洗衣服

b.* 我马上喜欢数学

（42）a. 我愿意洗衣服

b.* 我愿意喜欢数学

（43）a. 我洗了衣服

b.* 我喜欢了数学

（44）a. 一个同学急冲冲地跑了进来

b.* 一个同学很漂亮

2.2.6　瞬时性的意义阐释及其在汉语中的形式判断标准

瞬时动词指动作一开始就结束的动词，非瞬时动词指可延续、反复的动词，瞬时动词对应高及物性，非瞬时动词对应低及物性。戴耀晶（1997）指出动态动词可分为动作动词、结果动词，两类动词又可再细化为瞬间动词、持续动词，分别见例（45）（46）。

（45）动作动词：瞬间——踢、砍、碰、咳嗽

持续——看、吃、想、洗澡

（46）结果动词：瞬间——死、爆炸、醒、见

持续——变好、长大、走进

瞬时动词还可按发生频率进行分类。对事件涉及主体来说，一般只能出现一次的瞬时动作动词可见例（47a）；需经历较长时间后才能再次出现的瞬时动作动词可见例（47b）；能够在短时间内连续出现的瞬时动作动词可见例（47c），瞬时动词对应高及物性。发生、结束有一定时间的动作动词是非瞬时的，见例（48），非瞬时动词对应低及物性。

（47）a. 死、开始、结束、到达、塌、发明、牺牲、失败、输、赢

b. 结婚、离婚

c. 蹦、点、砍、弹、捅、扎、掸、敲、眨、拍、咳嗽、踢

（48）哭、闹、笑、玩、吃、喝、说、看、听、闻、问、聊、讲、睡

值得注意的是，瞬时性指的是瞬间发生并且完成的动作，见例（49a）；瞬间发生并且持续的动作表示变化，但不是瞬时的，见例（49b）。

（49）a. 气球突然爆炸了。
　　　b. 他突然吃食堂了。

本书认为，可用时制副词判定瞬时性、非瞬时性。时制副词包括时点副词、时段副词，与时点副词共现的小句是瞬时的，与时段副词共现的小句是非瞬时的。时点副词所指事件在时间轴上的起点到终点的距离非常短，时点副词所限定的动作行为、性质状态都是在极短时间内或瞬间完成的。时点副词分为两类：一类表示承接，如“刚”“就”“立刻”“立即”“立马”；另一类表示突然发生，如“突然”“忽然”“骤然”。时段副词表示所指事件在时间轴上起点到终点有一段距离，典型的时段副词有“一直”“永远”“从来”等。

我们认为，瞬时动词表示瞬间发生的动作，可以与表示时点的词语共现；非瞬时动词表示一个时段的动作，不能与表示时点的词语共现，分别见例（50a）（50b）；瞬时动词不能与时段副词共现，非瞬时动词能与时段副词共现，分别见例（50c）（50d）；瞬时动词不出现在动作正在进行的语境中，非瞬时动词能出现在进行体中，分别见例（51）。

（50）a. 煤矿突然爆炸了——* 他突然玩了
　　　b. 老师忽然来了——* 老师忽然吃饭了
　　　c.* 游戏一直开始——他一直说话
　　　d.* 他永远踢球——红旗永远飘扬
（51）a.* 他在死——他在哭
　　　b.* 消防员正牺牲——老师正说话
　　　c.* 火药炸着——老师笑着

2.2.7 意愿性的意义阐释及其在汉语中的形式判断标准

意愿性分为有意志的和非意志的，对应高及物性、低及物性。一般认为，

有意志的动词是施事蓄意自发的自主动词。马庆株（1988）指出自主动词指向语义上施事有意识进行支配的动作，有意识的动作行为指由动作发出者自主决定、自由支配的动作行为。非自主动词指向施事无心、无意识、不可支配的动作，也表示变化和属性；变化是动态的，属性是静态的。自主动词可见例（52a）；非自主动词可见例（52b）。

（52）a. 看、听、说、写、来、吃、喝、洗、买、学、玩、问、办、交、骂、帮、闻、尝、求、做、种、炒、买、穿、偷、搬、提、推、找

b. 捱、懂、丢、认得、拜、爆、跌、懂、会、废、浮、逢、患、惊、枯、病、塌、变、病、掉、开、化、漫、灭、爆发、堕落、死亡

马庆株（1988）指出，宾语限定动词意义，有些动词带不同的宾语表示不同的意义，动词与包含动词的述宾结构在意义上存在一致性，若述宾结构含自主义则动词归入自主动词，不含自主义则动词归入非自主动词，见表三（引自马庆株，1988：234）。

表三　动词的自主、非自主用法

动词	自主	非自主
走	走路	走火
上	上车、上工厂、上药	上年纪、上岁数、上百万
打	打电话、打水、打雪仗	打哈欠、打呼噜、打瞌睡
过	过桥、过筛子	过期限、过半数
烫	烫衣服	烫手
生	生炉子	生锈

虽然意愿性跟自主性存在相似之处，但二者不能等同。Hopper & Thompson（1980）指出，意愿性动词指向是有目的为之的动作（acting purposefully），但自主动词只强调动作是施事有意识支配的，而不一定是施事有目的进行的动作行为。如例（53a）是自主动词组成的述宾短语，但不一定跟表示施事有目的而为之的副词如“故意”“特地”“特意”共现，见例（53b）。本

书认为，有意志的动词一定是自主动词，但自主动词不一定是有意志的动词。

（53）a. 走路——玩游戏——吃饭
b.* 故意走路——* 特地玩游戏——* 特意吃饭

本书对汉语中意愿性特征的形式判断标准为：可与表示说话人倾向发生、计划发生的词如“最想”“特别想”“渴望”“好好”“故意”“特意”“特地”“打算”“决心”等测试词共现的小句是有意志的；不能与这些测试词共现的小句，或能跟表示非意志的测试词如“不愿意”“不小心”“不想”共现的小句是非意志的。值得注意的是，跟动作 / 非动作、瞬时 / 非瞬时不同，有意志的 / 非意志的不是动词自身决定的，而是由施事和动词的关系决定的。例（54）中的小句能出现在有意志的 / 非意志的小句中，如例（55a）为有意志的小句，小句能与表示意愿性的“特地”共现；例（55b）是非意志的小句，小句能与表示非意志的“不想”共现。

（54）我来北京了
（55）a. 我特地来北京，为了玩
b. 我不想来北京，还不是为了出差

2.2.8 肯定性的意义阐释及其在汉语中的形式判断标准

本书对肯定性的意义阐释为：肯定性是就谓词而言的，句内动词如果表现为肯定形式，则对应高及物性；句内动词如果表现为否定形式，则对应低及物性。

本书对汉语中肯定性的形式判断标准为：在汉语中，动词的肯定形式没有标记，动词的否定形式有标记如“不”“没”“没有”。及物性系统是表示动作传递过程的语义系统，因此，没有传递的动作一般是低及物性的，动作不存在传递，自然不存在对宾语的影响，也不会推进事件的进行。例（56）分别是动词的肯定和否定形式。我们发现，肯定动作所在小句的后续小句能对动作对象做进一步描写，因为动作对象受到了动作影响，见例（57a）；否定动作所在小句的后续小句不能对动作对象做进一步描写，因为动作对象没有受到动作影响，分别见例（57b）（57c）。

（56）a. 我去了北京

b. 我不去北京——我没去北京

（57）a. 我去了北京，那天北京天气特别好

b.* 我不去北京，那天北京天气特别好

c.* 我没去北京，那天北京天气特别好

2.2.9 体貌的意义阐释及其在汉语中的形式判断标准

本书对体貌的意义阐释为：体貌可分为完整体（perfective）、非完整体（imperfective），完整体对应高及物性，非完整体对应低及物性。戴耀晶（1997）指出“体”是观察时间过程中事件构成的一种方式，事件观察方式不同，能得到相应的不同的体意义，体意义属于句子而不仅仅属于动词，体貌反映的是事件整体的情状而不是动作的情状。戴耀晶综合陈平（1988）对时体系统的研究，指出判断完整体、非完整体的语义原则为是否非完整体形式蕴含完成体形式的意义；是否有内在的限定终结点；是否有一个导向终结点的过程。具体来说，戴耀晶（1997）认为，完整体表达的是语言使用者对事件的外部观察，完整体包括现实体、经历体、短时体，现实体表达现实的动态事件，形态标记是“了”；经历体表示历时的动态事件，形态标记为“过”；短时体表示短时的动态事件，强调事件的非延续性，多表达未然事件，形态标记是动词重叠，见例（58）。

（58）a. 他已经画了一幅漂亮的画

b. 李明曾经见过那个男人

c. 你看看我，我看看你

戴文还指出，非完整体表达语言使用者对事件的内部观察，包括持续体、起始体、继续体，持续体表示事件内在的延伸过程，形态标记为“着”；起始体表示事件内在的起始和延伸，形态标记是“起来”；继续体表示事件内部某一点之后的延伸，形态标记是“下去”，见例（59）。

（59）a. 李明正写着作业

b. 李明突然哭了起来

c. 李明顿了顿，继续说下去

例（58）表示的动作有终结点，是完整体；例（59）表示的动作没有终结点，不是完整体。我们认为，完整体跟高及物性对应，是因为完整体表示事件中的动作已经完成，也就是说动作传递过程结束，因此有高及物性；非完整体表示事件中的动作没有完成，动作传递还在进行，因此具有低及物性。及物性各项特征处于及物性共变系统之中，如果句子整体是高及物性的，在体貌上是完整的，那么该小句一定有其他几项高及物性特征。

本书对汉语中体貌的形式判断标准为，可根据句子跟时体标记、副词的共现能力区分完整体、非完整体（见表四）。如果小句能与完整体类时体标记、副词共现，那么小句体貌为完整体；如果小句能与非完整体类时体标记、副词共现，那么小句体貌为非完整体。

表四　可出现在完整体、非完整体中的时体标记、副词

体貌	时体标记	副词
完整体	了、过	曾经、已经、从前、以前
非完整体	着	正在、正、起来、下去、连续

2.2.10　语态的意义阐释及其在汉语中的形式判断标准

本书对语态的意义阐释为：语态分为现实性的、非现实性的，已经、正在发生的事件是现实性的，说话人确信动作会发生的事件是弱现实性的，没有发生或虚拟世界正在、已经发生的事件是非现实性的。现实性对应高及物性，非现实性对应低及物性。“现实性”是断言的（indicative），指涉陈述句、疑问句中断言形式的预设，如“陈老师怎么送了苏珊礼物”中预设“送了苏珊礼物”是现实性的；非现实性是非断言的，包括虚拟、选择、假设、想象、条件等。

本书对汉语中语态现实性、非现实性的形式判断标准分为两个方面。在非现实性方面，我们借鉴周韧（2015）提出的非现实性语义环境引发词作为小句非现实性的引发词，周韧提出，非现实性一般能出现在假设、报导、条件、让步、可能、疑问、否定、祈使、未来、义务、能力等语法环境中，并进一步指出非现实性语义环境存在引发词，这些引发词语可见表五。非现实性语义环境引发词可作为句法测试手段对小句的现实性、非现实性进行评估，根据小句与非现实性语义环境引发词的共现能力来测定小句的语态情况。

表五　非现实性语义环境引发词

非现实性语义环境	引发词	非现实性语义环境	引发词
未来	将、以后、明天	条件	只要、无论
假设	如果、要是	让步	即使、就算
疑问	是不是、吗	否定	不、没、未
强义务	必须、非得……不可	弱义务	得（děi）、该
强祈使	禁止、严禁	弱祈使	请、让、住
可能	也许、可能、应该	能力	可以、能、能够
意愿	希望、愿意、打算	猜测	猜测、觉得、推测
低频	很少、偶尔	报导	听说、据说

如果小句能自由出现在非现实性语境中，能与表示非现实性语义环境的引发词语共现，那么该小句是非现实性的，见例（60）（引自周韧，2015）；如果小句出现在非现实性语境中有限制，不能与表示非现实性语义环境的引发词共现，那么该小句是现实性的，见例（61）（引自周韧，2015）。

（60）a. 这个公园在周末黄昏的时候，偶尔人还很多。（低频）
b. 我可以很高兴地告诉你，我摇到号了。（能力）
c. 只要大家感觉很温暖，我们再辛苦也很值得！（条件）
（61）a.※ 这个公园在周末黄昏的时候，偶尔人还挺多。（低频）
b.※ 我可以挺高兴地告诉你，我摇到号了。（能力）
c.※ 只要大家感觉挺温暖，我们再辛苦也很值得！（条件）

本书对非现实性的判断，将采用周韧（2015）提出的非现实性语义环境判断标准。在此基础上，本书提出现实性语义环境的引发词（见表六），不同的引发词倾向于出现在不同的语义环境中，可通过与引发词的共现能力来判断结构所在小句的语态表现。

表六　现实性语义环境引发词

现实性语义环境	引发词
时间	了、过、曾经、已经、从前、以前、过去、昨天、去年、确实、的确

续表

现实性语义环境	引发词
变化	哭成、走成、打成、烧成、切成、听成、瘦成、说成
动作＋结果	哭瞎、卖光、打青、吓哭、跑丢、吃完、撞死、压破

除此之外，我们还能用后续追补完成、未完成义小句来测试小句的现实性情况，后续能追补完成义小句的句子是现实性的，后续不能追补完成义小句的句子是非现实性的，见例（62）。在例（62a）中，小句没有明确的现实性、非现实性特征，例（62b）可表示明确的现实性、非现实性。

（62）a. 他吃公款，* 现在吃完了 /* 还没吃完

b. 他吃饭，现在吃完了 / 还没吃完

在一些例子中，我们可用引发词构造非现实性语义环境，可追补现实性小句，分别见例（63a）（63b）。但追补的小句表示的是猜测、推论，实际上还是非现实性的，可补上隐藏的非现实性引发词，分别见例（64a）（64b）。

（63）a. 要是他 12 点吃饭，现在吃完了

b. 要是他 12 点吃饭，现在还没吃饭

（64）a. 要是他 12 点吃饭，现在肯定 / 估计吃完了

b. 要是他 12 点吃饭，现在肯定 / 估计还没吃饭

以上，我们对及物性十项特征的意义和形式判断标准做了梳理。我们需要注意的是，“及物性”指的是动作从一个参与者传递到另一个参与者的有效性及强度，及物性不是二级对立的概念，而是一个由强到弱的连续统（continuum）。小句不是只有高及物性、低及物性两种，而可以取高及物性、低及物性之间的某个及物性值。除此之外，高及物性句式并不代表句式的所有及物性特征都呈现高值，低及物性句式也不代表句式的所有及物性特征都呈现低值。例（65）中小句的及物性低于例（66），但例（65）仍有 1 项高及物性；例（66）也只有六项高及物性特征，并非句子的所有及物性特征都呈现高值。

（65）那个小女孩很漂亮。

及物性特征——语态：现实

（66）那个小女孩急冲冲地跑了进来。

及物性特征——运动状态：动作　瞬时性：瞬时的　体貌：完成
意愿性：有意志的　施动性：高施动性
语态：现实

2.3　小结

本章对及物性十项特征的意义进行了阐释，并对汉语中及物性十项特征的形式判断标准进行了讨论。以往研究重在意义，没有提出判断及物性高低的形式标准。根据这一现状，本章结合实际语料，提出了判断及物性十项特征高低的形式标准。本书认为，及物性是小句的综合语法、语义特征，及物性十项特征共同组成了小句的及物性特征，及物性不单是动词的特征。及物性十项特征处于共变的连续统中，两类相似的小句如果在整体的及物性特征上存在差异，那么两类小句在及物性十项特征上也必然存在差异。

综合上文的研究，本书认为在汉语中及物性十项特征高低的形式测试标准可见表七。我们在下文的研究中将运用汉语中及物性十项特征的形式判断标准对研究对象的及物性高低表现进行研究，并通过这些测试标准对小句的综合语言表现进行更全面、深入的分析。

表七　及物性十项特征的形式判断标准

及物性特征	形式判断标准
参与者	a. 有两个及以上参与者的小句对应参与者特征高值； b. 只有一个参与者的小句对应参与者特征低值。
施动性	a. 参与者为成人时对应高施动性，参与者为婴儿、孩童时对应低施动性，无生参与者无施动性； b. 能与测试词“努力”“使劲”等共现的小句是高施动性的，反之是低施动性的；
宾语受动性	a. 能与全称量化副词“全”“都”共现的是高宾语受动性的，不能与全称量化副词共现或能与小称量化副词“只”共现的小句是低宾语受动性的； b. 能转换为“把”字句的小句一般是高宾语受动性的，不能转换为“把”字句的小句一般是低宾语受动性的； c. 能追补高完成度小句的小句是高宾语受动性的，不能追补高完成度小句的小句是低宾语受动性的。

续表

及物性特征	形式测定标准
宾语个体性	a. 有指、具体、特指、可数的宾语所在小句是高宾语个体性的，无指、抽象、非特指、不可数的宾语所在小句是低宾语个体性的； b. 能被零形回指的宾语是高个体性的，不能被零形回指的宾语是低宾语个体性的。
运动状态	a. 能回答“发生了什么”“做什么”的问题的小句是动作的； b. 不能回答“发生了什么”“做什么”的问题的小句是非动作的。
瞬时性	a. 能与测试词如“突然”“忽然”“骤然”“刚”“就”“立刻”“立即”“立马”和时刻词共现的小句是瞬时的； b. 能与测试词如“不停”“一直”“永远”“从来”“在”和时段词共现的小句是非瞬时的。
意愿性	a. 能与测试词如“最想”“特别想”“渴望”“好好”“故意”“特意”“特地”“打算”“决心”“故意”等共现的小句是有意志的； b. 能与测试词如“不愿意”“不小心”“不想”等共现的小句是非意志的。
肯定性	a. 不与“不”“没”等否定副词共现的小句是肯定的； b. 与“不”“没”等否定副词共现的小句是否定的。
体貌	a. 能与时体标记“了”“过”或能与测试词“曾经”“已经”“以前”“从前”共现的小句属于完整体； b. 能与时体标记“着”或能与测试词“正在”“正”“起来”“下去”“连续”共现的小句属于非完整体。
语态	a. 能与表示时间的引发词如“了”“过”“曾经”“已经”“从前”“以前”“过去”“昨天”“去年”“确实”“的确”等共现的小句是现实性的，反之是非现实性的； b. 能与表示变化的述补结构引发词如“哭成”“走成”“打成”“烧成”“切成”“听成”“瘦成”“说成”等共现的小句是现实性的，反之是非现实性的； c. 能与表示变化的述补结构引发词如“哭瞎”“卖光”“打青”“吓哭”“跑丢”“吃完”“撞死”“压破”等共现的小句是现实性的，反之是非现实性的； d. 后续能追补完成小句的是现实性的，后续只能追补未完成小句的是非现实性的； e. 能出现在表示未来、条件、假设、让步、疑问、强义务、弱义务、强祈使、弱祈使、可能、能力、意愿、猜测、低频、报导等非现实性语义环境中的小句是非现实性的，反之是现实性的。

第三章 “V 个 P”类程度准宾语考察

在第一章、第二章中，我们讨论了及物性十项特征的意义及形式判断标准。下面我们将从及物性理论出发，对汉语中的七类准宾语结构所在小句进行及物性考察，并对小句所在语境进行对比性的篇章表现考察，在动态语境中对汉语准宾语的形成机制做出探讨。

3.1 问题的提出

现代汉语中，名量词“个”一般修饰名词，不能修饰动词、形容词、短语，“一个放心 / 清楚 / 落花流水”不能说。但是，现代汉语中有一类“V 个 P”结构，这类结构的特点是“个”能用在动词、形容词等语言成分前。朱德熙（1982: 121）指出形容词或动词前加上“个”变成体词性结构后充当程度宾语，表示程度高，可分为以下几类，见例（1）（引自朱德熙：121—122）。

（1）a.“个”+ 形容词：说个明白、玩儿个痛快、跑了个快；
　　b.“个”+ 不停（不了、不休、没完……）：笑个不停、说个没完；
　　c.“个”+ 成语：打了个落花流水、说个一清二楚。

前人对“V 个 P”的研究比较丰富。一类着重讨论“P”为宾语还是补语，赵元任（1979），朱德熙（1982），石毓智、雷玉梅（2004）等学者认为“P”为宾语，丁声树等（1961）、游汝杰（1983）、吕叔湘（1955）等学者认为“P”为补语；另一类集中研究结构中“个”为量词还是助词及结构整体的语法意义，可参见赵日新（1999）、祝克懿（2000）、张谊生（2003）、周清艳（2009）。学者如孙天琦（2020）认为“V个VP”表现出述补结构的特征，有极性量化特点，但在表层形式上表现出部分“述宾”特性，是隐性述补结构。

程度准宾语“V个P”内部类型复杂，表义功能丰富。在意义上，“V个不停”类程度准宾语通过描写状态的方式说明述语所达到的结果，我们称其为状态义“V个P”（下文简称$S_{状态}$）；“V个明白”类短语用描写结果的方式说明述语所达到的结果，我们称其为结果义“V个P”（下文简称$S_{结果}$）。

本书发现，程度准宾语$S_{状态}$、$S_{结果}$虽然结构类型相同，但使用上有很多对立，如$S_{结果}$可出现在“被”字句和“把”字句中，$S_{状态}$不行，分别见例（2）（3）。

（2）a.* 敌人被打个不停——敌人被打个落花流水

b.* 杯子被砸个不停——杯子被砸个粉碎

（3）* 他把敌人打个不停——他把敌人打个落花流水

$S_{状态}$不出现在未然语境中，$S_{结果}$可以，见例（4a）；$S_{状态}$可出现在进行体中，$S_{结果}$不行，见例（4b）；$S_{状态}$不搭配完成标记“了”，$S_{结果}$可以，见例（4c）；非自主动词不可进入$S_{状态}$，可进入$S_{结果}$，见例（4d）。

（4）a.* 我要说个不停——我要说个清楚

b. 雨正下个不停——* 他正说个清楚

c.* 他说了个不停——他说了个清楚

d.* 死个不停——死个痛快

除此之外，本书发现$S_{结果}$与“V得P”在一些情况下可替换，一些情况下不可以，分别见例（5）（6）。

（5）a. 专家才能说得明白——专家才能说个明白

b. 不可能说得清楚——不可能说个清楚

（6）a. 说得明白一点——* 说个明白一点

b. 合同里说得明白——* 合同里说个明白

本书认为，进入$S_{结果}$的“P”表示高程度语义，如“砸个粉碎”中的“粉碎”；$S_{状态}$的“P”无高程度义而表示延续，如“说个没完”中的“没完”。程度准宾语“V个P”的许多特征与及物性理论的几项指标极其相似，而以往对程度准宾语“V个P”的研究多在零散描写，没有对结构特征的形成原因及相互联系做出系统解释。本书认为，通过 Hopper & Thompson（1980）提出的及物性理论能对程度准宾语“V个P”及与之相关的“V得P”做出全面描写，进而对结构间产生的语法、语义、语用差异形成更深刻的解读。

3.2 “V个P”的语义分类

“V个P”使用频率高，组成结构的成分类型和意义复杂，不同“V个P”适用不同语境，具有不同的表达功能，因此对“V个P”的研究应实事求是。我们综合现实语料，借鉴朱德熙（1982: 121）提出的程度准宾语分类，认为程度准宾语“V个P”可按语义分为$S_{状态}$和$S_{结果}$，$S_{结果}$能根据“P”的不同构成继续分类。其中，“V个P”的动词“V”有单、双音节用法，从现实语料看，单音节动词数量多于双音节动词，双音节动词用法有“发泄个一干二净”等。

（7）动准宾：a. 状态：笑个不停、说个没完、吵个不休、忙个不迭

b. 结果：（按“P”的性质分类）

“P”为单音节形容词：湿个透、扑个空、喝个饱、找个遍

“P”为双音节性质形容词：说个清楚、喝个痛快、问个明白

“P”为双音节状态形容词：砸个粉碎、搓个通红、吃个精光

“P”为拟声词：哭个稀里哗啦、吐个稀里哗啦

“P”为短语：抓个正着、砸个稀巴烂、吓个半死

“P”为成语：打个落花流水、查个水落石出

程度准宾语“V个P”语义构成复杂，$S_{结果}$和$S_{状态}$在许多特征上有对立，因此本书重点研究两类“V个P”的对立差异，并考察“V个P”与相应的“V得P”的语义、语用、语法表现。

3.3 汉语结果义、状态义“V 个 P”的及物性考察

下面，我们根据 Hopper & Thompson（1980）及物性理论的十项标准对结果义、状态义“V 个 P”进行全面对比考察。

3.3.1 参与者

有两个及以上参与者的结构的及物性高于仅有一个参与者的结构。我们发现，$S_{结果}$的参与者可为一个、两个或两个以上，分别见例（8a）（8b）（8c），一般不出现论元删减，见例（8b’）。

（8）a. 他今天要吃个痛快
b. 他把敌人杀个片甲不留
c. 我们要把对手打他个落花流水
b’. * 他杀个片甲不留

$S_{结果}$的一大特征是可容纳代词“我、你、它 / 他 / 她”，见例（9）；第一、第二人称代词有指，见例（10）。第三人称代词有指或无指，分别见例（11a）（11b）。第三人称有指代词指向某个名词成分，且论元不能删减，省略后原句不能说，见例（11a’）；无指代词省略后无影响，见例（11b’）。过去对无指代词“它 / 他 / 她”的研究中，朱德熙（1982）认为“他”在双宾语中充任虚指宾语，袁毓林（2003）从韵律、焦点角度说明了无指代词的作用。实际上，还要考虑到及物性的因素，我们认为 $S_{结果}$中无指代词“他”出现，就是高及物性下的论元增容，增加了一个准参与者，准参与者在形式上占据了一个论元的位置，但所指是无指的。

（9）吓我个半死——闹你个人仰马翻——闹它个天翻地覆
（10）a. 种地吧，光是保甲长的霸道，就整我个半死！（老舍《全家福》）
b. 丁钩儿举着水桶说：“弯腰就砸你个狗抢屎。”（莫言《酒国》）
（11）a. 让他沉入冰窟窿，灌他个半死，冻他个半死。（莫言《生死疲劳》）

b. 快热几碗黄酒，我也要喝他个痛快。（周大新《湖光山色》）

（11a'）* 让他沉入冰窟窿，灌个半死，冻个半死。

（11b'）快热几碗黄酒，我也要喝个痛快。

与$S_{结果}$相比，$S_{状态}$一般只有一个参与者，且动作一般指向的是施事参与者，见例（12），$S_{状态}$中不出现论元增容，分别见例（13a）（13b）。有时$S_{状态}$有两个参与者，见例（14a）；小句中的参与者“O”可删减，删减后小句只有施事一个参与者，但对小句没有影响，见例（14b）；小句中的施事参与者不能删减，删减后小句不能说，见例（14c）。

（12）a. 扫地机扫个不停

b.* 地板扫个不停

（13）a. 护士忙个不停

b.* 家珍吃我 / 你 / 他个不停

（14）a. 老李家务忙个不停

b. 老李忙个不停

c.* 家务忙个不停

综上，本书认为$S_{结果}$的参与者特征强于$S_{状态}$。$S_{结果}$中参与者有一个、两个、两个及以上，当参与者为两个时，删减参与者后对小句有影响；$S_{状态}$中参与者一般只有一个，有时小句中出现两个参与者，参与者还可以删减，参与者删减后对小句无影响。

3.3.2　施动性

施动性指施事对发生的事件、情景有责任、控制力，Thompson & Hopper（2001）将施动者分为人类和非人类，人类有施动性，非人类有低施动性或无施动性。本书认为，“人类”的施动性可分大小，成人有高施动性，婴儿、孩童、动物有低施动性；无生参与者如“桌子”无施动性。我们发现，$S_{结果}$的参与者是有生的、高施动性的，低施动性的参与者不能进入$S_{结果}$，见例（15）。与之相反，$S_{状态}$无施动性限制，高施动性、低施动性、无施动性的名词都可进入，见例（16）。在施动性特征上，$S_{结果}$有高施动性，$S_{状态}$不表现高施动性。

（15）a. 我喝个痛快
b.* 婴儿喝个痛快
c.* 小狗喝个痛快
（16）a. 老师喝个不停
b. 婴儿喝个不停　狗喝个不停
c. 眼泪流个不停　雪下个不停

3.3.3 宾语受动性

宾语受动性指宾语是否受动作影响及其受动作影响大小的性质。我们发现，$S_{结果}$中的“P”必须是高程度语义的，低程度语义“P”不可进入结构，见例（17）。

（17）a. 讲个清楚——* 讲个不明不白——* 讲个一知半解
b. 说个痛快——* 说个结结巴巴——* 说个断断续续
c. 打个落花流水——* 打个不痛不痒——* 打个擦破皮

周清艳（2009）认为$S_{结果}$能表达超程度大量、反预期量意义，我们认为这与“P”有高程度语义直接相关。因为“P”的高程度语义，动词论元受的影响也大，因此不可追补动作未完全完成、受事未受完全影响的句子，分别见例（18）（19）。

（18）a. 所有事他都忘了个一干二净
b.* 所有事他都忘了个一干二净，但能想起一些
（19）老人把水咕咚咚喝个干净——* 老人把水咕咚咚喝个干净，但没喝完

我们认为，$S_{结果}$中的动词指向受事宾语，见例（20），$S_{结果}$中的受事宾语一般都受到动作的影响。我们发现，语料中$S_{结果}$常出现在“把”字句、受事主语句中，见例（21）。一般认为，“把”字句、受事主语句中动词指涉的动作对宾语做出了处置，$S_{结果}$可出现在这两类句式中，说明动词论元受到了动作的影响。

（20）a. 他把衣服洗了个干净

b.* 他洗了个干净

c. 衣服洗了个干净

（21）a. 夏竹筠嚓嚓嚓地把照片撕个粉碎

b. 照片被撕个粉碎

本书认为，$S_{状态}$中的“P”也是高程度语义的，请见例（22）。我们发现，$S_{状态}$中的动作不指向受事宾语，而是指向施事，见例（23）。正因为如此，$S_{状态}$中的受事宾语不受到动作的影响，$S_{状态}$宾语受动性低，所以可追补动作未完成、受事未受完全影响句，且不能出现在“把”字句和受事主语句中，分别见例（24a）（24b）（24c）。

（22）停一分钟 < 停半个小时 < 停一天 < 停一个月 < 停半年 < 不停

（23）a. 他作业写个不停

b. 他写个不停

c.* 作业写个不停

（24）a. 他对我说个不停——他对我说个不停，但话没说完

b.* 他把话说个不停

c.* 话被他说个不停

综上所述，本书认为$S_{结果}$的宾语受动性高于$S_{状态}$。

3.3.4　宾语个体性

有生、具体、单数、有指、有定的宾语是个体化的，无生、抽象、复数、不可数、无指的宾语是非个体化的，分别对应高、低及物性。我们认为，$S_{结果}$中的“P”是个体化的。石毓智、雷玉梅（2004）指出“个”使动词、形容词离散化，表示单一具体的动作行为。我们发现，“P”在语义上不能伸缩，不能用程度副词修饰，没有否定形式，见例（25），这是“P”离散化的形式表现。陆俭明（2010）提出“语义和谐律”，指出构式内部的词语与词语之间要和谐。本书认为，在语义和谐律的作用下，$S_{结果}$构式中的动词论元受“P”离散化的影响也是个体化的，如例（26a）中受事是有定的，例（26b）中受事是有生的。

（25）说个明白——* 说个很 / 特别 / 非常明白——* 说个不明白

（26）a. 认养一事他早忘个一干二净。（于晴《为你收藏片片真心》）

b. 一个回合就把来犯的敌人连人带舰地打个片甲不留。（《人民日报》，1965-08-07）

$S_{\text{状态}}$个体化程度没有$S_{\text{结果}}$高。前面说过，一个参与者也可进入$S_{\text{状态}}$，此时没有受事，也无受事个体性可言，见例（27）；$S_{\text{状态}}$中“P”如“没完”“不停”表持续义，指涉动作的进行状态，而进行中动作的完成度是不定的、不明确的，可追补不同动作完成度的句子，见例（28），这说明受事受到的动作影响是不定、不明确的，即非个体化的。

（27）a. 雨下个不停

b. 血流个不停

c. 水流个不停

d. 小明哭个不停

（28）那碗饭他吃个不停，最后终于吃完了 / 还是没吃完 / 现在吃了大半了

除此之外，上文说过，$S_{\text{结果}}$中动作指向受事宾语，$S_{\text{状态}}$中动作指向施事。我们认为，$S_{\text{结果}}$中动作的发出者是施事，受影响者是受事；$S_{\text{状态}}$中动作的发出者是施事，受影响者还是施事，在形式上恰好在“把”字句和动词拷贝句中有动词配位的对立，分别见例（29）（30）。Hopper & Thompson（1980）指出，个体性的高低跟参与者之间能否区分开来相关，由上面的分析可知，$S_{\text{结果}}$中的参与者能区分开，动作发出者、受影响者不一样，$S_{\text{状态}}$中的参与者不能区分开，动作发出者、受影响者一样。因此，本书认为$S_{\text{结果}}$中 O 的个体性高于$S_{\text{状态}}$。

（29）战士们把敌人杀了个片甲不留（战士们杀 + 敌人片甲不留）

（30）战士们杀敌人杀个不停（战士们杀 + 战士们不停）

一些$S_{\text{结果}}$中似乎动作发出者、受影响者是一个，见例（31），实际上例

（31a）中参与者有动作发出者“他”和没有出现的受事如“问题”，参与者能区分开；例（31b）中参与者为动作发出者“他”和没有出现的受事如“饭”，参与者同样能区分开。$S_{状态}$中的参与者不能区分开，如例（32a）（32b）中的参与者都是同一个。

（31）a. 他要问个明白（他问＋他明白）

b. 他要吃个痛快（他吃＋他痛快）

（32）a. 他总是说个不停（他说＋他不停）

b. 她总是哭个没完（她哭＋她没完）

能证明我们观点的证据是，在形式上，参与者不能区分开的$S_{状态}$中的施事不能删减，受事能删减，分别见例（33a）（33b）（33c）；参与者能区分开的$S_{结果}$中的施事能删减，受事不能删减，分别见例（33d）（33e）（33f）。

（33）a. 他作业写个不停

b. 他~~作业~~写个不停

c.* ~~他~~作业写个不停

d. 他今天把饭吃了个干净

e.* 他今天~~把饭~~吃了个干净

f. ~~他今天把~~饭吃了个干净

除此之外，宾语个体化程度更高的$S_{结果}$中的宾语一般不能是非个体化的、非定指的，可以是个体化的、定指的，分别见例（34a）（34b）；宾语个体化程度低一些的$S_{状态}$中的宾语可以是非个体化的、非定指的，有时个体化、定指宾语不能进入结构，分别见例（34c）（34d）。因此，我们认为$S_{结果}$的宾语个体化程度更高一些。

（34）a.* 他要把一件事说个明白

b. 他要把那件事说个明白

c. 他总是一件事说个不停

d. 他总是那件事说个不停

3.3.5 运动状态

运动状态指动作与非动作的对立，对应高、低及物性。动作词能回答“做什么”“发生了什么”的问题，见例（35a）；非动作词不能，见例（35b）。

（35）a. 你在做什么？ 看你。
　　　b. 你在做什么？ *爱/恨你。

我们发现，表行为、言语、感官等的动作词可进入 $S_{结果}$、$S_{状态}$，分别见例（36）（37）（38）；$S_{状态}$对非动作词的允准力高于 $S_{结果}$，分别见例（39a）（39b）。$S_{结果}$在句中一般充当指示动作的谓语，非动作词构成的 $S_{状态}$可充当指示动作状态的谓语，还可充当定语，见例（39c），可见 $S_{结果}$动作性强于 $S_{状态}$。

（36）a. 吃/喝/玩个痛快——砸/摔个粉碎
　　　剪/撞个稀烂——抢/推卸个精光
　　　b. 吃/喝/学/笑/读/算/梳/扫/擦/搜/闹/打/买/逛/摇/敲/走个不停
（37）a. 说/问/讲个清楚
　　　b. 问/猜/谈/吵/骂/叫/喊/嚷/唠叨/嘀咕个没完
（38）a. 看个一清二楚　闻个痛快　听个明白
　　　b. 听个没完　闻个不休　看个不停
（39）a.*爱个痛快　*恨个痛快　*病个彻底　*晕个彻底　*变个彻底
　　　b. 爱个不停　恨个不休　病个没完　晕个不停　变个不停
　　　c. 你必须说个清楚——他总是病个没完——变个不停的女人

3.3.6 瞬时性

瞬时动词指动作一开始就结束的动词，见例（40a）；非瞬时动词指动作可延续的动词，见例（40b），分别对应高、低及物性。与瞬时性相关的动词性质还包括动作是否可重复、动作发生周期的长短。我们发现，瞬时、非瞬时动词都可进入 $S_{状态}$、$S_{结果}$。$S_{状态}$中的“P”如“不停”表持续义，说明非瞬时动词可进入结构，进入 $S_{状态}$的非瞬时动词须短时可重复，见例（41a）；短时内不重复的非瞬时动词不进入结构，见例（41b）。与 $S_{状态}$相同，进入 $S_{结果}$的非瞬时动词也是短时可重复的，见例（42a），短时内不重复的不能进入 $S_{结果}$，见例（42b）。

（40）a. 死 / 炸 / 爆 / 敲 / 眨 / 塌 / 输 / 赢 / 牺牲 / 结束

b. 闹 / 笑 / 玩 / 吃 / 喝 / 睡 / 走

（41）a. 打 / 闹个不停 说 / 笑个没完 哭 / 骂个不休

b. ? 躺个没完 ? 睡 / 晕 / 醒个不停

（42）a. 喝 / 洗 / 舔 / 收拾 / 扫个干净——玩 / 游 / 哭 / 吐个痛快

b.* 躺个痛快　* 睡个痛快

瞬时动词中，短时可重复的能进入 $S_{状态}$，见例（43a）；短时不可重复的不能进入 $S_{状态}$，见例（43b）。与此相反，进入 $S_{结果}$的瞬时动词是短时内不可重复的，短时可重复的瞬时动词不可进入 $S_{结果}$，分别见例（43c）（43d）。我们认为，$S_{状态}$、$S_{结果}$之所以在瞬时动词上有动作可重复和不可重复的对立，是受到了构式语义的影响，$S_{状态}$表示动作的反复进行，因此须搭配可重复的瞬时动词；$S_{结果}$表示动作的瞬间结果，因此搭配不能重复的瞬时动词。本书认为，在瞬时性特征上，$S_{结果}$瞬时性高于 $S_{状态}$。

（43）a. 蹦 / 眨 / 点 / 敲 / 砍 / 弹 / 喷 / 咳嗽个不停

b.* 死 / 到 / 塌 / 发明 / 牺牲 / 爆炸个不停

c. 杀 / 撇 / 推 / 落个干净——断 / 死个明白——死 / 输 / 批个痛快

d.* 点 / 砍 / 眨个痛快

3.3.7　意愿性

意愿性分为有意志的和非意志的，分别对应高、低及物性，有意志动词是施事蓄意自发的自主动词。马庆株（1988）指出自主动词是语义上施事有意识进行支配的动作；非自主动词是施事无心、无意识、不可支配的动作。我们认为，自主动词可进入 $S_{结果}$，见例（44a）；非自主动词不行，见例（44b）。一些非自主动词虽然可进入结构，如例（45a），事实上，这些非自主动词出现的语境表现了施事、主语的强烈意愿，它们被当作自主动词来用，实际上还是有意志的，分别见例（45b）（45c）。与此相反，有意志、非意志的动词皆可进入 $S_{状态}$，分别见例（46a）（46b）。

（44）a. 唱 / 喝 / 吃 / 玩 / 哭个痛快——烧 / 染 / 涨个通红——查 / 问个明白

b.* 懂 / 梦个清楚

（45）a. 忘个干净——死个痛快——输个精光——活个明白

b. 我当兵去，要死也死个痛快！（老舍《四世同堂》）

c. 他已经把昨夜醉中的那一番戏言忘个干净。（刘斯奋《白门柳》）

（46）a. 问 / 谈欣赏 / 争论个没完

b. 下 / 开 / 刮 / 喘个不停——流 / 响 / 震个没完

非意志动词还可出现在 S状态指示不受主观控制的情景，见例（47）。综上，我们认为 S结果的意愿性强于 S状态。

（47）a. 寒风嗖嗖嗖地刮个不停

b. 手机震个没完

c. 大雪下个不停

自主性与主观性有一些相似，实际上却不同。自主性、非自主性指施事、主语对动词的控制力；主观性指说话人说话时表明自己的立场、态度、感情（沈家煊，2001），事件可分成说话人主观倾向、不倾向发生的。自主动词能出现在主观不倾向发生的事件中，非自主动词也能出现在主观倾向发生的事件中，分别见例（48a）（48b）。

（48）a. 我不想听你们的对话

b. 他想死——我决心忘掉她

我们发现，S结果常指涉主观倾向发生的事件，可搭配现代汉语中“存心”“决心”等表示施事计划、倾向的副词；不指涉主观不倾向发生的事件，不搭配表施事不计划、不倾向发生的“不想”“不小心”等副词，见例（49）。S状态常指涉说话人无法控制的情况，因此不搭配“打算”“不打算”等表示主观倾向、不倾向发生的副词，见例（50）。本书认为，S结果的主观性显然高于 S状态。

（49）a. 昨天我存心闹个落花流水——* 昨天我不想闹个落花流水
b. 侦察员们决心把事情弄个明白——* 侦查员不想把事情弄个明白
c. 他想玩个痛快——* 他不想玩个痛快
d. 他想把杯子砸个粉碎——* 他不想把杯子砸个粉碎

（50）a.* 我打算吃个不停　* 这小孩打算玩个不停　* 我想说个没完
b.* 我不打算吃个不停　* 这小孩不打算玩个不停　* 我不想说个没完

3.3.8　肯定性

我们发现，$S_{结果}$和$S_{状态}$都没有否定形式，只有肯定形式，见例（51）。值得注意的是，$S_{结果}$在反问句、双重否定句中有否定形式，表示加强肯定，分别见例（52a）（52b）。我们认为，$S_{结果}$和$S_{状态}$都具有强肯定性。

（51）a. 你说个清楚——* 你没 / 不说个清楚
我睡个痛快——* 我没 / 不睡个痛快
b. 他闹个不休——* 他没 / 不闹个不休
他跳个不停——* 他没 / 不跳个不停

（52）a. 既然要哭，为什么不哭个痛快？（古龙《流星・蝴蝶・剑》）
b. 我不能不哭个痛快，因为我……。（《福建日报》，1994-09-013）

3.3.9　体貌

体貌分为完整体、非完整体，分别对应高、低及物性。戴耀晶（1997）综合陈平（1988）对时体系统的研究指出完整、非完整体的语义判断要看是否非完整形式蕴含完成形式的意义；是否有内在的限定终结点；是否有一个导向终结点的过程。我们认为，$S_{结果}$的动作终结点在“P”，如“吃个痛快”中动作“吃”的终结点在“痛快”，$S_{结果}$可与“了、将 / 会”搭配，指示动作已完成或说话人确信会完成的情况，对应完整体、近将来完整体；不与“着、正在”组合，不出现在表动作正在进行的非完整体中，见例（53）。$S_{状态}$表示动作行为在事件中持续的时间长，不搭配时体标记“了、着、过”，可搭配“将 / 会、正”，对应近将来完整体，见例（54）。

（53） a. 把这事弄了个清楚——将弄个清楚——* 弄着个清楚——* 正在弄个清楚

b. 他今天喝了个痛快——会喝个痛快——* 喝着个痛快——* 正在喝个痛快

（54）a.* 跳了个不停——会跳个不停——* 跳着个不停——正在跳个不停

b.* 吃了个不停——会吃个不停——* 吃着个不停——正在吃个不停

石毓智、雷玉梅（2004）指出“V 个不停”等表示某一事件动作行为持续的时间长，实际上有动作完结点，属于完整体，我们同意这一观点，认为 $S_{状态}$ 的动作有完结点，见例（55）。本书认为，$S_{结果}$、$S_{状态}$在及物性体貌特征上都有完整体、近将来完整体用法。

（55）七八只泥猪只顾吃个不停，多次撵都撵不走，于是他心生一计，点燃了火把，怕火的它们才依依不舍散去。（《人民日报·海外版》，2001-09-22）

3.3.10 语态

语态分为现实性的、非现实性的，已经、正在发生的事件是现实性的，说话人确信动作会发生的事件是弱现实性的，没有发生或虚拟世界正在、已经发生的事件是非现实性的。“现实性”指陈述句、疑问句中断言（indicative）形式的预设，“陈老师怎么送了苏珊礼物”中预设“送了苏珊礼物”是现实性的；非现实性的是非断言的，如虚拟、选择、假设、想象等。

根据周韧（2015）对非现实性语义环境的考察标准，我们发现，$S_{结果}$能出现在现实性、弱现实性语境中，见例（56a—d）；不出现在强非现实性语境中，见例（56e—f）。

（56）a. 他昨天问了个清楚

b. 他问个清楚了吗？（疑问）——他能问个清楚（能力）

c. 他必须问个清楚（义务）——他愿意问个清楚（意愿）

d. 请他一定问个清楚（弱祈使）——我听说他会问个清楚（报导）

e.* 禁止他问个清楚（强祈使）——* 他可能问个清楚（可能）

f.* 他不问个清楚（否定）——* 他以后问个清楚（未来）

$S_{结果}$可与“一定、肯定、会、要、得”等搭配出现在高计划性语境中，表示近将来、弱现实性，但不能表示远将来、非现实性，见例（57）。$S_{状态}$能出现在现实性语境中，不能出现在弱现实性、非现实性语境中，见例（58）。

（57）a. 我会把这事弄个水落石出——* 三年后我会把这事弄个水落石出

b. 我今天（一定）要喝个痛快——* 我明年（一定）要喝个痛快

c. 今天他（肯定）得问个明白——* 后天他（肯定）得问个明白

（58）a. 他昨天问个没完——* 以后他问个没完（未来）

b.* 他问个没完了吗（疑问）——* 他必须问个没完（强义务）

c.* 他能问个没完（能力）——* 他愿意问个没完（意愿）

d.* 请他一定问个没完（弱祈使）——* 让他问个没完（祈使）

值得注意的是，虽然$S_{状态}$可进入特殊疑问句、祈使句等非现实语境中，分别见例（59a）（59b），但其实是一种叙实用法，$S_{状态}$的动作已经发生，依然表示现实。

（59）a. 为何那么多人说个不停？（亦舒《艳阳天》）

b. 小丁就小丁，你别念个不停。（李凉《杨小邪》）

综上所述，$S_{结果}$与$S_{状态}$的及物性表现见表一所示，$S_{结果}$的参与者、施动性、宾语受动性、宾语个体性、意愿性、动作状态、瞬时性特征强于$S_{状态}$，在肯定性、体貌特征上与$S_{状态}$相似，$S_{结果}$的现实性低于$S_{状态}$。因此，本书认为$S_{结果}$所在小句整体的及物性高于$S_{状态}$所在小句。

表一　$S_{结果}$类小句与$S_{状态}$类小句的及物性表现

及物性特征 / 小句类型	参与者	施动性	宾语受动性	宾语个体化	运动状态	瞬时性	意愿性	肯定性	体貌	语态
$S_{结果}$类小句	+	+	+	+	+	+	+	+	+	–
$S_{状态}$类小句	–	–	–	–	–	–	–	+	+	+

3.4　$S_{结果}$与$S_{状态}$的篇章功能差异及$S_{结果}$与“V得P”的及物性对比

3.4.1　汉语结果义、状态义“V个P”的篇章功能差异

及物性是句子整体的特征，高及物性结构往往出现在话语前景中，低及物性结构往往出现在话语背景中。上文已得出$S_{结果}$的及物性强于$S_{状态}$，我们发现，两个结构在篇章功能上有一系列的差异表现。首先，及物性强的$S_{结果}$不做依附成分，不修饰名词，$S_{状态}$可以，见例（60）。

（60）a. 他吃个不停的时候——* 他吃个痛快的时候

b. 说个不停的人——* 说个痛快的人

其次，及物性更高的$S_{结果}$不出现在假设从句、时间从句、原因从句、条件从句、名词化小句主语和限定从句中，及物性更低的$S_{状态}$能出现在从句中，分别见例（61）（62）（63）（64）（65）（66）。

（61）a. 如果妈妈说个不停，你就捂上耳朵

b.* 如果妈妈说个痛快，你就捂上耳朵

（62）a. 老师正讲个不停的时候

b.* 老师正讲个痛快的时候

（63）a. 因为你笑个不停，所以我也笑了

b.* 因为你笑个痛快，所以我也笑了

（64）a. 只要你说个没完，我们就能聊下去

b.* 只要你说个痛快，我们就能聊下去

（65）a. 那个说个不停的女孩子是我的朋友

b.* 那个说个痛快的女孩子是我的朋友

（66）a. 我有一个朋友，他总是笑个不停

b.* 我有一个朋友，他总是笑个痛快

再次，及物性强的 $S_{结果}$常与表时间的词语同现，$S_{状态}$不行，见例（67）。$S_{结果}$多出现在焦点位置，可与表示强调的副词如“必须”“一定”等共现，$S_{状态}$不行，分别见例（68a）（68b）；$S_{结果}$不能修饰左移话语焦点，$S_{状态}$能修饰左移话语焦点，分别见例（68c）（68d）。

（67）a. 昨天晚上 / 下午我们玩了个痛快——* 昨天晚上 / 下午我们玩个不停

b. 今天我把敌人打了个落花流水——* 今天我打个不停

（68）a. 你必须说个清楚——* 你必须说个不停

b. 我一定吃个痛快——* 我一定吃个不停

c. 那件事他说个不停

d.* 那件事他说个痛快

最后，我们发现 $S_{状态}$中的动作“V”一般指向施事，如例（69a）“扫个不停”中动词“扫”指向施事“扫地机”，$S_{结果}$中动作“V”一般指向“O”，如例（69b）“扫个干净”中动词“扫”指向“O”地板。

（69）a. 扫地机扫个不停 * 地板扫个不停

b.* 扫地机扫了个干净 地板扫了个干净 扫地机把地板扫了个干净

3.4.2 结果义“V 个 P”与“V 得 P”的及物性语法表现

“P”为双音节性质形容词和短语时，$S_{结果}$有对应的“V 得 P”，如“说个明白”“说得明白”。有了及物性理论，我们可以对 $S_{结果}$和“V 得 P”做一个比较。一般来说，$S_{结果}$重在结果描写，“V 得 P”重在延续状态描写（张谊生，2003），因此当语义重在状态描写时，用“V 得 P”；语义重在结果时，用 $S_{结果}$，

分别见例（70a）（70b）。

（70）a.* 你的话说个不清楚——你的话说得不清楚

b. 我的目的是要把话说个清楚——* 我的目的是要把话说得清楚

从参与者特征看，$S_{结果}$中有无指准参与者的论元增容，“V 得 P”中没有无指准参与者（无指代词）的论元增容，见例（71）。除此之外，在参与者特征上，$S_{结果}$的中的施事参与者必须出现，不可删减，受事参与者可以删减，见例（72）；“V 得 P”中的施事、受事参与者都可删减，见例（73）。

（71）a. 吃他个痛快——* 吃他得痛快

b. 搅他个天翻地覆——* 搅他得天翻地覆

（72）a. 扫地机器人把地扫了个一干二净

b. 扫地机器人扫了个一干二净

c.* 地扫了个一干二净

（73）a. 扫地机器人扫地扫得干净

b. 扫地机器人扫得干净

c. 地扫得干净

在受事特征上，$S_{结果}$的“P”有高程度语义，准宾语“V 个 P”是黏合式结构，结构成分内部结合紧密，因此“P”的语义不可伸缩，没有否定形式，不加程度副词，见例（74）；但“V 得 P”无此限制，“V 得 P”是组合式，结构成分内部结合松散，“P”可以伸缩，有否定形式，也能加程度副词，见例（75）。事实上，“V 得 P”中的“P”一般不以光杆形式出现，而“V 个 P”中的“P”一般以光杆形式出现。

（74）a.* 说个不 / 非常 / 比较 / 十分 / 特别明白

b.* 问个不 / 非常 / 比较 / 十分 / 特别清楚

c.* 吃个不 / 非常 / 比较 / 十分 / 特别痛快

（75）a. 说得不 / 非常 / 比较 / 十分 / 特别明白

b. 问得不 / 非常 / 比较 / 十分 / 特别清楚

c. 吃得不 / 非常 / 比较 / 十分 / 特别痛快

$S_{结果}$有高受动性，可进入“把”字句和受事主语句，“V 得 P”不行，分别见例（76）（77）。$S_{结果}$的受事个体化，动词论元有定，“V 得 P”无此限制，无定名词也能做主语，分别见例（78）（79）。

（76）a. 他把饭吃个干净

b. 饭被吃个干净

（77）a.* 他把饭吃得干净

b.* 饭被吃得干净

（78）a. 那只碗被摔了个粉碎——* 一只碗被摔了个粉碎

b. 那个学生被骂了个狗血喷头——* 一个学生被骂了个狗血喷头

（79）a. 那只碗被摔得粉碎——一只碗被摔得粉碎

b. 那个学生被骂得狗血喷头——一个学生被骂得狗血喷头

在动作特征上，首先，非动作词不可进入$S_{结果}$但可进入“V 得 P”，见例（80）。其次，不进入$S_{结果}$的可重复瞬时动词可进入“V 得 P”，见例（81）。再次，不进入$S_{结果}$的非自主动词可进入“V 得 P”，见例（82）。

（80）a.* 恨个不共戴天——恨得不共戴天

b.* 爱个如痴如醉——爱得如痴如醉

（81）a.* 结束个痛快——结束得痛快

b.* 开始个纯纯洁洁——开始得纯纯洁洁

（82）a.* 掉个一干二净——掉得一干二净

b.* 变个一清二楚——变得一清二楚

最后，$S_{结果}$有主观倾向性，可搭配“必须”等副词；“V 得 P”无主观倾向，不可搭配“必须”等副词，见例（83）。另外，$S_{结果}$和“V 得 P”都没有否定动词形式，但“V 得 P”可以否定“P”，$S_{结果}$不行，见例（84）。

（83）a. 必须问个清楚——* 必须问得清楚

打算吃个痛快——* 打算吃得痛快

b.* 不小心把这事忘个干干净净——不小心把这事忘得干干净净

（84）a.* 不说个痛快——* 不说得痛快

b.* 说个不痛快——说得不痛快

在句子特征方面，首先，在体貌特征上，S结果只出现在完整体中，不追补未完成小句；“V 得 P”可出现在非完整体中，能追补未完成句，见例（85）。

（85）a.* 我今天吃了个痛快，我还要吃

b. 我今天吃得很痛快，我还要吃

其次，在语态特征上，S结果表现实性、弱现实性，可出现于近将来弱现实性语境中；可用在近将来表加强肯定的“会……的”中；而“V 得 P”不行，分别见例（86）（87）。“V 得 P”可出现在远将来非现实性语境中，可搭配假设非现实性成分，可出现在正在进行的语境，S结果不行，分别见例（88）（89）（90）。

（86）a. 今天我要吃个痛快——* 今天我要吃得痛快

b. 我要问个清楚——* 我要问得清楚

（87）a. 我会弄个明白的——* 我会弄得明白的

b. 我会扫个干净的——* 我会扫得干净的

（88）* 明年我会把你们打个落花流水——明年我会把你们打得落花流水

（89）a.* 要是你吃个痛快 / 问个清楚

b. 要是你吃得痛快 / 问得清楚

（90）a.* 妈妈正吃个痛快——妈妈正吃得痛快

b.* 我正看个痛快——我正看得痛快

“V 得 P”的及物特征可总结为［－参与者］［－施动性］［－受动性］［－个体化］［± 动作］［± 瞬时性］［± 自主性］［+ 肯定］［－完整体］［± 现实］，“V 得 P”及物性低于 S结果。因为二者及物性的差别，低及物性“V 得 P”多出现在话语背景位置描写、丰富动作，高及物性 S结果多出现在话语前景位置指明动作结果、引导故事主线，这恰恰印证了张谊生（2003）的结论。

3.5 余论

本书在及物性指标下讨论了 S状态、S结果的及物性特征，经考察，我们认为

$S_{\text{结果}}$有高及物性，在参与者特征上表现为多参与者、有论元增容、高施动性、宾语高受动性、宾语高个体化，在动词特征上表现为动作的、自主的、瞬时的和非瞬时的、肯定的，在句子特征上表现为完整体，具有现实性和弱现实性。经过实际考察，我们发现：

a. 结果义“V个P”的及物性 > 状态义“V个P”的及物性

b. 结果义“V个P”的及物性 > “V得P”的及物性

受及物性的影响，$S_{\text{结果}}$、$S_{\text{状态}}$、“V得P”在句法、话语上有系统分布差异，$S_{\text{结果}}$重在动作结果描写，多出现在句末自然焦点位置，常与时间词语共现，不出现在假设从句、原因从句、条件从句、名词化小句等从属成分中；$S_{\text{状态}}$、“V得P”着重描写动作状态，不常出现在自然焦点位置，不与时间词语共现，常出现在依附从句中。

第四章　“吃食堂”类旁格准宾语考察

在上一章中，我们对“V 个 P”类程度准宾语做了及物性考察，发现结果义“V 个 P”类程度准宾语具有高及物性，一般提供前景信息，出现在篇章前景中。下面我们将对现代汉语中的“吃食堂”类旁格准宾语做及物性考察，并在动态语境中分析旁格准宾语所在小句的篇章表现，试图对“吃食堂”类旁格准宾语的生成动因做深层的分析。

4.1　问题的提出

一般认为，动宾短语中动作的典型支配对象是受事，但非受事也能占据动宾结构中的宾语位置，这类非典型宾语被称为准宾语。其中，有一类结构，工具、方式、时间、处所等非受事旁格成分能直接出现在动词后，我们称其为动旁短语。根据动旁短语中宾语的意义类型，我们将动旁短语分为如下几类：

（1）a. 宾语是动作发生的处所（在……V）：吃食堂、吃饭馆、坐沙发、睡窑洞、睡地板、走京广线、教大学、读大学、存银行、挤公交、刷微博、读补习班、挤地铁

b. 宾语是动作凭借的工具、对象（使用……V）：写毛笔、吃大碗、洗冷水、抽烟斗、聊微信、听耳机、刷油漆、看望远镜、捆绳子、编柳条、吹电扇

c. 宾语是动作发生的方式（按……的方式 V）：织正针、跳大神、游蝶泳、游蛙泳、切花刀、切滚刀、寄特快、飞早班、跑出租、跑长途、跑高速、洗桑拿

d. 宾语是动作发生的来源（用……V）：吃公款、吃救济、吃工

资、吃补助

e. 宾语表示动作发生的时间（在……时 V）：休星期天、过中秋节、打决赛

f. 宾语是动作发生的原因（因为……V）：忙搬家、跑生意、哭自己、哭长城

g. 宾语是动作发生的目的（为了……V）：走亲戚、吃气氛、玩心跳

动旁短语是汉语中的特殊现象。在英语中，旁格成分不能直接出现在动词后，需要介词连接，见例（2）。如果对动旁宾语的生成机制进行研究，我们能对汉语动宾结构有更深刻的理解。

（2）a. 吃食堂——eat in the canteen

b. 写毛笔——write with a brush

c. 忙搬家——busy because of house moving

d. 休星期天——take a rest on Sunday

前人对动旁短语结构的研究成果丰富。邢福义（1991），袁毓林（1998、2003），郭继懋（1999），孙天琦、李亚非（2010）对旁格宾语做了形式描写，指出结构隐含动词、介词或连词。Tzong-Hong Lin（2001）、冯胜利（2005）、Wei-Tien Tsai（2007）用轻动词“Use/At/For”解释旁格宾语生成机制。程杰、温宾利（2008），孙天琦（2009）认为旁格宾语属于施用结构；孙天琦（2019）从句法和篇章功能角度说明旁格宾语并非施用结构。徐通锵（2008）认为“吃食堂”类结构是通过比喻和联想进行意合而产生的结构。任鹰（2000）、王占华（2000）、张云秋（2004）、胡勇（2016）认为旁格宾语由“容器—内容”认知框架转喻生成，“吃食堂”即“吃食堂的饭”。

李劲荣（2019）从及物性角度对旁格宾语做了研究，认为旁格成分挤掉受事做宾语使动词失去了动作性、完成性、瞬时性等特征，分别见例（3），旁格成分做宾语是一种去及物化句法手段，“吃食堂”凸显处所信息。该研究角度新颖，给人启发，但也存在不足，比如例（3b）中的“他吃了食堂”在语感上是可以接受的。

（3）a. 他在食堂啃馒头——* 他啃食堂（动作性强的单音节词不进入结构）
b. 他在食堂吃了饭——* 他吃了食堂（旁格宾语不能添加时体标记）
c. 他刚才在食堂吃饭——* 他刚才吃食堂（旁格宾语不能搭配瞬时副词）

本书同意李劲荣（2019）认为“吃食堂”中“吃”“食堂”及物性均降低的观点，但是本书不同意“吃食堂”结构整体及物性降低的观点。本书认为，虽然“吃食堂”内部构成成分及物性降低，但整体的及物性得到了提升，结构不是去及物化的；除此之外，本书不同意“吃食堂”凸显处所信息的看法，认为该结构凸显事件整体信息。举例来说，动宾短语“吃饭”中宾语“饭”可出现在凸显宾语的“把”字句中，但“吃食堂”中的“食堂”不行；“吃饭”的“饭”可被时间、程度的词修饰，“吃食堂”中的“食堂”不行，见例（4）。种种迹象表明，“吃食堂”类动旁短语凸显结构整体，不凸显宾语的处所信息。

（4）a. 把饭吃了——* 把食堂吃了　把作业写了——* 把毛笔写了
b. 吃半个小时饭——* 吃半个小时食堂　吃一点饭——* 吃一点食堂

除了凸显整体外，本书认为，动旁短语还具有提高及物性的作用，非典型宾语旁格成分能直接出现在动词后就是证据，如不及物动词“哭”甚至还能带上宾语，如“哭长城”，这让我们更有理由认为动旁短语结构整体的及物性力量大于结构动词、宾语的部分力量。没有比较就没有特点，动旁短语（下文简称 $S_{旁}$）形式上与受事成分做宾语的动宾短语（下文简称 $S_{动宾}$）相似，在语义、构成上与状中结构（下文简称 $S_{状中}$）相似，但三类结构在使用上存在很多差异，因此动旁短语的及物性研究将以 $S_{动宾}$、$S_{状中}$为参照对象，聚焦动旁短语整体性质，对结构及物性特点做深入考察。

形式语法认为语法自主存在，语言结构受规则控制，形式语法中事件和事件参与者形成题元关系，题元角色包括施事、受事（包括感事）、致事，但“吃食堂”中“食堂”没有对应题元角色，形式语法的论元结构不能解释为什么“食堂”能出现在动词后，只能把动旁短语解释为经一系列轻动词、句法移位等操作后的结果。功能主义认为语法由交际的需求产生，并根据现实中交际需求的变化而进行调整，能更好地解释旁格成分出现在宾语位置上的原因，因此本书将在功能主义语法指导下进行动旁短语的研究。

4.2 “吃食堂”凸显整体

一般认为，$S_{动宾}$强调宾语。我们发现，动旁短语与普通宾语不同，动旁短语凸显整体信息，强调事件整体。下面，我们将对动旁短语凸显整体的特征进行说明。

第一，在语篇中动旁短语以整体形式出现，后续事件以$S_{旁}$整体为话题，旁格成分不能充当话题，如例（5a）中，“便宜”描述的是“吃食堂”而不是“食堂”；$S_{动宾}$凸显宾语，例（5b）中“好吃”描述的是宾语“烧烤”；$S_{状中}$后续小句可以凸显状语、宾语或整个状中结构，见例（5c）。

（5）a. 我昨天吃食堂，特别便宜

b. 我昨天吃烧烤，真好吃

c. 我昨天在食堂吃饭，就是北区那个食堂/饭特别便宜/没在家里吃

本书认为，$S_{旁}$凸显整体，因此后续小句不能是描写旁格宾语的，如例（6a）中“食堂”不能成为后续小句话题；$S_{动宾}$凸显宾语，后续小句能以宾语为话题，如例（6b）中$S_{动宾}$“吃苹果”中的“苹果”能成为后续小句话题。能证明我们猜想的是，在实际语料中，例（7a）中后续事件“节省时间”描述的是“吃食堂”整体，例（7b）中后续事件则以宾语“饭”为话题。除此之外，$S_{旁}$在后续事件中还有很强的整体复现表现，见例（8）。

（6）a.* 我昨天吃食堂，是一个特别大的食堂

b. 我昨天吃苹果，是哥哥给我的苹果

（7）a. 考虑到宿舍离教室近，住宿可以吃食堂，节省时间，还可以过集体生活，结交一些一起生活的朋友……（《从普通女孩到银行家》）

b. 到了吃饭的时候，饭菜也端到外边来吃。（张清平《林徽因》）

（8）a. 半年多来，全厂曾经七次组织工人到公社“走亲戚”，主动了解需要，满足需要。由于经常“走亲戚”，这个工厂对大勃吉公社感情越来越深。(《人民日报》，1960-10-09）

b. 存款利率提高了，有钱是否愿意存银行？70% 的储户说有钱还是要存银行。原因是存银行既安全又方便。(《人民日报》，1993-05-22）

第二，$S_{动宾}$凸显宾语，动旁短语凸显整体，$S_{动宾}$整体和宾语都可并举，但动旁短语中只有$S_{旁}$整体可并列，旁格宾语不能并举，见例（9）。$S_{状中}$中状语、宾语、整个状中结构都可并举，分别见例（10a）（10b）（10c）。

（9）a. 你想吃肉还是吃菜？　你想吃肉还是菜？

b. 你想吃食堂还是吃饭馆？　* 你想吃食堂还是饭馆？

（10）a. 你想在食堂还是饭馆吃？

b. 你想在食堂吃面还是饺子？

c. 你想在食堂吃饭还是在饭馆吃火锅？

第三，黏合式偏正结构指名词、区别词、性质形容词（即不带“的”字）做定语的格式，组合式偏正结构指定语带“的”字的偏正结构、数量词或“指示代词 + 量词”作定语的偏正结构、表示领属关系的偏正结构（朱德熙，1982:148）。我们发现，准宾语结构“吃食堂”中的“食堂”可被替换为黏合式偏正结构，但不能替换为组合式偏正结构，见例（11）。本书认为，这是因为“吃食堂”内部结合紧密，不凸显宾语部分，所以不可替换为组合式的偏正结构。与之相比，普通动宾结构凸显宾语部分，内部结合松散，可替换为组合式偏正结构，不可替换为黏合式结构，见例（12）。$S_{状中}$结构能凸显宾语部分，宾语可替换为内部松散的组合式偏正结构，不替换为黏合式偏正结构，见例（13）。

（11）a. ？吃难吃的食堂　？吃便宜的食堂　？吃那个食堂

b. 吃学校食堂　吃单位食堂　吃公社食堂

（12）a. 吃难吃的饭　吃便宜的饭　吃那家的饭

b. ？吃学校饭　？吃单位饭　？吃公社饭

（13）a. 在食堂吃难吃的饭　在食堂吃便宜的饭　在食堂吃那个档口的饭

b.* 在食堂吃学校饭　* 在食堂吃单位饭　* 在食堂吃公社饭

第四，以受事为宾语的动宾短语凸显宾语，中间可插入时体标记“了、着、过”，见例（14a）；动旁短语凸显整体，中间可插入时体标记“了”，不可插入时体标记“着”“过”，见例（14b）；$S_{状中}$结构能凸显宾语，动宾之间能插入时体标记，见例（14c）。

（14）a. 吃了饭　吃着饭　吃过饭

b. 吃了食堂　* 吃着食堂　* 吃过食堂

c. 在食堂吃了饭　在饭馆吃了饭

第五，$S_{动宾}$凸显宾语，修饰准宾语的数量名结构，还能进入$S_{动宾}$结构中，见例（15a）；$S_{旁}$凸显整体，不凸显宾语，修饰准宾语的数量名结构，不能再进入$S_{旁}$结构，见例（15b）；$S_{状中}$结构能凸显宾语，宾语部分能被数量名结构修饰，见例（15c）。

（15）a. 一口饭——吃一口饭　一顿饭——吃一顿饭

b. 两个食堂——* 吃两个食堂　* 一顿食堂——吃一顿食堂

c. 一口饭——在食堂吃一口饭　一顿饭——在食堂吃一顿饭

第六，$S_{旁}$、$S_{动宾}$两类结构插入名量词后内部的组合方式是不同的，$S_{动宾}$结构中，数量名成分进入结构内部后结构构成为“V.+Num.+N.”，语义理解为“V.+（Num.+N.）”，见例（16a）；$S_{旁}$中，数量名成分进入结构后结构构成同样是“V.+Num.+N.”，但语义理解为“（V.+N.）+Num.”，也就是说数量结构必须能修饰$S_{旁}$结构整体，见例（16b）。$S_{状中}$结构中，数量名成分进入结构后结构构成同样是“V.+Num.+N.”，语义上理解为“（Prep.+N.）+（V.+Num.+N.）”，数量结构修饰的是$S_{状中}$结构中的宾语，见例（16c）。

（16）a. 吃一顿饭 = 吃 +（一顿饭）　吃一口饭 = 吃 +（一口饭）

b. 吃一顿食堂 =（吃食堂）+（一顿）

c. 在食堂吃一顿饭 =（在 + 食堂）+（吃 + 一顿 + 饭）

由语义理解可知，$S_{\text{旁}}$结构中的数量名结构必须能修饰$S_{\text{旁}}$结构整体，因此不能修饰$S_{\text{旁}}$结构整体但能修饰$S_{\text{旁}}$结构中准宾语的数量名结构不能进入$S_{\text{旁}}$，见例（17a）；能修饰$S_{\text{旁}}$结构整体但不能修饰$S_{\text{旁}}$结构中准宾语的数量名结构能进入$S_{\text{旁}}$，见例（17b）。

（17）a. 三个食堂——*（吃食堂）+（三个）——* 吃三个食堂

b.* 一顿食堂——（吃食堂）+（一顿）——吃一顿食堂

我们发现，动宾短语中宾语由普通受事到旁格成分的转变，使结构变得更引人注意，语料中有很多动旁宾语出现在表示强调、极端情况、反预期结果的语境中，见例（18）。

（18）a. 这个时候他不是在哭她，他是在哭自己。（巴金《家》）

b. 也是王雪坤教练力排众议，提出就是冒险也要用王涛打主力。（《人民日报》，2001-06-03）

c. 派出所办公室很紧张，值班干警晚上睡沙发，却为李晶腾出了单人房，准备了床铺，买来一台电扇。（《人民日报》，1998-03-03）

综上，$S_{\text{旁}}$和$S_{\text{状中}}$、$S_{\text{动宾}}$相比，$S_{\text{旁}}$凸显事件整体，$S_{\text{状中}}$能凸显状语、宾语或结构整体，$S_{\text{动宾}}$凸显宾语。凸显整体事件的动旁短语在话语中能吸引更多的注意力，篇章延续性更强。

4.3 $S_{\text{旁}}$“吃食堂”、$S_{\text{状中}}$“在食堂吃”和$S_{\text{动宾}}$“吃饭”的及物性考察

上面说到，“吃食堂”类动旁短语突显整体。除此之外，我们认为动旁短语结构整体的及物性是提高的，多出现在篇章前景位置，因此才会凸显整体信息。下面我们从 Hopper & Thompson（1980）提出的及物性理论出发，对“吃食堂”进行考察。

4.3.1 参与者

在参与者特征上，$S_{动宾}$中动词为一价动词如不及物非作格动词、不及物非宾格动词时不能带宾语，见例（19）；而动旁短语中的一价动词可实现论元增容，一价动词本不带宾语，如“飞”，但$S_{旁}$中一价动词能带旁格成分，有论元增容，且增加的参与者是有指的，见例（20a），增容的论元入句后加上主语小句中总共有两个参与者，见例（20b）。

（19）a. 小明跑了

b. 他哭了

c. 我睡了

d. 蝴蝶飞了

（20）a. 飞早班　跑长途　跑出租　跑高速　坐沙发　哭长城　睡地板　睡窑洞

b. 我再也没功夫闷在屋里哭儿子、哭男人啦。(《人民日报》，1956–11–15）

$S_{旁}$与$S_{动宾}$相比，有更强的参与者特征。跟$S_{动宾}$一样，$S_{状中}$结构中的一价动词没有论元增容，见例（21）。综合来说，我们认为$S_{旁}$的参与者特征比$S_{动宾}$和$S_{状中}$都强。

（21）a. 他在沙发上坐 b. 他因为儿子哭了 c. 他在沙发上坐

4.3.2 施动性

在施动性特征上，动旁短语表现出高度一致的强施动性。有生且与人有关的主语可进入$S_{旁}$，见例（22a）；低施动性动物、非成人不行，分别见例（22b）（22c）。

（22）a. 老师每天吃食堂

b.* 小猫吃食堂

c.* 婴儿吃食堂

d. 出租车跑高速

一些无施动性无生名词看似可进入结构，见例（22d），但充当动作发起者的依然是高施动性的“人”，“出租车跑高速”中“跑高速”的实际操作者“人”。与之相比，除了高施动性、无施动性主语可出现在$S_{动宾}$中外，低施动性主语也可出现在$S_{动宾}$中，见例（23）。跟$S_{动宾}$相似，$S_{状中}$结构中也能出现高、低、无施动性的主语，见例（24）。综合来看，我们认为，动旁短语具有高施动性，低施动性主语不可进入结构，这是区别于$S_{动宾}$和$S_{状中}$的重要特征。

（23）a. 老师吃饭
b. 小猫吃饭
c. 婴儿吃饭
d. 出租车跑了

（24）a. 老师在学校吃饭
b. 小猫在餐桌上吃饭
c. 婴儿在房间吃饭
d. 出租车从地库跑了

4.3.3 宾语受动性

宾语受动性指宾语受到影响的程度，高、低宾语受动性分别对应高、低及物性。我们发现，$S_{动宾}$能出现在表示宾语受动作影响大的“把”字句、“被”字句中，请见例（25a）；$S_{状中}$能进入“把”字句，不进入“被”字句，见例（25b）；$S_{旁}$两类句式都不能进入，见例（25c）。

（25）a. 吃饭——把饭吃了——饭被吃了
b. 在食堂吃饭——在食堂把饭吃了——* 在食堂饭被吃了
c. 吃食堂——* 把食堂吃了——* 食堂被吃了

除此之外，$S_{动宾}$中的宾语还能出现在句首，小句变为受事主语句，见例（26a）；$S_{状中}$也可以，但$S_{旁}$不行，分别见例（26b）（26c）。综上，本书认为$S_{动宾}$所在小句的宾语受动性高于$S_{状中}$，$S_{状中}$的宾语受动性高于$S_{旁}$。

（26）a. 吃饭了——饭吃了　睡觉了——觉睡了

b. 在食堂吃饭——饭在食堂吃了在沙发睡觉——觉在沙发睡了

c. 吃食堂了——* 食堂吃了　睡沙发——* 沙发吃了

4.3.4　宾语个体化

一般来说，有指、特指、具体、可数的宾语是个体化的，无指、抽象、不可数的宾语是非个体化的，个体化、非个体化分别对应高、低及物性。本书认为，$S_{\text{动宾}}$、$S_{\text{状中}}$结构中的宾语一般是个体化的、有指的，$S_{\text{动宾}}$中动作“吃”的对象“饭”是个体化的；$S_{\text{状中}}$结构中的宾语“饭”个体化程度更高，是限定在处所“食堂”语义框架内的“饭”；而$S_{\text{旁}}$中的准宾语“食堂”个体化程度不高，准宾语“食堂”是比较抽象的。

我们发现，$S_{\text{旁}}$跟动词联系紧密，语义上依附于动词。在形式上，$S_{\text{动宾}}$、$S_{\text{状中}}$所在小句中动词、宾语间能插入修饰宾语的“的”字结构，分别见例（27a）（27b）；$S_{\text{旁}}$不行，见例（27c）。本书认为，在个体化特征上，$S_{\text{动宾}}$和$S_{\text{状中}}$强于$S_{\text{旁}}$。

（27）a. 吃饭——吃好吃的饭——吃便宜的饭

b. 在食堂吃饭——在食堂吃好吃的饭——在食堂吃便宜的饭

c. 吃食堂——* 吃好吃的食堂——* 吃便宜的食堂

4.3.5　运动状态

在运动特征上，动旁短语比$S_{\text{动宾}}$有更强的动作性。运动状态指动作、非动作的对立，对应高、低及物性。动作可在参与者间传递，“非动作”如状态“喜欢”不能实现动作传递。我们认为，动作、非动作的鉴定标准是动作可回答“做 / 发生什么”的问题，非动作不能，见例（28）。

（28）a. 做什么呢？　看你

b. 做什么呢？　* 喜欢 /* 爱 /* 恨你。

我们对$S_{\text{旁}}$进行考察，发现只有动作动词能进入$S_{\text{旁}}$，见例（29）；表属性、心理感觉、状态的非动作动词不可进入$S_{\text{旁}}$，见例（30）。但是，动作、非动作

词都能进入 $S_{状中}$、$S_{动宾}$，不进入 $S_{旁}$，见例（31），由此可见，$S_{旁}$运动特征强于 $S_{状中}$和 $S_{动宾}$。

（29）写毛笔 织正针 挤公交 吃气氛 跑生意 洗冷水 坐路边

（30）a. 为正义当军人——* 当正义　因为成绩怕——* 怕成绩

b. 在学校爱他——* 爱学校　在北京上学——* 上北京

（31）a. 跳舞——在食堂跳舞——* 跳食堂

b. 想你——在饭馆想你——* 想饭馆

d. 恨自己——因为误会恨自己——* 恨误会

4.3.6 瞬时性

瞬时性指示动作事件发生的时间特征，可分为瞬时的、非瞬时的，分别对应高、低及物性。我们发现，$S_{旁}$、$S_{状中}$、$S_{动宾}$可以是瞬时的、非瞬时的，在形式上能与表示瞬时、非瞬时的词语共现，分别见例（32）（33）（34）。

（32）a. 吃饭——他吃饭吃了半个小时——他突然开始吃饭

b. 跳舞——他跳了半年舞——他突然跳舞

（33）a. 在食堂吃饭——他在食堂吃了半小时饭——他突然开始在食堂吃饭

b. 在沙发睡觉——他在沙发上睡了半小时觉
——他突然开始在沙发上睡觉

（34）a. 吃食堂——他吃了半年食堂——他突然开始吃食堂

b. 睡沙发——他睡了半年沙发——他突然开始睡沙发

4.3.7 意愿性

在意愿性特征上，动旁短语表现出强意愿性。意志、非意志动词对应高、低及物性。施事可控制动词是有意志的，如“唱”；施事不可控制动词是非意志的，如“掉”。

我们发现，进入 $S_{旁}$的一价动词是有意志的，非意志动词不可进入，见例（35）；进入 $S_{旁}$二价动词也是有意志的，非意志动词不可进入，见例（36）。

（35）a. 哭自己 哭红颜 哭爹娘 哭兄弟姐妹

b.* 死父亲 * 病父亲 * 沉小船 * 来祸患

（36）a. 吃公款 听耳机 读大学

b. * 忘工作 * 碰奖金 * 丢公司

本书发现，有意志的、非意志的动词都能进入 $S_{状中}$、$S_{动宾}$，分别见例（37）（38）。由此可见，$S_{旁}$动作意愿性高于 $S_{动宾}$、$S_{状中}$。

（37）a. 用公款吃饭 用耳机听音乐 在大学读书

b. 因为工作忘事 为奖金碰运气 在公司丢东西

（38）a. 聊天 说话 玩游戏 打麻将

b. 掉眼泪 来北京 死人 下雨 下雪 流血

4.3.8 肯定性

在肯定性特征上，动旁短语具有强肯定性。我们在 BCC 语料库中搜索动旁短语的肯否表现，经统计发现 $S_{旁}$倾向肯定用法，只有部分 $S_{旁}$有否定用法且数量很少，见表一。

表一 动旁短语的肯否表现

旁格宾语 / 肯否表现	飞上海	哭长城	睡地板	吃饭馆	吃食堂	听耳机	跑生意	洗冷水	聊微信	踢后卫
肯定用法数量	95	48	36	4	114	5	59	49	6	9
否定用法数量	0	0	0	1	3	0	0	1	0	0
总计	95	48	36	5	117	5	59	50	6	9

与 $S_{旁}$偏向肯定用法相比，$S_{状中}$、$S_{动宾}$结构肯定、否定用法都有，分别见例（39a）(39b)（39c）。

（39）a. 听耳机——* 不听耳机——* 没听耳机

b. 用耳机听——不用耳机听——没用耳机听

c. 听音乐——不听音乐——没听音乐

4.3.9 体貌

体貌是小句的整体特征，可分为完整体、非完整体。如果小句表示的动作事件已经完成，则小句是完整的；如果小句表示的动作事件还没有完成，则小句是非完整的。经过考察，本书认为 $S_{旁}$的体貌特征更强，一般出现在完整体中，与表示完整体的标记如“了”共现，不与表示非完整体的标记“着”共现；$S_{状中}$、$S_{动宾}$的体貌特征稍弱，一般出现在非完整体中，既能与表示完整体的标记如“了”共现，也能跟表示非完整体的标记如“着”等共现，分别见例（40a）（40b）。

（40）a. 吃饭——吃了饭——吃着饭

b. 在食堂吃饭——在食堂吃了饭——在食堂吃着饭

c. 吃食堂——吃了食堂——*吃着食堂

4.3.10 语态

在语态特征上，$S_{旁}$多出现在现实语境中，指示完成事件，见例（41a）；还可出现在要求句中，指示实现可能性高的事件，有弱现实性，见例（41b）；$S_{旁}$指示整体事件，因此一般不追补表示事件完成进度的完成、未完成小句，见例（41c）。

（41）a. 老母已年过八旬，需要有人照顾，他便让妻子留在老家照顾，自己一人在外吃食堂。(《人民日报》，1995–10–21）

b. 现在，各地领导各级干部最需要的就是用行动说话，对奢华接待说“不”，甚至提倡到基层吃盒饭、吃食堂、吃农民家里的饭。(《人民日报》，2012–12–28）

c. 他吃食堂，？现在吃完了 / ？还没吃完

$S_{状中}$可出现在现实、非现实语境中，可追补完成、非完成小句，见例（42）。由此可见，$S_{旁}$现实性比 $S_{状中}$更强。

（42）a. 他在食堂吃饭，现在吃完了

b. 他在食堂吃饭，现在还没吃完

$S_{动宾}$可出现在现实、非现实语境中，可追补完成、非完成小句，见例（43）。由此可见，$S_{旁}$现实性比$S_{动宾}$更强。

（43）a. 我要看看是哪个捣蛋鬼，没长牙齿，只会用嘴唇吃饭。（刘醒龙《天行者》）

b. 可开田没回来吃饭，暖暖估计他在赏心苑吃。（周大新《湖光山色》）

c. 他吃饭，现在吃完了 / 还没吃完

综上，三类结构的及物性特征表现比较请见表二，本书认为动旁短语所在小句在及物性十项特征中有七项呈现高值，其他三项受语境影响有高有低。能明确的是，不论语境如何变化，$S_{旁}$整体都有高及物性特征，凸显事件整体。旁格准宾语结构、普通宾语结构、状中结构的及物性表现为：

$S_{旁}$及物性 > $S_{动宾}$及物性 > $S_{状中}$及物性

表二 $S_{旁}$类小句、$S_{状中}$类小句与$S_{动宾}$类小句的及物性表现

及物性特征 / 小句类型	参与者	施动性	宾语受动性	宾语个体化	运动状态	瞬时性	意愿性	肯定性	体貌	语态
$S_{旁}$类小句	+	+	−	−	+	±	+	+	+	+
$S_{状中}$类小句	−	±	−	−	±	±	±	±	±	±
$S_{动宾}$类小句	−	±	+	+	±	±	±	±	±	±

李劲荣（2019）指出，动旁短语中宾语是弱受动性、弱个体化的。一般认为，宾语的弱受动性和弱个体化会带来弱及物性，但事实上，虽然旁格宾语及物性减弱，但动旁短语整体的及物性增强了，篇章整体延续性强。从某种程度上来说，宾语受影响程度低，却依然可出现在宾语位置，反而越能体现出结构整体的高及物性，即在构式整体强作用下使本来不能结合的两个成分产生了直接联系。本书认为，动旁短语凸显整体，且结构整体有高及物性，动旁短语的

这两个特点使得动词和名词的结合条件有所放松，非受事旁格成分进入宾语位置是动旁短语凸显整体和高及物性作用的结果。

4.4 动旁结构、状中结构、动宾结构所在小句的篇章功能表现

Hopper & Thompson（1980）指出，高及物性句式往往出现在篇章前景中，是事件的主干；低及物性句式往往出现在篇章背景中，起补充、描写、说明作用。上面我们已经对动旁短语整体的及物性做出了考察，得出动旁短语有高及物性特征。下面，我们将对动旁短语在篇章中的功能表现进行探讨。

4.4.1 “吃食堂”往往出现在前景中

在上文中，我们经过考察，认为“吃食堂”具有高及物性，下面我们将对“吃食堂”的篇章表现进行考察。我们发现“吃食堂”能出现在“的”字结构中，修饰核心名词，充当背景信息，此时“吃食堂”能被状中结构“在食堂吃饭”替换，分别见例（44）（45）。

（44）a. 吃食堂的时候，自己这么个吃长饭的后生子，一天只有半斤米，一家人只好用糠粉野菜充饥塞肚。（《人民日报》，1998-11-20）

b. 周总理问得这么仔细，使曾树英这个在家靠父母、到校吃食堂的小姑娘无法回答了。（《人民日报》，1990-02-15）

c. 群众批评他们“四多一少”：骑自行车的多，打篮球的多，吃食堂的多，穿大衣的多，下乡办社的少。（《人民日报》，1958-02-18）

（45）a. 在食堂吃饭的时候，自己这么个吃长饭的后生子，一天只有半斤米，一家人只好用糠粉野菜充饥塞肚。

b. 周总理问得这么仔细，使曾树英这个在家靠父母、到校在食堂吃饭的小姑娘无法回答了。

c. 群众批评他们“四多一少”：骑自行车的多，打篮球的多，在食堂吃饭的多，穿大衣的多，下乡办社的少。

但是，如果没有“的”字结构，“吃食堂”不能修饰名词，但状中结构“在食堂吃饭”可以，请见例（46）。

（46）a. 他把外语单词抄在卡片上，揣在衣兜里，利用每天上下班乘车、中午在食堂吃饭休息的时间，口念心记。（《人民日报》，1978-02-12）

b.* 他把外语单词抄在卡片上，揣在衣兜里，利用每天上下班乘车、中午吃食堂休息的时间，口念心记。

我们还发现，状中结构“在食堂吃饭”能出现在让步从句中，但不能替换成“吃食堂”，见例（47）；“在食堂吃饭”能出现在表示时间的从句中，但不能替换成“吃食堂”，分别见例（48）（49）；“在食堂吃饭”能出现在表示假设的从句中，但不能替换成“吃食堂”，见例（50）。一般认为，出现在让步、事件、假设从句中的小句提供背景信息，由此可见，“在食堂吃饭”能出现在各类从句中提供背景信息，“吃食堂”不行。

（47）a. 部分干部对安排生活的重要意义认识不足，虽在食堂吃饭，对食堂里的问题和群众意见也不够注意……（《人民日报》，1960-09-23）

b. ？部分干部对安排生活的重要意义认识不足，虽吃食堂，对食堂里的问题和群众意见也不够注意……

（48）a. 我在食堂吃饭，看见一粒米掉到桌子上，都要拾起来放到嘴里。（《人民日报》，1969-06-11）

b. ？我吃食堂，看见一粒米掉到桌子上，都要拾起来放到嘴里。

（49）a. 家属来院探亲，在食堂吃饭，他每次都照章交钱交粮票，并把收据保存起来……（《人民日报》，1990-01-10）

b. ？家属来院探亲，吃食堂，他每次都照章交钱交粮票，并把收据保存起来……

（50）a. 凡是年老有病或是小孩多的社员，如因在食堂吃饭不便，也可以根据自愿在家起伙。食堂管理完全民主化。（《人民日报》，1959-05-05）

b. ？凡是年老有病或是小孩多的社员，如因吃食堂不便，也可以根据自愿在家起伙。食堂管理完全民主化。

“吃食堂”与书面语适配度不高，但状中结构“在食堂吃饭”与书面语适配度高，请见例（51）。

（51）a. 平日在食堂吃饭，李心瑞也总是挑最便宜的饭菜。（《人民日报》，1969-03-05）
b.？平日吃食堂，李心瑞也总是挑最便宜的饭菜。

除此之外，我们发现“吃食堂”凸显整体，能与其他动宾结构并列出现；状中结构“在食堂吃饭”不凸显整体，不能替换“吃食堂”出现在与动宾结构的并列组合中，分别见例（52）（53），这和我们上文所说的“吃食堂”凸显结构整体、内部结合紧密的特点相符。出现在并列结构中的“吃食堂”凸显整体信息，在语篇中提供的是前景信息，出现在故事主线上。

（52）a. 他们在武钢演出期间，主动降低票价，自己吃食堂、住后台，更受到钢铁工人的普遍赞扬。（《人民日报》，1983-06-11）
b. 要问食堂为什么办得这样好，社员就会讲起胡支书吃食堂、办食堂的故事来。（《人民日报》，1961-01-17）

（53）a.？他们在武钢演出期间，主动降低票价，自己在食堂吃饭、住后台，更受到钢铁工人的普遍赞扬。
b.？要问食堂为什么办得这样好，社员就会讲起胡支书在食堂吃饭、办食堂的故事来。

“吃食堂”凸显整体，除了能与动宾结构并列组合外，还表现为后续小句一般都是描述“吃食堂”结构整体的，而不是描述“吃”或“食堂”部分的。例（54a）中“这个词”指的是“吃食堂”，例（54b）中“搞垮了身体”的同样是“吃食堂”。但是，状中结构“在食堂吃饭”之后的小句能描述结构内部单一成分，不凸显整体，如例（55a）强调的是处所状语“食堂”，例（55b）强调的是宾语“工作餐”。

（54）a. 吃食堂，这个词是从父母那儿听来的。（《人民日报·海外

版》，2002-01-31）

b. 他说他见我每次回去都不见胖，担心吃食堂搞垮了身体……（《人民日报》，1996-01-31）

（55）a. 工人却反问我：“你在哪里吃饭呀?”我说：“有时在家吃，有时在食堂吃。”（《人民日报》，1971-04-19）

b. 本市代表回家住，在食堂吃“工作餐”，没有会餐，总计全部会议费用不到2000元。（《人民日报》，1992-01-26）

总的来说，我们认为“吃食堂”能提供前景、背景信息，状中结构“在食堂吃饭”也能提供前景、背景信息，两类结构在很多情况下可以替换，分别见例（56）（57）。

（56）a. 领导看我们住单身宿舍吃食堂不经济、不方便，在工厂职工住房比较紧张的情况下……（《人民日报》，1982-01-02）

b. 他的秘书说，荣毅民同志每天和干部工人一起吃食堂，和开滦的干部工人生活在一起。（《人民日报》，1980-09-28）

（57）a. 领导看我们住单身宿舍在食堂吃饭不经济、不方便，在工厂职工住房比较紧张的情况下……

b. 他的秘书说，荣毅民同志每天和干部工人一起在食堂吃饭，和开滦的干部工人生活在一起。

但是，如上文所说，一些状中结构“在食堂吃饭”能出现的篇章背景信息位置，“吃食堂”是被限制进入的，因此，我们认为“吃食堂”多出现在篇章前景中，状中结构“在食堂吃饭”多出现在篇章背景中。及物性理论指出，高及物性结构往往出现在篇章前景中，低及物性结构往往出现在篇章背景中，我们对“吃食堂”“在食堂吃饭”的篇章表现考察与我们的及物性研究结果相符，即高及物性旁格准宾语结构“吃食堂”更倾向出现在篇章前景中。

4.4.2 动旁结构、状中结构和动宾结构的篇章功能差异

$S_{旁}$及物性高于$S_{状中}$和$S_{动宾}$，$S_{旁}$多出现于前景中，$S_{状中}$、$S_{动宾}$多出现于背景中。$S_{旁}$凸显事件整体，不凸显旁格成分，不能在中间插入别的成分，$S_{状中}$、$S_{动宾}$可以凸显宾语，中间可插入时体标记、动作完成标记，如“着”“完”，见

例（58）；$S_{动宾}$中可插入描写性定语、时间词，$S_{状中}$、$S_{旁}$不行，见例（59）。$S_{旁}$表示整合事件，$S_{状中}$也能表示整合事件，两类结构都可出现在话题位置作为评价的对象，但$S_{动宾}$只表示简单动作事件，语义简单，不能作为话题，见例（60）。

（58）a.* 吃着食堂，他忽然哭了

b. 在食堂吃着饭，他忽然哭了

c. 吃着饭，他忽然哭了

（59）a.* 吃好吃的食堂——* 洗十分钟热水

b. 在食堂吃好吃的饭——用热水洗十分钟澡

c. 吃好吃的饭——洗十分钟澡

（60）a. 吃食堂挺好的

b. 在食堂吃饭挺好的

b. ？吃饭挺好的

$S_{旁}$有高及物性，出现在定语位置时指示瞬时事件，不指示非瞬时事件；$S_{状中}$能出现在瞬时、非瞬时事件中；$S_{动宾}$不出现在瞬时事件中，出现在非瞬时事件中，见例（61）。$S_{旁}$出现在假设、目的、条件句中充当前景，不可变换小句顺序，变换后语义重点发生变化，见例（62）。

（61）a.* 吃食堂的时候别说话——刚吃食堂的时候我很不习惯

b. 在食堂吃饭的时候别说话——刚在食堂吃饭的时候别说话

c. 吃饭的时候别说话——* 刚吃饭的时候我很不习惯

（62）a. 如果吃食堂，我就不去了≠我不去了，如果吃食堂

b. 为了吃食堂，我今天起得特别早≠我今天起得特别早，为了吃食堂

c. 只要你打主力，我就帮你写作业≠我帮你写作业，只要你打主力

$S_{旁}$与插入观点句、人称代词、语气词组合时，上述三类小句是背景小句，可以变换顺序，$S_{旁}$依然充当前景，见例（63）。

（63）a. 我觉得，我们还是吃食堂吧——我们还是吃食堂吧，我觉得

b. 老师，吃食堂吧——吃食堂吧，老师

c. 哈哈，打主力吧——打主力吧，哈哈

4.5　余论

经过及物性考察，本书认为旁格准宾语结构、普通动宾结构、状中结构的及物性表现为：

$S_{旁}$及物性 > $S_{动宾}$及物性 > $S_{状中}$及物性

其中，动旁短语凸显整体信息，还可以从韵律角度找到解释。动旁短语一般不超过四个音节，$S_{动宾}$没有这个限制，见例（64），这是因为超过四个音节的结构在说话人心中可能被拆分为两个部分。动旁短语音节数有限制，在交际中更容易被理解为一个紧密的整体单位，更容易被打包成一个整体信息单位。

（64）a. 吃食堂｜ 写毛笔｜ 聊微信｜

b. 研究｜会议精神｜ 讨论｜毕业论文｜

除此之外，我们可以用理想化认知模式（ICM，Ideal Cognitive Model）来解释$S_{旁}$中非动词受事旁格成分能和动词直接组合的原因。特定场所总是联系特定的行为、事件，比如在卧室是为了睡觉，进商店是为了买东西，这是场景和相应事件之间的理想化互动关系。由此出发，在“食堂”肯定是为了“吃饭”，“耳机”肯定是为了“听音乐”，“微信”是为了聊天。我们不能说“跳食堂”，因为“食堂”这个场所不联系“跳舞”这个动作，在理想认知模式下，$S_{旁}$的识解是有根据的。

Bybee（2010:82）指出，构式的高频率使用对语言用法产生影响。具体来说，如果某一构式在语言中保持着高使用率，在类推作用的影响下特定槽位（slot）会逐渐对语义上存在相似性的成分产生吸引力，在此作用下，构式的组成范围会逐步扩大。这个观点应用到旁格宾语中，能发现$S_{动宾}$中宾语位置事实上发生了扩张，本来只能容纳受事宾语如“吃饭”中的“饭”，在类推作用下该句法位置又吸引了与“饭”存在一定相似性的非受事旁格宾语，如“吃食堂”中的“食堂”占据该语法位置，形成旁格准宾语结构。随着使用频率的继续增加，$S_{旁}$的动词位置又发生扩张，由只容纳二价动词如“吃食堂”到可容纳一价动词如“哭长城”，这两次扩张都是构式作用下动词槽位扩张的结果，两次扩张的类推语义基础都是动词与旁格成分有经常性但非直接的联系，动词和宾语组成联系紧密凸显整体的动宾短语衍生构式。凸显宾语的 $S_{动宾}$ 和凸显整体的 $S_{旁}$ 相互补充，完善了汉语的动词语义系统，使动词和有紧密联系的非受事旁格成分通过除介词以外的语法手段实现直接结合。

我们注意到，英语中没有非受事旁格成分出现在动词后面的情况，且一价动词不能带宾语，对比汉语 $S_{旁}$ 的情况，我们认为差异产生的原因是英语中一价、二价动词有明显的形态标记，英语有发达的介词系统，二价动词可以直接加受事宾语，一价动词后可用介词连接非受事成分。相应地，英语也没有汉语动宾中凸显宾语和凸显整体的分化。这一点还与社会文化相关：最初的 $S_{旁}$ 如“吃食堂”“吃饭馆”都是我国特殊社会背景下，被指派不同社会意义的语言产物，这些成分被大规模长时期使用，因此逐渐固化在语言中。汉语是主观性较强的一种语言（沈家煊，2001），本书认为，动旁短语中旁格宾语受动性、个体化程度低且不是直接受事，却能直接出现在动词后，这是汉语主观性在及物性动态变化中的反映，动旁短语对施动性的高要求和强意愿性也能印证这个观点。

本书认为，动词与其高频的名词共同构成的构式之间有完形作用，可通过范畴化接纳新的成分，并以构式的再创形式组成新的形义搭配。正因如此，动旁短语中的动词会逐渐失去其固有、具体的动词意义，新的句法成分转而由构式整体指派题元角色，而不由动词来指派。在动旁短语“吃食堂”“织正针”中的“功用”意义，就是动词、宾语进入该结构的限制条件。动旁短语具有不同的构式意义，如“在 / 用……V”，见例（209）。

事实上，及物动词带非常规宾语（如“吃食堂”）和不及物动词带宾语（如“睡书房”）这类特殊的及物性现象并非汉语独有，汉藏语系中的越语和泰语也存在大量非常规的动词配位用法，如泰语“nonsofa”（睡沙发）。这些语言上的普遍性可以证明及物性并非动词的独有特征，我们认为这类非常规用法的出现是受动词构式整体的高及物性影响。若关注“吃食堂”中的“吃”，其后的“食堂”作为“吃”的受事逻辑上不能成立，但若将“吃 NP”看作一个表示“在……吃饭”的构式，宾语“食堂”实际上是整个构式的宾语，有受事或主题的作用。换句话说，及物性动词只是及物构式中的动词，及物性主语 / 宾语实际上是及物构式中的主语 / 宾语，而不是及物动词的主语 / 宾语。

我们发现，汉语中及物动词有不及物的用法，不及物动词有及物用法，及物、不及物动词后带宾语的表现随具体语境的变化产生动态变化。本书认为，宾语出现与否与动词性质无关，而与构式有关，这就能比较好地解释一些构式中不及物动词能带宾语的现象。本书认为，如果某一构式的及物性强，那么构式中的动词带宾语的可能性就越大；如果某一构式的及物性弱，那么该构式中动词带宾语的可能性就越小。我们考察的着眼点在于结构的整体，而不是构成结构的某一成分，换句话说，虽然构成成分的及物性表现不高，甚至有去及物化表现（李劲荣，2019），但在动旁结构整体的作用下，结构整体及物性得到了提高，在语篇中表现为凸显动旁短语的结构整体多出现在篇章前景中。

第五章 "V 一 V"类重叠准宾语考察

在前面两章中，我们运用及物性理论考察了"V 个 P"类程度准宾语、"吃食堂"类旁格准宾语的及物性表现、篇章表现、生成机制，下面我们将对"V 一 V"类重叠准宾语的及物性表现做全面考察，并通过及物性理论，对"V 一 V""VV"的篇章差异做出研究。

5.1 问题的提出

朱德熙（1982: 66—68）指出动词重叠后表动作的量，表时量时指时间短，如"看看书"；表动量时指动作次数少、程度轻，如"洗洗衣服"。动词重叠有多种形式，如"VV""V 一 V"，单音节动词"VV"重叠有对应"V 一 V"，见例（1）；双音节动词"VV"重叠无对应"V 一 V"，见例（2）。"VV""V 一 V"有分布差异，有时能等同替换，见例（3）；有时不能替换，分别见例（4）（5）（6）。

（1）a. 想想——想一想　　b. 试试——试一试

c. 聊聊——聊一聊　　d. 看看——看一看

（2）a. 考虑考虑——* 考虑一考虑

b. 研究研究——* 研究一研究

（3）a. 这件事太复杂，我得想想——这件事太复杂，我得想一想

b. 我想跟你谈谈——我想跟你谈一谈

（4）a. 你立刻看看有没有问题

b. ？你立刻看一看有没有问题

（5）a. 我想跟你随便聊聊以前的事、将来的事

b.？我想跟你随便聊一聊以前的事、将来的事

（6）a.*走走，看看，这里的东西特便宜

b.走一走，看一看，这里的东西特便宜

郭锐（2021）指出“V 一 V”实际上不是动词重叠，“一 V”首先是数量结构，在“V 一 V”中充当动词的准宾语，表示动作的量，是动量准宾语的一种。胡孝斌（1997），萧国政、李汛（1988），邢福义（2000），张赪（2000、2016），徐连祥（2002），张雪平（2009），崔憋知（2014），赵新法（2016）等学者对“VV”“V 一 V”的语法、语用做了对比研究，但多是零散描写，对结构分布差异的形成原因没有做系统说明。各位学者都提到“VV”“V 一 V”多出现在事件尚未发生的非现实语境中，这让我们联想到了及物性理论。及物性理论讨论句子的整体特征，在及物性理论指导下对“VV”“V 一 V”进行考察，我们能对二者的语篇差异分布做更深刻的描写，更全面地分析两个结构存在差异的原因。本书同意郭锐老师的看法，认为“V 一 V”是一种准宾语结构，在下文中，我们将运用及物性理论对动词准宾语结构“V 一 V”进行全面的考察，对比其与“VV”的使用差异。

5.2　“V 一 V”与“VV”的及物性考察

一般认为，及物性指动词是否能带宾语的属性，能带宾语的动词是及物的，不能带宾语的动词是不及物的。事实上，及物性不限于此。Hopper & Thompson（1980）指出及物性指动作从一个参与者传递到另一个参与者的有效性和强度，及物性是小句（clause）的属性，两位学者从及物性概念中分离出及物性十项特征，小句整体的及物性决定了及物性十项特征在语言中的编码方式，及物性特征是小句及物性的语言表现。小句中跟谓词意义相关的特征包括运动状态、瞬时性、意愿性、肯定性，小句中跟参与者相关的特征包括参与者数量、施动性、宾语受动性、宾语个体化，跟句子整体相关的特征包括体貌、现实性。及物性各项特征在系统内存在共变，且与篇章功能相关。高及物性结构在各项特征上呈高及物性，往往出现在前景（foregrounding）中；低及物性结构在各项特征上表现低及物性，往往出现在背景（backgrounding）中，高及物性特征无法与低及物性结构完全兼容。

及物性理论中的十项特征是从意义出发的，没有明确的形式标准。下面，

我们以及物性理论为框架，从形式上对及物性十项特征进行研究，对“VV”小句和“V 一 V”小句整体的及物性进行考察。经过分析，我们发现“V 一 V”有六项及物性特征高于“VV”，一项及物性特征低于“VV”，三项及物性特征与“VV”相似。本书认为，“V 一 V”小句的及物性高于“VV”小句。

5.2.1 参与者

有两个及以上参与者的结构是高及物性的，只有一个参与者的结构是低及物性的。具体来说，参与者包括及物小句中的施事、受事和不及物小句中的主语。“VV”“V 一 V”的参与者可以是一个、两个、三个，分别见例（7）（8）（9）。值得注意的是，参与者为“你”“大家”时，句子有指令意义，动作、事件往往是非现实、未发生的，见例（10）。

（7）a. 你笑一笑吧！　　　　b. 你笑笑吧！

（8）a. 代表团想看一看中国改革开放的成果

b. 代表团想看看中国改革开放的成果

（9）a. 他伸出手，摸一摸面前的课桌

b. 他伸出手，摸摸面前的课桌

（10）a. 你听听 / 听一听老师说的话

b. 大家看看 / 看一看自己的书

5.2.2 施动性

一般来说，有生类参与者如大人、孩童分别有高、低施动性，无生类参与者无施动性。我们认为，“V 一 V”小句中施事的施动性强于“VV”小句。形式上，“V 一 V”小句能跟“好好”“多么”共现，表示说话人用更多的精力、时间来解决问题，事件不容易达成，“VV”不行，见例（11）；“VV”能跟“只”“快”“随便”组合表示动作需要说话人更少的精力、时间，指示事件更容易达成，“V 一 V”不行，见例（12）。例（13）对话中，“试试”到“试一试”的转变，体现了动作者动作指令的驱动力逐步加强，可以看出“试一试”的施动性层级更高。

（11）a. 但不礼貌的回报是如此的丰厚，司机反过来对他礼貌了。这

是一笔怎样混账的账？回过头来他得好好算一算。（毕飞宇《推拿》）

b. 他多么想在进入湖南边境，进入老苏区所在地的那一刻，下车来站一站、看一看、想一想，向苍穹、向大地深深鞠上一躬。（刘白羽《第二个太阳》）

（12）a. 普通人怎么会成为劳模的呢？说起来比较复杂，这里只说说“亲情”的问题——一片“亲情”为谁洒？（《人民日报》，1997-01-13）

b. ？普通人怎么会成为劳模的呢？说起来比较复杂，这里只说一说“亲情”的问题——一片“亲情”为谁洒？

（13）a. 小王：这件衣服真好看，你试试吧！

b. 小李：算了，我不想试。

a. 小王：哎呀，试一试嘛！多好看哪。

b. 小李：那好吧，我去了。

5.2.3 宾语受动性

宾语受动性指宾语受影响的程度，宾语高、低受动性分别对应高、低及物性。本书认为，“V一V”小句中的O的受动性高于“VV”。首先，语料中一些“V一V”能进入表示对宾语做出处置的“把”字句中，见例（14）。虽然朱德熙（1982：185）明确指出重叠式“VV”能出现在“把”字句中，但例（15）中原文选择用“V一V”而不用“VV”，是有原因的。我们认为，例（15）中用“V一V”更好一些，因为例中的“V一V”能表示动作过程义，“V一V”所在小句所指动作事件比“VV”所在小句所指动作事件花费更长的时间，“V一V”所在小句中的动作作用程度高于“VV”所在小句，换成“VV”后的例（15）不能很好地表达例（14）中的语义。因此可知，“V一V”小句中的“O”受到动作影响的程度更大，也就是说，“V一V”所在小句“O”的受动性更强一些。

（14）a. 因为他是这样的一种人，丝毫也不想振作起来，把衣服洗一洗，把锅刷一刷。（王小波《黑铁时代》）

b. 她把信拈一拈，这次里面说些什么？（亦舒《西岸阳光充沛》）

c. 方便把这帖给删一删吗？（微博）

d. 知道对不起就好，快把合约签一签。（唐瑄《等不及变心》）

e. 把文章看一看。（内省语料）

f. 齐齐把手挥一挥，示意他快点离开。（尹筱曼《忘情水》）

（15）a. ？因为他是这样的一种人，丝毫也不想振作起来，把衣服洗洗，把锅刷刷。

b. ？她把信拈拈，这次里面说些什么？

c. ？方便把这帖给删删吗？

d. ？知道对不起就好，快把合约签签。

e. ？把文章看看。

f. ？齐齐把手挥挥，示意他快点离开。

除此之外，在实际语料中，“VV”能跟表示部分量的副词“只是”“无非”“就”共现，表示花费更少时间、精力的动作；而宾语受动性高一些的“V一V”很少与表示部分量的副词共现，例（16）中“VV”换成“V一V”后不太能表达原文中随意、不费力的语义。

（16）a. 阿非说：“我只是看看你。你老是这么坐着让我看好不好？你的名字叫红玉。你好像真是用玉做的，是软玉，是温玉。……”（林语堂《京华烟云》）

b. 洞里有石虎、石龟、上天梯、海眼等等，无非是凑凑人的热闹而已。（朱自清《潭柘寺戒坛寺》）

c. 我看就这样吧，你就说说是你啥亲戚？是咋失散的？（李凖《黄河东流去》）

5.2.4 宾语个体化

有生、具体、单数、有指、有定的宾语是个体化的，无生、抽象、复数、无指、无定的宾语是非个体化的，分别对应高、低及物性。本书认为，“V一V”小句宾语个体化程度高于“VV”。形式上，“V一V”小句中宾语所指对象一般是有指或特指的，不能是无指的，见例（17）；“VV”小句中宾语所指对象可以是无指疑问成分，例中的“VV”换成“V一V”后没有原文好，见例（18）。

（17）a. 他以前只是一般地给他两个安咐了这件事，这次他要把这当个事好好给福军和爱云说一说。（路遥《平凡的世界》）

b. 说实话，我真想扶他一把，但他用不着。走到码头了，老人并不领我到岸边，而是拐进一条杂草繁密的小径，说要让我看一看“大伯公”。（余秋雨《漂泊者们》）

c. 她要说腾不开的话，你就请她替你到有翼哥他妈那里问一问他们的东房，管保她顺顺当当就去替你问好了。（赵树理《三里湾》）

（18）a. 小温笑了：“你先说说是个啥人家。”（刘震云《一句顶一万句》）

b. 妻子瞪我一眼。母亲说：“解开看看是个什么孩子。”（莫言《弃婴》）

c. 我知道这情况后，把城建局、自来水公司的领导叫来，让他们说说是怎么回事，当然他们有许多实际困难。（贾平凹《废都》）

我们还发现，“一 V”中的“一”可替换为“几”，表现为“V 几 V”，语义表示动作多次重复，“几 V”表示复数的重复的动作，也可证明“一 V”是个体化的，见例（19）。由此，本书认为“V 一 V”小句的宾语个体化程度高于“VV”小句。

（19）a. 摇几摇、拍几拍、翻几翻、动几动、掂几掂、扭几扭、嚼几嚼

b. 蹿几蹿、晃几晃、滚几滚、摆几摆、挪几挪、跳几跳、变几变

c. 抖几抖、踹几踹、眨几眨、捻几捻、磕几磕、抓几抓、拂几拂

d. 推几退、问几问、闪几闪、挣几挣

5.2.5　运动状态

运动状态指动作动词与非动作动词即状态动词的对立，分别对应高、低及物性。我们发现，动作动词可进入“V 一 V”，状态动词不可进入，见例（20）。与“V 一 V”相同，动作动词可进入“VV”，非动作动词不可，见例（21）。两个结构在运动状态上都有高及物性。

（20）a. 看一看　想一想　听一听　说一说　笑一笑　摸一摸　闹一闹　躺一躺
b.* 爱一爱　* 恨一恨　* 懂一懂　* 迷一迷　* 怕一怕　* 病一病　* 得一得

（21）a. 猜猜　查查　动动　哭哭　躺躺
b.* 爱爱　* 恨恨　* 懂懂　* 有有　* 起起　* 倒倒

5.2.6　瞬时性

瞬时动词指一开始就结束的动词，非瞬时动词指起点到终点有过程的动词，瞬时、非瞬时动词对应高、低及物性。我们发现，瞬时、非瞬时动词都可进入“V 一 V”，不能或很难重复的动词不行，分别见例（22a）（22b）；瞬时、非瞬时动词也都可进入“VV”，不能或很难重复的动词不行，分别见例（23a）（23b）。因为动词重叠表达式指示的动作事件有重复意义，所以不能或很难短时内再次发生的瞬时、非瞬时动作如“晕”不能进入结构。

（22）a. 摇一摇　照一照　整一整　学一学　* 飞一飞　* 晕一晕
b. 眨一眨　炸一炸　蹦一蹦　跳一跳　* 破一破　* 塌一塌

（23）a. 说说　哭哭　问问　聊聊　* 飞飞　* 晕晕
b. 蹦蹦　跳跳　* 死死　* 破破　* 塌塌

本书认为，“VV”瞬时性强于“V 一 V”，“VV”可用在瞬时、情急语境中反映客观环境的危急和主观心情的急切，“V 一 V”不行，见例（24）。“V 一 V”可出现在非瞬时语境中描写动作的过程，“VV”不行，见例（25）。我们认为，“V 一 V”在韵律上音节长于“VV”，根据语言象似性理论，“V 一 V”的动作时间也比“VV”更长，“V 一 V”瞬时性弱于“VV”。这种过程不仅表现在时间长短上，也表现在地理空间、心理空间上，地理距离远时用“V 一 V”不用“VV”，见例（26）；在心理空间上“V 一 V”比“VV”更难实现，见例（27）。

（24）a. 男孩还是女孩？问问护士！——？男孩还是女孩？问一问护士！

b. 宝宝，宝宝，你醒醒！——？宝宝，宝宝，你醒一醒！

（25）a. 他伸开手掌，吐上一口唾沫，搓一搓

——？他伸开手掌，吐上一口唾沫，搓搓

b. 她总是早早就起床，到院子里绕一绕

——？她总是早早就起床，到院子里绕绕

c. 看一看 30 年来中国的发展变革史

——？看看 30 年来中国的发展变革史

（26）a. 看着女友的背影，他忍不住大喊：“等一等！”

b. “等等！你刚说啥？”他说。

（27）a. 同学们，让我们冷静想一想。

b. 你随便想想就知道妈妈为什么生气。

5.2.7　意愿性

意愿性分为有意志的、非意志的，分别对应高、低及物性，动作者有意为之的动作是有意志的，动作者无意为之的动作是非意志的。本书认为，“V 一 V”小句意愿性更高，“V 一 V”指涉的动作是说话者郑重提出的，是动作者有意为之的，例（28）中“真对不住”“请”体现了这一点，若动作是动作者无意为之的，就不需要这种认真、严肃、礼貌的态度。形式上，“V 一 V”句可跟表示强意愿性的“一定”“必须”搭配，表示动作是施事更倾向发生的，换成“VV”后不能表现出这层意思，见例（29）。例（30）中，上句信息为“没什么值得报道的”，对比之下，下句的事件是“更值得报道的”，是主语更倾向发生的，跟“看一看”共现，换成“看看”不太好。

（28）说毕，就握着凤举一只手，说道：“真对不住，请你等一等，我叫他们腾屋子，我屋子让别人的客占了。”（张恨水《金粉世家》）

（29）a. 但母亲竟是不让他在这方面示人，为什么？下回见到母亲一定要问一问。（席绢《爱我不必太痴心》）

b. 这就必须说一说此处的学生了。到这里来的学生，几乎没有任何的限制。（老舍《东方学院》）

（30）a. 这儿没什么值得报道的，我想到更值得报道的地方去看一看。

b. ？这儿没什么值得报道的，我想到更值得报道的地方去看看。

5.2.8　肯定性

肯定性指动作的肯定、否定，对应高、低及物性，形式上，动作否定一般由“不”和“没”标记。我们发现，一些“VV”“V一V”有否定形式，见例（31a）；一些“VV”“V一V”无否定形式，见例（31b）；一些“VV”“V一V”的否定用法有限制，见例（31c）。经统计，语料中“VV”“V一V”的使用肯否情况可见表一，相比之下，“V一V”否定用法的使用率低于“VV”。本书认为，在肯定性特征上，“V一V”小句强于“VV”小句。

（31）a. 看看——不看看——没看看
　　问一问——不问一问——没问一问
　b. 指指——* 不指指——* 没指指
　　指一指——* 不指一指——* 没指一指
　c. 摸摸——不摸摸——* 没摸摸
　　看一看——不看一看——* 没看 一看

表一　“VV”“V一V”结构所在小句的肯定、否定情况统计

单位：个

重叠式	看看	看一看	聊聊	聊一聊	说说	说一说	学学	学一学
肯定	26915/99.6%	1906/99.7%	7430/99.8%	613/100%	3692/99.8%	404/100%	260/98.5%	55/100%
否定	100/0.4%	5/0.3%	12/0.2%	0/0	6/0.2%	0/0	4/1.5%	0/0
总计	27015/100%	1911/100%	7442/100%	613/100%	3698/100%	404/100%	264/100%	55/100%

重叠式	摇摇	摇一摇	摸摸	摸一摸	指指	指一指	讲讲	讲一讲
肯定	6473/100%	118/99.2%	1506/99.9%	191/100%	1091/100%	80/100%	3199/99.8%	692/100%
否定	0/0	1/0.8%	1/0.1%	0/0	0/0	0/0	6/0.2%	0/0
总计	6473/100%	119/100%	1507/100%	191/100%	1091/100%	80/100%	3205/100%	692/100%

5.2.9 体貌

体貌按动作完成与否分为完整体、非完整体。我们发现“VV”“V 一 V”不与表示进行、持续义的“正”共现，“VV+N.”能与表示动作完成的“了”共现，见例（32）；“V 一 V+N.”不行，见例（33），但“V 一 V+N.”本身就能表示动作完成意义，因此我们认为“VV”“V 一 V”一般出现在完整体中，（33）。除此之外，我们认为，“VV”“V 一 V”表示的完整体是短时的，短时就说话者的心理时间而言，无具体标准，不可量度，所以“VV”“V 一 V”不搭配具体时量、动量，见例（34）。

（32）* 爸爸正摇摇头——爸爸摇了摇头——爸爸摇摇头

（33）* 老师正挥一挥手——？老师挥了一挥手——老师挥一挥手

（34）a. 放学后我要去书店看看书——* 放学后我要去书店看看一小时书

b. 王婆摸一摸席子——* 王婆摸一摸三次席子

5.2.10 语态

语态包括现实性、非现实性，分别对应高、低及物性，现实世界已经、正在发生的事件是现实的，现实世界中没有发生的事件是非现实的。一般认为，“VV”“V 一 V”都有尝试义，能出现在非现实语境中，形式上能与非现实标记如“想”“去”组合，见例（35）。但是，“VV”能跟“看”组合指示尚未发生的动作，“V 一 V”不行，见例（36）。现实语境中的动作多用“V 一 V”表示，不用“VV”，见例（37）；非现实语境中的动作多用“VV”表示，不用“V 一 V”，见例（38）；说话者确定一定会发生但尚未发生的动作多用“V 一 V”表示，不用“VV”，见例（39）。综上，我们认为，“V 一 V”小句现实性强于“VV”小句。

（35）a. 我也跑去了，想看看“木匠”。（《人民日报》，1989-09-07）

b. 你去说一说，田娃到社办厂，没问题！（陈忠实《心事重重》）

（36）说说看——* 说一说看　问问看——* 问一问看

聊聊看——* 聊一聊看

（37）a. 工人们看着这台满身铁锈的死铁牛，都走拢来敲一敲，打一

打。(《人民日报》, 1978–08–10)

b. 酒喝足了，在我告辞之际，他才肯指一指酒瓶，意思是叫我将它挪开。(老舍《集外》)

c. 那个人打一打马的尾巴，用脚踢一踢马蹄；这是怎样难忍的一刻呀！（萧红《生死场》）

(38) a. 一年后，达尔文又来到非洲，想看看17年后的原始部落有了多大进步。(《人民日报·海外版》, 2004–12–04)

b. 四圈说："不……不……不信，你……去问问。"刘玉翠果然自己过去了。(李凖《黄河东流去》)

(39) 姚绍光朝这朵赛跑的云看了一会儿，忽然振起精神大声咳一下，严重地对舱面所有的人说道："大家注意！我有几句话要对你们说一说。(茅盾《锻炼》)

综上所述，"VV""V一V"所在小句及物性比较特点如表二所示，"V一V"所在小句及物性更强。

表二 "VV"结构所在小句、"V一V"结构所在小句的及物性表现比较

及物性特征 小句类型	参与者	施动性	宾语受动性	宾语个体化	动作状态	瞬时性	意愿性	肯定性	体貌	语态性
"VV"所在小句	±	–	–	–	+	+	–	–	+	–
"V一V"所在小句	±	+	+	+	+	–	+	+	+	+

5.3 "V一V"与"VV"的篇章功能表现

上文我们提出"V一V"小句及物性高于"VV"小句。Hopper & Thompson（1980）指出高及物性结构往往出现在前景中，低及物性结构往往出现在背景中；前景句一般构成事件的主干，背景句为事件主线添加血肉；前景句提供事件主线信息，背景句提供背景设置、评价说明信息。前景句顺序不能变换，若变换会引起现实世界事件顺序变化；背景句顺序可变换。

我们发现，高及物性"V一V"小句多出现在话语前景中，指示事件主线，在语篇中多表示指示、命令，与后续事件联系紧密，例（40a）中“看一看”处于事件主干位置，连接后续事件，“看一看”与后文中“看到”“看过”两项事件存在联系，前景句不能与别的小句变换位置，不能删除，否则不成立，分别见例（40b）（40c）。低及物性“VV”小句出现在话语背景中，起描写、丰富信息作用，例（41a）中“作我的雇员”和“需要时陪我聊聊”是对前文“两个作家”的进一步描写说明，对事件主线没有推进作用，属于背景句，可以变换顺序，甚至可以删除，分别见例（41b）（41c）。

（40）a. 走到码头了，老人并不领我到岸边，而是拐进一条杂草繁密的小径，说要让我看一看“大伯公”。我说刚才已经看过，他说“你看到的一定是北坡那一尊，不一样。”（余秋雨《漂泊者们》）

b.* 走到码头了，老人并不领我到岸边，说要让我看一看“大伯公”，而是拐进一条杂草繁密的小径。我说刚才已经看过，他说“你看到的一定是北坡那一尊，不一样。”

c.* 走到码头了，老人并不领我到岸边，而是拐进一条杂草繁密的小径~~，说要让我看一看“大伯公”~~。我说刚才已经看过，他说“你看到的一定是北坡那一尊，不一样。”

（41）a. 我不是想玩女作家的意思，你别往那儿琢磨。我只是打算找两个作家，作我的雇员，需要时陪我聊聊。我也倒没有义愤，皮之不存，毛之焉附？（李国文《涅槃》）

b.……我只是打算找两个作家，需要时陪我聊聊，作我的雇员。……

c. 我只是打算找两个作家~~，作我的雇员，需要时陪我聊聊~~。

“V一V”有高及物性，因此一般不起描写、说明作用，不能充当定语、状语、补语修饰名词、动词，但低及物性的“VV”可以，见例（42）（引自沈家煊，2019：70）。

（42）a. 飘飘白雪飞扬在空中——* 飘一飘白雪飞扬在空中

b. 头又开始跳跳的痛——* 头又开始跳一跳的痛

c. 手臂抖抖地指着干粮筐——* 手臂抖一抖地指着干粮筐

d. 他走出走进，忙得飞飞——*他走出走进，忙得飞一飞

本书发现，语言使用中“VV”“V 一 V”小句的选择受动态语境的影响。第一，当事件动作指涉的对象语义抽象、语义层次更高时，用“V 一 V”，见例（43a）；当动作指涉对象语义具体、语义层次更低时，用“VV”“V 一 V”都可，分别见例（43b）（43c）。第二，当小句出现在时间顺序、动作顺序语段中时，多使用“V 一 V”，不用“VV”，见例（44）。

（43）a. 我从江苏调回北京，他年事已高，我去看他，他总要问一问国家大事，问一问工作情况，他特别爱听老百姓的情绪和生活的提高。(《人民日报》，2000-12-05）

b. 后来我就准备问问上级，是否真的许可他们了。(《人民日报·海外版》，1952-01-03）

c. 为何硬要拿中方说事？你们可以问一问他。(《人民日报》，2014-04-06）

（44）a. 他先坐回椅子上，又指一指旁边的一张坐墩，示意儿子坐下，这才摇摇头，说：“没有什么了，该办的都办妥了。”（刘斯奋《白门柳》）

b. 那席后颜对二人一拱手道：“二位哪里去?”又指一指杨杏园道：“第一次我们是在这里见面，第二次我们又在这里见面，真巧啦。”（张恨水《春明外史》）

第三，在有顺序的事件中，“V 一 V”表示的动作出现在“VV”后，见例（45）。第四，当语义表示原因时，多使用“V 一 V”，不使用“VV”，见例（46）。

（45）a. 老栓看看灯笼，已经熄了。按一按衣袋，硬硬的还在。(鲁迅《药》）

b. 哪怕来条狗冲他摇摇尾巴呢，他也会把心里话跟它说一说。（老舍《四世同堂》）

c. 杨先生，你请到我屋子里去坐坐，我有几样东西，请你看一看。(张恨水《春明外史》）

（46）a. 我就为了他那个诗社，今天才叫他来问一问。(张恨水《金粉

世家》)

b. 何况，他说是要免俗，又免不了俗，心中也想亲眼看一看“威南农场股份有限公司”到底是虚是实，是真是假。(王火《战争和人》)

第五，当说话者需要表示礼貌、尊重、认真的态度时，多使用“V一V”，不使用“VV”，见例(47)。当表示较长的时间过程时，多使用“V一V”，不使用“VV”，例(48a)中，如果时间不长，就不需要“停住车子”；例(48b)中，若时间不长，就不需要“同他们认真聊”。

(47) a. 可是我的话不灵呢。请吴旅长问一问周老板就知道。(张恨水《春明外史》)

b. 刚才诸位对他们和舍下一番奖饰之词，却是不敢当。我今天借着这个机会，有几句话和诸位亲友说一说。(张恨水《金粉世家》)

(48) a. 哪一家是晚香玉家，竟记不起来。便叫汽车夫停住车子，敲门去问一问。(张恨水《春明外史》)

b. 因为有了第一次的串门，小孔习惯于在每晚的睡眠之前到王大夫的这边来一次，坐下来，聊一聊。(毕飞宇《推拿》)

5.4 “V一V”的及物性共变

及物性是相互联系的小句整体特征，下面我们以“V一V”小句为例，说明“V一V”小句内及物性共变的情况。一般认为，“V一V”往往出现在非现实性语境中，本书发现，“V一V”的现实、非现实性与宾语受动性、个体化程度等及物性特征共变。首先，宾语受高影响的小句往往是现实的，见例(49)；其次，宾语受低影响的小句往往是非现实的，见例(50)，受动性高的宾语受到的影响是稳固不变的，受动性低的宾语受到的影响是可变的。

(49) a. 所长指一指旁边的椅子，不说话

b. 他没有回答，笑一笑，喝口酒

c. 我不过只是提一提他而已

（50）a. 尝一尝，看一看，这里的小吃让你馋

b. 书记想亲自听一听你的看法

c. 你还是到其他机关去想一想办法吧！

例（49）中，“指”“笑”“提”是定量动词，动作对象没有幅度、程度变化，见例（51a），宾语受的影响稳固不变，例（49a）“指一指椅子”不能理解为“指半个椅子”，“指”的对象“椅子”无程度、幅度变化，受动性高，因此出现在现实语境中。例（50）中“尝”“看”“听”是非定量动词，动作对象有幅度、程度变化，见例（51b），宾语受的影响可变，“看一看这本书”中“书”可能看完了，也可能没看完，动词语义所指动作的完成程度是不定的，动作对象受到的影响也不定，受动性低，因此出现在非现实语境中。

（51）a.* 指一会儿　* 指一小时　* 指了很多　* 指了一半　* 笑一小时　* 笑很多

b. 看一会儿　看一小时　看了很多　看了一半　想一会儿　想一小时

我们在 BCC 语料库中搜索“V 一 V”小句，统计其现实、非现实用法情况如表三所示。

表三　“V 一 V”小句现实、非现实用法统计

结构	指一指	按一按	摇一摇	笑一笑	挥一挥	哼一哼	摸一摸	整一整	照一照
总计	80	24	119	485	42	2	191	39	60
非现实用法	1/ 1.25%	6/ 25%	23/ 19.3%	141/ 29.1%	16/ 38.1%	1/ 50%	104/ 54.5%	23/ 59.0%	36/ 60%
现实用法	79/ 98.75%	18/ 75%	96/ 80.7%	344/ 70.9%	26/ 61.9%	1/ 50%	87/ 45.5%	16/ 41.0%	24/ 40%
结构	提一提	听一听	想一想	跳一跳	看一看	说一说	学一学	闹一闹	救一救
总计	145	361	491	33	1906	404	55	15	7
非现实用法	126/ 86.9%	316/ 87.5%	436/ 88.8%	30/ 90.9%	1853/ 97.2%	395/ 97.8%	55/ 100%	15/ 100%	7/ 100%
现实用法	19/ 13.1%	45/ 12.5%	55/ 11.2%	3/ 9.1%	53/ 2.8%	9/ 2.2%	0/ 0	0/ 0	0/ 0

由表可知，“V一V”都有非现实用法，但有些结构没有现实用法。现实用法占比大于50%的有“指一指、按一按、摇一摇、笑一笑、挥一挥”，这些动词的搭配对象一般是受动词影响大、个体化程度高的，例（52）中“指”“按”“摇”动作完成度很高。占比小于50%的结构如“看一看、想一想、听一听”等的搭配对象是受动词影响小、个体化程度低的，例（53a）中“看”动作完成度低，“经营机制”受影响小；或是无受事，分别见例（53b）（53c）。

（52）a. 芳契指一指小关的胸膛，“做论文……”。（亦舒《紫薇愿》）

b. 南孙去按一按爱玛小小腮帮子，糖硬硬的还未全部溶化。（亦舒《流金岁月》）

c. 吴荪甫忽然烦躁起来，用劲地摇一摇头。（茅盾《子夜》）

（53）a. 看一看他们各自的经营机制，就不难理解。（《人民日报》，1993）

b. 他自己要认真想一想。（陈廷一《宋氏家族全传》）

c. 老黄，你也耐心地听一听。（柳建伟《突出重围》）

我们发现，只有非现实用法的“学一学、救一救”搭配对象一般受影响小、个体化程度低，如“学”的对象“数学”，显然不会被动作影响，不管怎么学，“数学”都不会改变；而只有非现实用法的“闹一闹、躺一躺”一般只有一个参与者，无宾语受动性可言。

施事为“你”“大家”时句子往往是非现实的，因为这两个施事跟“V一V”组合时一般表示命令、祈使等行为，在“V一V”结构中，这个因素对现实性的影响高于宾语受动性，高宾语受动性遇到这两个参与者时，句子依然是非现实的，见例（54）。

（54）a. 你指一指打你的那个人

b. 大家按一按自己的书包

5.5 余论

本书在及物性理论框架下讨论了“V一V”结构所在小句和“VV”结构所

在小句的及物性，经考察，我们认为“V 一 V”及物性高于“VV”，“V 一 V”结构所在小句施动性、意愿性、现实性、宾语受动性、宾语个体化程度、肯定性更高。低及物性“VV”小句一般出现在话语背景位置，可跟背景小句变换顺序，甚至可删去；高及物性“V 一 V”小句一般出现在话语前景位置，与后续事件紧密联系，不可变换顺序也不可删去。低及物性“VV”可充当定语、状语修饰名词和动词，但高及物性“V 一 V”不行。

本书认为语言使用中“VV”“V 一 V”小句的选择受动态语境的影响，并提出了“V 一 V”小句的语境触发机制。小句动作事件指涉的对象语义抽象、语义层次更高时，小句出现在时间顺序、动作顺序的语段中时，小句表示原因时，说话者需要表示礼貌、尊重的态度时，小句表示较长的时间过程时，都倾向选择“V 一 V”小句。在有顺序的事件中，“V 一 V”小句表示的动作出现在“VV”小句后。

小句内部及物性特征是共变的，在含“V 一 V”结构的小句中，如果宾语是高受动性、高个体化的，那么该小句一般是现实性的，如“指一指老师”“摇一摇头”；如果小句宾语是低受动性、低个体化的，那么该小句一般是非现实性的，如“看看书”“学学英语”。

第六章　“睡一觉”类借用动量准宾语研究

在前面几章中，我们对“V 个 P”类程度准宾语、“吃食堂”类旁格准宾语、“V 一 V”类重叠准宾语做了及物性研究和篇章功能考察。下面我们将在及物性理论的指导下，对“睡一觉”类借用动量准宾语进行探究，并考察“睡一觉”类动量准宾语、“睡觉”类普通动宾、“踢一脚”类动量准宾语在动态语境中的及物性表现和篇章功能差异。

6.1　问题的提出

汉语中有专用动量词如“次”“遍”“躺”，也有借用动量词。朱德熙（1982）指出，借用动量词是指借用名词作动作量词，根据其与动词的关系可分为两类：一类是动词和借用动量词无述宾关系；另一类是动词和借用动量词有述宾关系，请见例（1）（引自朱德熙，1982：116）。

（1）a. 踢一脚　切一刀　看一眼

b. 放一枪　睡一觉　打一仗

例（1a）中动词和借用动量词无述宾关系；例（1b）中动词和借用动量词有述宾关系。两类借用动量词都能在动宾结构中充当动量准宾语。为行文方便，下文简称第一类借用动量词担任准宾语的动宾结构为借用动量$_1$结构，第二类借用动量词担任准宾语的动宾结构为借用动量$_2$结构。借用动量$_2$结构对应的动宾结构为普通动宾结构，普通动宾结构中没有动量词，本书称之为无动量结构，专用动量词担任准宾语的动宾结构为专用动量结构。以往对借用动量词的研究主要集中在两个方面：一是借用动量词的性质、范围，可参见李临定（1990）、邵敬敏（1996）；二是动量词的使用表现、语用意义和实现机制，可参见刘街生、蔡闻哲（2004），李湘（2011）。

可以看出，已有研究多着眼于大局，重在说明动量词的整体使用情况，没有对借用动量词内部的差异进行深入探究。本书发现，借用动量$_1$结构、借用动量$_2$结构、普通动宾结构在语言使用中存在诸多差异，例如：

（2）a.* 先打一拳再说

b. 先打一架再说

c.? 先打架再说

（3）a.* 想办法打一拳

b. 想办法打一架

c.? 想办法打架

（4）a. 这里打一拳，那里打一拳

b.* 这里打一架，那里打一架

c.? 这里打架，那里打架

借用动量$_1$结构中的数词无限制；借用动量$_2$结构中的数词有限制。例如：

（5）a. 写一笔——写三笔　砍一刀——砍四刀

b. 打一仗——* 打三仗　摔一跤——* 摔四跤

同时，并非具有述宾关系的离合词都能形成“睡一觉”类借用动量$_2$结构。例如：

（6）a. 睡一觉　鞠一躬　摔一跤　打一架　见一面　升一级　开一枪　打一炮

b.* 吃一饭　* 喝一水　* 坐一车　* 看一书　* 说一话　* 写一字　* 花一钱

本书认为，借用动量$_2$结构在使用上跟借用动量$_1$结构存在对立，且进入借用动量$_2$结构的离合词有限制性要求，这是以往研究鲜有提及的。为了对两类结构存在的差异及借用动量$_2$结构有更深入的理解，本书将在及物性理论指导下对借用动量$_1$结构、借用动量$_2$结构、专用动量结构、无动量结构所在小句进行全面的考察。

6.2　借用动量$_1$、借用动量$_2$、专用动量、无动量结构的及物性考察

下面我们从 Hopper & Thompson(1980) 提出的及物性理论出发，对四类结构进行整体考察。及物性并不只是动词是否带宾语的特征，而是一种综合性语义、语法指标，这十项特征处于共变系统中。高及物性结构在各项特征上表现高值，低及物性结构在各项特征上表现低值；结构的及物性不是二级对立的绝对概念，而表现为由强到弱的连续统（continuum）。语言成分及物性的语法语义特点决定其在篇章功能中的表现，高及物性结构倾向出现在篇章前景中，低及物性结构倾向出现在篇章背景中。并不是所有高及物性结构的及物性特征都表现为高值，只是该结构及物性总体特征表现为高值。及物性十项特征多是从意义出发的，没有明确的形式标准，下文我们将从形式出发，对研究对象的及物性特征进行考察。本书发现，借用动量$_2$结构所在小句的及物性比借用动量$_1$结构所在小句的及物性更高。我们认为，结构整体的高及物性是第二类借用动量词出现在动词后做准宾语的深层原因。

6.2.1　参与者

我们发现，借用动量$_2$结构有论元增容，一些结构内能插入无指代词“他”，表示轻松、不在乎的态度；借用动量$_1$结构、专用动量结构、无动量结构都不行。例如：

（7）a. 睡一觉——睡他一觉　放一炮——放他一炮　吵一架——吵他一架
b. 写一笔——* 写他一笔　留一手——* 留他一手
吃一口——* 吃他一口
c. 吃一次——* 吃他一次　洗一下——* 洗他一下
念一遍——* 念他一遍
d. 睡觉——* 睡他觉　放炮——* 放他炮　吵架——* 吵他架

两类借用动量结构、专用动量结构都能插入有指代词“他”，而无动量结构不行。例如：

（8）a. 射一箭——射他一箭 扎一针——扎他一针 踩一脚——踩他一脚
b. 踢一脚——踢他一脚 砍一刀——砍他一刀 叫一声——叫他一声
c. 见一次——见他一次 问一遍——问他一遍 叫一声——叫他一声
d. 睡觉——* 睡他觉　放炮——* 放他炮　吵架——* 吵他架

就此而言，跟借用动量$_1$结构、专用动量结构和无动量动宾结构相比，借用动量$_2$结构有论元增容，参与者数量更多。

6.2.2 施动性

施动性指施事对动作的控制力，“成人”有高施动性，“孩童”“动物”有低施动性，“桌子”无施动性。施动性跟动词关系较大，我们发现，借用动量$_1$结构、借用动量$_2$结构、专用动量结构和无动量结构中的参与者都有施动性，无施动性施事不可进入上述结构。受动词影响，有时四类结构只能搭配高施动性施事，见例（9）；有时四类结构能搭配高施动性、低施动性施事，见例（10），不变的是，四类结构都不能与无施动性施事共现。

（9）a. 司机打了一拳——* 婴儿打了一拳——* 小狗打了一拳——* 电脑打一拳
b. 司机打一架——* 婴儿打了一架——小狗打了一架——* 电脑打了一架
c. 司机打了一下——* 婴儿打了一下——* 小狗打了一下——* 电脑打一下
d. 司机们打架——* 婴儿打架——小狗打架——* 电脑打架

（10）a. 司机睡了一觉——婴儿睡了一觉——小狗睡了一觉——* 电脑睡了一觉
b. 司机睡了一波——婴儿睡了一波——小狗睡了一波——* 电脑睡了一波
c. 司机睡了一下——婴儿睡了一下——小狗睡了一下——* 电脑睡了一下
d. 司机们睡觉——婴儿睡觉——小狗睡觉——* 电脑睡觉

就此而言，借用动量$_1$结构、借用动量$_2$结构、专用动量结构和无动量结构都有施动性，无施动性施事不能进入。本书认为，这是因为能被计量的动作一般是有生主体发出的，所以结构所在小句具有施动性。

6.2.3 宾语受动性

宾语受动性是指宾语受影响的程度。高、低宾语受动性分别对应高、低及物性。借用动量$_1$结构能说明动作发生次数，描写动作情况，宾语信息要从上下文中获取，宾语受动性不高，在形式上能搭配表示受影响程度不高的小量副词“才”“随便”，例如：

（11）a. 在旅途中无论何时我都会在行囊里装上食物，然而只有在饥不可耐时我才会吃一口。（叶芝《神秘邮件》）

b. 随便踢一脚吧，脚尖就有矿石发亮。（《人民日报》，1958-06-10）

在借用动量$_2$结构中，借用动量词是动作的作用对象，不起描写动作次数的作用，该结构主要是说明动作过程，准宾语受动性高，形式上不跟主观小量副词共现，能搭配表示受动性高的“就想”，见例（12a）；专用动量结构中，动词后是表示动作次数的动量词，结构缺少动作对象，动作对象信息要从上下文中获取，见例（12b），宾语是无指的。

（12）a. 我昨晚一宿没睡。现在就想找个地方躺下来睡一觉。（格非《江南三部曲》）

b. 用面包蘸着这调料吃，其实已经是美味，何况后边的菜与汤样样精彩——先生，您一定要来这里吃一次啊，我保证您一定会喜欢这里的一切……（莫言《蛙》）

无动量结构形式上不能与表示低宾语受动性的“随便”共现，能与表示高宾语受动性的“就想”共现，见例（13）。

（13）a.* 他随便睡觉　b. 他就想睡觉

虽然无动量结构、借用动量$_2$结构都具有高宾语受动性，但在语言使用中，无动量普通动宾结构到借用动量$_2$结构的转变，体现了宾语受影响程度的增加，分别见例（14a）（14b）。除此之外，借用动量$_2$结构还能出现在表示宾语受到强影响的语境中，同样的语境下换成相应的无动量普通动宾结构不太好，见例（14c）；借用动量$_2$结构中的借用动量准宾语还能进入高程度义语境中，对应的无动量结构不行，见例（14d）。由此可见，借用动量$_2$结构的宾语受动性高于无动量结构。

（14）a. 睡觉吧，你今天好好睡一觉吧！

b. ？睡一觉吧，你今天好好睡觉吧！

c. 我想到没人的地方好好地睡一觉

——？我想到没人的地方好好睡觉

d. 一觉睡到天亮、一觉睡到饱——* 觉睡到天亮、觉睡到饱

6.2.4 宾语个体性

宾语个体性指涉宾语指称的性质。一般来说，有生、有指、有定、具体的宾语是个体化的，无生、无指、无定、抽象的宾语是非个体化的，分别对应高、低及物性。张伯江、方梅（1996/2014:159）指出，如果一个名词性成分的指涉对象是话语中的某个实体，该成分是有指的；如果提到该名词时仅着眼于该名词的抽象属性，那么该成分是无指的。本书认为，借用动量$_2$结构的中的借用动量词加上“一”后高度个体化，“一觉”是动作直接作用对象，借用动量$_2$结构语义自足，不需要从上下文中获取动作对象即宾语信息，借用动量$_2$结构中的准宾语是有指的。例如：

（15）a. 我在这里坐一会子，看着她睡一觉。（张恨水《北雁南飞》）

b. 各省带兵的主席都赞成打！我们被日本人欺侮够了，不打一仗事情不了结。（沈从文《长河》）

无动量普通动宾结构中动词指涉的动作和宾语指代的实体一般是认知中比较常见的，如“睡觉”“打架”，因此不需要从上下文中获取宾语信息也能推知小句内容，见例（16）。

（16）a. 别打架了！　　　　　b. 你睡觉吧。

借用动量$_1$结构中动词后是表示动作次数的动量词，结构缺少动作对象，动作对象信息需要从上下文中获取。例如：

（17）a. 然后他走到妻子面前，将面包给她：“你吃一口。”（余华《蹦蹦跳跳的游戏》）

b. 每逢公园里有画展，她必定进去看一眼。（老舍《四世同堂》）

在例（17a）中，若无上文信息“面包”，听话人光凭“吃一口”的信息，不能知道“吃”的对象是什么；在例（17b）中，若无上文信息“画展”，听话人也不知道“看”的对象是什么。因此，我们认为，借用动量$_1$结构中宾语是无指的。

专用动量结构中准宾语为专用动量词，专用动量词的作用是说明动作发生次数，描写动作情况，动词不作用于动量词，宾语信息要从上下文中获取，宾语受动性不高，能搭配表示受影响程度不高的“随便”，见例（18）。

（18）他说不打算认真地睡觉，他抱着被子的一个角斜着躺了下去，打着呵欠说：“我就随便睡一下。”（余华《在桥上》）

就此而言，专用动量结构中准宾语个体化程度低；跟借用动量$_1$结构相比，借用动量$_2$结构中的准宾语个体性更强，无动量普通动宾结构中的宾语也具有高宾语受动性。

6.2.5　运动状态

运动状态指小句表示事件的状态，可分为动作的、非动作的。动作事件表示动作，非动作事件不表示动作，表示一种状态。我们发现，“睡一觉”类借用动量$_2$结构、“踢一脚”类借用动量$_1$结构、专用动量结构、普通动宾结构都表示动作事件，不能表示状态。在形式上，四类结构所在小句都能回答“发生了什么”的问题，不能回答“怎么样”的问题，分别见例（19）（20）（21）（22）。

（19）a. 发生了什么？——他睡了一觉

b. 他怎么样了？——*他睡了一觉

（20）a. 发生了什么？——他踢了一脚

b. 他怎么样了？——*他踢了一脚

（21）a. 发生了什么？——他睡了一下

b. 他怎么样了？——*他睡了一下

（22）a. 发生了什么？——他睡觉了

b. 他怎么样了？——*他睡觉了

一般认为，动量词对动词代表动作的发生情况进行描写说明，动作动词指涉的动作事件意义丰富，在使用中衍生出不同的使用形态，因此一些专用动量词逐渐不能满足描写动词丰富使用形态的需求，需要借用一些动量词来描写动词。但是，非动作状态动词使用形态有限，专用动量词已经能满足使用需求，故此不需要再借用动量词。本书认为，专用动量词一般不出现在非动作事件中，两类借用动量结构都具有强动作性；借用动量$_2$结构对应的普通动宾结构也具有强动作性。

6.2.6 瞬时性

瞬时性指小句表示的动作事件的时间状况，分为瞬时的、非瞬时的。如果小句表示的动作事件是瞬间发生的，动作发生的起点即终点，那么小句是瞬时的；如果小句表示的动作事件不是瞬间发生的，动作发生的起点到终点存在时间距离，那么小句是非瞬时的。本书认为，借用动量$_1$结构、借用动量$_2$结构、专用动量结构、无动量结构可用在瞬时性、非瞬时性语境中。

在形式上，两类借用动量结构和专用动量结构、无动量结构所在小句能与表示瞬时的词如“忽然”“突然”“立刻”共现，是瞬时的，见例（23）。四类结构所在小句也能与表示时段的词如“半年”“半小时”共现，是非瞬时的，见例（24）。

（23）a. 他突然踢了一脚——他突然看了一眼——他突然切了一刀

b. 他突然打了一枪——他突然放了一炮——他突然射了一箭

c 他突然打了一下——他突然看了一下——他突然抖了一下

d. 他突然打了枪——他突然放了炮——他突然射了箭

（24）a. 看一眼要半个小时

b. 睡一觉要半个小时 打一仗要半年

c. 睡一下要半个小时 打一次要半年

d. 睡半小时觉 打半年仗

6.2.7 意愿性

意愿性动作是指参与者有意为之的动作，非意愿性动作则是指参与者不倾向发生的动作。本书认为，借用动量$_2$结构和无动量结构的意愿性更强，说话人对动作付出了更多的精力、时间。在形式上，借用动量$_2$结构和无动量动宾结构能与表倾向义的词如“最想”“渴望”等共现，分别见例（25a）（25b）（25c）（25d）。

（25）a. 调查中，有65%的小学生和近74%的中学生渴望能够达到符合年龄标准的睡眠时间，超过半数的中小学生“最想做的事情是好好睡一觉”。(《人民日报·海外版》，2005-02-26）

b. 这场苦战持续4个小时，以至于马丁说他赛后的感觉就是想躺下来睡一觉。(《人民日报》，1994-01-29）

c. 刚才比赛时，俄罗斯正是大半夜，我们光想睡觉——时差还没倒过来。(《人民日报》，1998-07-23）

d. 可是这几天行军、搭棚，大家都疲乏得很，都想睡觉。(《人民日报》，1951-06-21）

借用动量$_1$结构无强意愿性，只提供动作发生次数信息，简单说明动作情况，不与意愿性副词共现。例如：

（26）a. 为防遗漏，在移民左足小趾上砍一刀——这就是移民们及其后裔复形趾甲形成的由来。(《人民日报》，2002-12-02）

b. 到北海打个穿堂，出北海后门，顺便到什刹海看一眼。（老舍《四世同堂》）

专用动量结构无强意愿性，只提供动作发生次数信息，简单说明动作情况，见例（27）；专用动量结构不与强意愿词共现，见例（28），一些专用动量词加上名词后能与强意愿词同现，但实际上强意愿词只与名词有关系，跟专用动量词本身没有关系，见例（29）。

（27）a. 惠群，你在这儿帮忙我照应仁民，我出去走一趟。（巴金《电》）

b. 她接着又把陈清讲的王能的事情重说一遍。（巴金《电》）

c. 其实我们只是偶尔这么吃一次。（王火《战争和人》）

（28）a.* 我特别想说一次

b.* 他渴望问一遍

c.* 他特别想说一遍

（29）a. 我特别想去一次北京——我特别想去北京——* 我特别想去一次

b. 我特别想吃一顿烧烤——我特别想吃烧烤——？我特别想吃一顿

综上，本书认为借用动量$_2$结构和无动量普通动宾结构有强意愿性，借用动量$_1$结构和专用动量结构无强意愿性。

6.2.8 肯定性

肯定性指动作事件的肯否状态，可分为肯定的、否定的。本书发现，借用动量$_1$结构能与否定标记“不”共现，不能与否定标记“没”共现；借用动量$_2$结构不能与“不”“没”两类否定标记共现，表现出强烈的肯定性，分别见例（30a）（30b）。专用动量结构、无动量结构能跟两类否定标记共现，没有强烈的肯定性，分别见例（30c）（30d）。

（30）a. 你不踢一脚吗？ * 他没踢一脚 你不切一刀吗？ * 他没切一刀

b. ？你不睡一觉吗？ * 他没睡一觉 ？你不升一级吗？ * 他没升 一级

c. 你不睡一下吗？ 你没睡一下吗？ 你不吃一次吗？ 你没吃一次吗？

d. 你不睡觉吗？ 他没睡觉？ 你不升级吗？ 他没升级

本书认为，借用动量$_2$结构所在小句具有强肯定性，且强于借用动量$_1$结构所在小句；两类借用动量结构所在小句肯定性都强于专用动量结构、无动量动宾结构。

6.2.9 体貌

从动作的终点来看动作，已结束的动作对应完成体，未结束的动作对应非完成体，分别是高、低及物性的。本书认为，借用动量$_2$结构多以完整体貌出现，借用动量$_1$结构、专用动量结构、无动量结构多以非完整体貌出现。借用动量$_2$结构可以进入表示动作结束再开启下一动作的语境中，借用动量$_1$结构、专用动量结构、无动量普通动宾结构则不能。例如：

（31）a. 睡一觉以后学习——吵一架再和好——放一炮之后再逃跑
b.* 看一眼以后学习——* 扎一刀再和好——* 打一拳之后再逃跑
c.* 睡一下以后学习——* 吵一次再和好——* 放一次之后再逃跑
d.* 睡觉以后学习——* 吵架再和好——* 放炮之后再逃跑

我们认为，这是因为借用动量$_2$结构中的动词能表示动作起始，如“鞠一躬”中的“鞠”表示“弯腰敬意”，借用动量词“躬”能够表示该动作的实现，“躬”是“鞠”表示动作的完成标记；借用动量$_1$结构中的动词和借用动量词之间没有这种过程意义，只表示动作简单计数；专用动量结构中的动词和专用动量词之间也没有过程意义，表示动作数量说明；无动量结构中的动词和宾语间也没有这种过程意义，宾语只表示简单的动作目标、受事。因此，借用动量$_2$结构能出现在完整体中，表示动作过程完成后开始另一动作，如例（32a）所示；借用动量$_1$结构、专用动量结构、无动量则不能表示动作的终结，也不能开启下一个动作，分别如例（32b）（32c）（32d）所示。

（32）a. 费了九牛二虎之力灌下一百多片，睡一觉又醒了。（王朔《我是“狼”》）
b. 大家也不洗脸，穿着运动衣裤到外面跑一圈。约莫六点五十分返回来，打仗一般冲进洗漱间刷牙洗脸……（路遥《平凡的世界》）
c. 自从玉渊潭来了天鹅，她隔两三天就带着孩子们去看一次。

孩子们对天鹅说："天鹅天鹅你真美!"（汪曾祺《天鹅之死》）

d. 印巴加入后，上合组织不会希望两国在里面"打架"。(《人民日报·海外版》，2015-7-14）

6.2.10 语态

解码事件时语态（mode）有现实性、非现实性的差别，分别对应高、低及物性。已发生的动作是现实的，现实世界没有发生或在非现实世界中正在发生的动作是非现实的。周韧（2015）指出，非现实性结构一般出现在假设、报导、条件、低频、让步、可能、疑问、否定、祈使、未来、义务、能力等非现实语义环境中。本书发现，借用动量$_2$结构出现在非现实性语义环境中的能力弱于借用动量$_1$结构、专用动量结构和无动量结构，例如：

（33）a.* 他偶尔睡一觉——他偶尔踢一脚

他偶尔睡一下——他偶尔睡觉（低频率）

b.* 不准睡一觉——* 不准踢一脚

* 不准睡一下——不准睡觉（禁止）

c.* 只要睡一觉就开心——只要踢一脚就忘不了

——只要睡一下就行——只要睡觉就好（条件）

本书认为，借用动量$_2$结构的现实性更高，多出现在表示动作已经发生的现实性语境或动作事件有很大可能会发生的弱现实性语境中。例如：

（34）a. 他们睡得晚，好容易回到自己房间里，就只够忙着吃颗安眠药，好好地睡一觉了。(张爱玲《色戒》)

b. 我困得实在不行，只好躲进车库，到汽车上睡一觉。(张洁《沉重的翅膀》)

本书发现，借用动量$_1$结构则大多出现在非现实性语境中，见例（35）；专用动量结构多出现在非现实性语境中，见例（36）；无动量结构既能出现在非现实性语境中，也能出现在现实性语境中，见例（37）。

（35）a. 我每次去从不敲门，因为他告诉我他的门锁坏了，只要踢一脚就行了。（余华《河边的错误》）

b. 你攻过来，我攻过去；你踢一脚，我回一拳。（《人民日报》，1977-02-10）

（36）a. 根龙死了没多久，他尸骨未寒，你就再看一次他的面子吧。（余华《许三观卖血记》）

b. 我看你还是去看一次医生罢。（叶灵凤《永久的女性》）

（37）a. 你这个丢人贼——你想打架，而以后又去告状！（《人民日报》，1950-01-30）

b. 戏园子开业时，著名的京剧演员杨小楼的外孙刘宗扬“打炮”三日，演出《长坂坡》等戏。（《人民日报·海外版》，2004-09-01）

本书认为四类结构的现实性强弱排序为：借用动量$_2$结构 > 无动量结构 > 借用动量$_1$结构 > 专用动量结构。

综上，本书认为“睡一觉”类借用动量$_2$结构、“踢一脚”类借用动量$_1$结构、专用动量结构、无动量动宾结构的及物性表现如表一所示。我们认为四类结构的及物性表现为：

a. “睡一觉”类借用动量$_2$结构及物性 > “睡觉”类无动量动宾结构及物性；

b. “睡觉”类普通动宾结构及物性 > “踢一脚”类借用动量$_1$结构及物性；

c. “睡觉”类普通动宾结构及物性 > 专用动量结构及物性；

在借用动量$_2$结构所在小句整体的高及物性影响下，本不是动量词的成分如“架”“觉”能借用为动量词作为准宾语直接出现在动词后。与普通动宾结构、借用动量$_1$结构所在小句相比，借用动量$_2$结构所在小句凸显结构整体，小句宾语个体化和宾语受动性、意愿性、现实性等及物性特征更强。

表一　“踢一脚”类借用动量$_1$结构、“睡一觉”类借用动量$_2$结构、专用动量结构、无动量普通动宾结构的及物性表现

及物性特征 结构类型	参与者	施动性	宾语受动性	宾语个体化	运动状态	瞬时性	意愿性	肯定性	体貌	语态
借用动量$_1$结构	–	+	–	–	+	±	–	–	–	–

续表

及物性特征 / 结构类型	参与者	施动性	宾语受动性	宾语个体化	运动状态	瞬时性	意愿性	肯定性	体貌	语态
借用动量$_2$结构	+	+	+	+	+	±	+	+	+	+
专用动量结构	–	+	–	–	+	±	–	–	–	–
无动量普通动宾结构	–	+	+	+	+	±	+	–	–	±

6.3 “睡一觉”类借用动量$_2$结构的篇章功能表现

上面说到，借用动量$_2$结构与借用动量$_1$结构、专用动量结构、无动量动宾结构相比，具有高及物性。Hopper & Thompson(1980) 指出，高及物性结构往往出现在话语前景中，低及物性结构往往出现在话语背景中。篇章前景对应故事主线（storyline），能直接推动事件的发展；篇章背景不出现在故事主线位置上，不直接推动事件发展，一般提供场景设置信息、评价信息，丰富事件内容。

判断篇章前景、背景信息的形式标准可从两个概念的篇章功能得出。推动事件发展的前景信息是事件的主干，因此删除或调换顺序后对事件有影响；只起丰富信息作用的背景是事件的骨肉，删除或调换顺序后对事件没有直接影响。从意义上来说，静态描写说明信息中没有动作传递，一般提供不推动事件发展的背景信息；表示动作传递的动态信息可能提供前景或背景信息。我们认为，小句与上下文之间的句间联系是判断动态句提供前景或背景信息的关键。如果小句与上下文没有逻辑、时间、空间联系，该句的存在是可有可无的，能删除或变换顺序，那么该句肯定不是故事主线，只提供背景信息；如果动态句跟上下文存在逻辑、时间、空间联系，是事件发展的重要一环，那么该句处在故事主线上，提供前景信息。

我们在 BCC 料库中检索四类结构的篇章表现，发现高及物性借用动量$_2$结构多出现在故事主线位置，不出现在表示时间的从句中，但借用动量$_1$结构、专用动量结构、无动量普通动宾结构不受此限制，见例（38）。

（38）a. ？睡一觉的时候，我觉得特别舒服

b. 他踢你一脚的时候你咋不哭呢？

c. 已经到了应该把衣服放到锅里煮一下的时候了

d. 睡觉的时候，我觉得特别舒服

除此之外，高及物性借用动量$_2$结构不出现在表示假设、条件的从句中，但借用动量$_1$结构、专用动量结构、无动量普通动宾结构不受此限制，分别见例（39）（40）。

（39）a.？如果睡一觉的话，时间可能来不及

b. 如果你踢一脚的话，我会翻脸

c. 如果你仔细看一下的话，你就不会说这种话了

d. 如果睡觉的话，时间可能来不及

（40）a.？只要你睡一觉，什么都好说

b. 只要你帮忙踢一脚，什么都好说

c. 只要你帮忙问一下，什么都好说

d. 只要你睡觉，什么都好说

当小句进入定语从句修饰核心名词，小句整体表示性质、状态、关系，内部没有动作传递，因此能进入定语从句是低及物性语法结构的句法表现。我们发现，高及物性借用动量$_2$结构很难出现在定语从句中，而低及物性借用动量$_1$结构、专用动量结构、无动量普通动宾结构能出现在定语从句中，请见例（41）。

（41）a.？在图书馆睡一觉的人很多

b. 过来踢一脚的人很多

c. 过来随便问一下的人很多

d. 在图书馆睡觉的人很多

我们发现高及物性借用动量$_2$结构能出现在表示强调意味的篇章前景中，提供故事主线信息，借用动量$_1$结构、专用动量结构、无动量结构没有这种倾向，见例（42）。

（42）a. 对我来说，现在只想在久违的家里的床上好好睡一觉

b.？对我来说，现在只想在球场上好好踢一脚

c.？对我来说，现在只想在教室好好问一下

d.？对我来说，现在只想在久违的家里的床上好好睡觉

本书认为，借用动量$_1$结构、专用动量结构、无动量普通动宾结构及物性低于借用动量$_2$结构，在篇章中，前三类结构多出现在话语背景位置，补充、说明事件主干信息，不表示事件传递过程，不能推进事件的发展；借用动量$_2$结构具有高及物性，在篇章中多提供前景信息，能表示事件传递过程，能推动事件发展。

6.4　借用动量$_2$结构的数量特征

上文我们在及物性理论指导下，对两类借用动量结构、专用动量结构、无动量普通动宾结构做了综合考察，认为借用动量$_2$结构有高及物性，多出现在篇章前景中。下面我们将从结构的数量特征出发，进一步证明借用动量$_2$结构不同于借用动量$_1$结构，前者凸显整体，其语义重点不在于对动作进行计数，而是在于凸显动作过程。值得注意的是，无动量普通动宾结构不含动量，不在下文的讨论范围中。

6.4.1　三类结构的数量特征比较

借用动量$_1$结构中的借用动量词能对动作的数量、时量进行描写，根据借用名词的意义，可以将其分为三类：工具量词、器官量词、伴随量词。例如：

（43）a. 工具量词：扎一刀、喝一罐、写一笔、砍一斧子、打一棒、吃一锅、抽一鞭子；

b. 器官量词：看一眼、踩一脚、吃一口、留一手、拍一掌、打一拳、掴一巴掌；

c. 伴随量词：跑一圈、绕两圈、喊一声、叫一声、绕一匝、迈一步、送一程。

在借用动量$_1$结构中，被借用的名词有的是跟工具义有关，如工具量词是人造的工具，器官量词是人本身具有的“工具”；有的是跟动作结果有关，如

伴随量词“一圈”是动作“跑”的伴随结果。本书认为，借用动量$_1$结构中的借用动量词在语言使用上跟专用动量词相似，借用动量$_2$结构中的借用动量词则跟专用动量词差异较大。

首先，在形式上，专用动量词能跟数词自由组合，组合的数词无限制，结构有精确计数功能，如例（44a）所示；借用动量$_1$结构中的量词同样对数词无限制，结构有精确计数功能，如例（44b）所示；借用动量$_2$结构中的量词对数词有限制，只能是“一、两、几”，结构无精确计数功能，如例（44c）所示。

（44）a. 吃一次——吃三次——吃十次 吃一顿——吃七顿
说一遍—— 说十遍——说二十遍
b. 吃一口——吃三口——吃十口 扎一刀——扎七刀
跑一圈—— 跑十圈——跑二十圈
c. 睡一觉——* 睡三觉——* 睡十觉 打一架——* 打十架
放一 炮——* 放七炮

其次，一些专用动量结构后可接名词，一些借用动量$_1$结构也可以，而借用动量$_2$结构则不能，分别如例（45a）（45b）（45c）所示。

（45）a. 吃一次饭、吃一顿饭、说一番话、进一次城、去一趟北京
b. 吃一口饭、跑十圈步、喝一罐可乐、吃一锅饭、叫一声爸爸
c.* 睡一觉床、* 打一架朋友、* 鞠一躬长辈、* 打一炮敌人、* 开一枪犯人

再次，专用动量结构中的专用动量词可以作为定语修饰名词，借用动量$_1$结构中的借用动量词也可以，而借用动量$_2$结构中的借用动量词则不能，分别如例（46a）（46b）（46c）所示。

（46）a. 一次旅游、一次游戏、一顿饭、一番话、一阵风雨、一趟列车
b. 一锅饭、一罐可乐、一口菜、一手好字、一嘴谎话、一匝电线
c.* 一枪武器、* 一觉白天、* 一躬礼貌、* 一架坏人、* 一仗战争

从三类结构上述三个方面的表现来看，借用动量$_1$结构与专用动量结构更

相似，借用动量$_2$结构与借用动量$_1$结构、专用动量结构存在较大的差异。

本书认为，借用动量$_1$结构中的借用动量词与专用动量词在语法功能表现上非常相似。这种相似的深层原因是在于，借用动量$_1$结构中的借用动量词借用自名词，被借用的名词是离散的，有数量特征，跟数词搭配无限制，因此，能借用为动量词，能出现在动词后，说明动作的量，充当准宾语，如例（47a）所示。借用动量$_2$结构中的借用动量词虽然也借用自名词，但这类名词是连续的，名词所代表的实体或概念没有完结或终点，因此，不具有数量特征，跟数词搭配存在限制，如例（47b）所示。

（47）a. 一刀——两刀——五刀　一罐——三罐——十罐

一眼——两 眼——七眼　一圈——六圈——九圈

b. 一觉——* 两觉——* 五觉　一仗——* 三仗——* 十仗

一 躬——* 两躬——* 七躬

同时，借用动量$_2$结构中的借用动量词跟借用动量$_1$结构中的借用动量词差异较大，前者不具离散性，对动词高度依赖，不能脱离动词单独出现。因此，借用动量$_1$结构中的借用动量词可以出现在“一 + 借用动量词 +VP”结构中，借用动量$_2$结构中的借用动量词则不能。例如：

（48）a. 一刀杀向敌人　一棒打在头上

一屁股摔地上　一巴掌打在脸上　一步走到终点

b.* 一仗打到天亮　* 一躬鞠到九十度

* 一军将走敌人　* 一嘴插进聊天

本书认为，借用动量$_1$结构中的借用动量词跟专用动量词相似，具有离散性，跟数词组合无限制，该结构具有明确的计数功能；借用动量$_2$结构中的借用动量词对动词有依赖性，跟数词组合存在限制，计数能力弱，没有精确计数的功能。

6.4.2　借用动量$_2$结构对应离合词的限制性数量特征

本书发现，并非所有离合词中的第二个语素都能借用为动量$_2$结构中的动量词，只有当离合词本身有数量变化时，对应的借用动量$_2$结构才合法，如例

（49a）所示。广义的“量”不仅指事物个数、动作次数，还指动作进行的程度、动作进行的状态等，“睡觉”的结果按程度可分为“睡得好”“睡不好”，“睡觉”的进行状态可分为“睡得长”“睡得短”，本身有量变的离合词“睡觉”有对应的借用动量$_2$结构“睡一觉”。与之相比，“洗澡”则只能表示“洗澡”的动作，不能说“洗得好”“洗不好”“洗得长”“洗得短”，例（49b）中的词都跟“洗澡”一样，不涉及动作的程度、状态量变，因此，没有对应的借用动量$_2$结构。

（49）a. 睡觉——睡一觉　摔跤——摔一跤　打架——打一架
　　鞠躬——鞠一躬　见面——见一面
　b. 洗澡——* 洗一澡　毕业——* 毕一业　操心——* 操一心
　　散步——* 散一步

“睡一觉”类借用动量$_2$结构对应离合词数量特征的限制性要求，反映了借用动量$_2$结构本身与数量特征有密切关联。与对应的离合词相比，借用动量$_2$结构虽然只增加了“一”，但结构整体凸显出主观大量意义，表示动作时间、程度、数量的增加。例如：

（50）a. 冯同志几天没有睡觉了，你叫他放心睡一觉吧。（《人民日报》，1980-11-27）
　b. 我说，人都见不着怎么吵架？等过年放假有工夫，我和他商量着吵一架。（《人民日报》，1990-12-6）

可以说，从离合词到借用动量$_2$结构的转变，反映出说话人心中该动作需付出的努力、时间、决心更多，动作程度进一步加深。根据语言的象似性（iconicity）原则，借用动量$_2$结构在离合词基础上增加“一”，更多的音节代表了施事更强的意愿。就此而言，借用动量$_2$结构能表示跟对应离合词相比，完成难度更大、完成所需精力和时间更多的动作。

6.4.3 借用动量$_2$结构整体的数量特征

首先，借用动量$_1$结构有精确计数功能，借用动量$_2$结构没有精确计数功能，其结构重在凸显动作整体过程。例如：

（51）a. 你说的有点道理，它趴下，咱爷俩也好好睡一觉。（莫言《牛》）
b. 记者疾步围着旗杆跑一圈，看表，仅3秒即完成了一次“环球旅行”。（《人民日报》，1995-05-08）

例（51a）中的“睡一觉”不是指“睡觉一次”，而是指“睡觉”的整个过程；例（51b）中的“跑一圈”则突出动作“跑”的量是“一圈”，着重计数，而不是“跑”的过程。

其次，由于“睡一觉”类借用动量$_2$结构无精确计数功能，所以一般表示不精确的动量。例如：

（52）妈妈清早往外跑，跑到邮局打电报：“荣儿荣儿你记牢，代我狠狠打一炮，打得准，打得好，一炮轰走美国佬！”（《人民日报》，1961-05-01）

例（52）“打一炮”中的动作“打”的对象不限定于精确的数量“一炮”，其结构的整体意义偏向于“打炮”这一行为，实际数量可能是“三炮”“四炮”“n炮”。也就是说，“睡一觉”类借用动量$_2$结构整体构式义更强，不突出宾语，而突出结构整体。

本书认为，借用动量$_2$结构凸显结构整体，不凸显准宾语；借用动量$_1$结构凸显准宾语，不凸显结构整体。借用动量$_2$结构凸显整体的特征使借用动量$_2$结构与借用动量$_1$结构存在多项对立。第一，借用动量$_1$结构的准宾语能提到句首作为主题，借用动量$_2$结构则不能。例如：

（53）a. 一口都没吃——* 一觉都没睡
b. 一刀都没砍——* 一架都不吵

第二，借用动量$_1$结构可以出现在对举语境中对准宾语进行比较，借用动量$_2$结构则不能。例如：

（54）a. 我吃了一口，他吃了两口——* 我睡了一觉，他睡了两觉
b. 我砍了一刀，他砍了两刀——* 我打了一架，他打了两架
c. 这吃一口，那吃一口——* 这鞠一躬，那鞠一躬

第三，借用动量$_1$结构可以出现在对比焦点中，借用动量$_2$结构则不能。例如：

（55）a. 炊事员肚子饿得咕咕叫，可是他们连一口也舍不得吃！（杜鹏程《保卫延安》）

b.* 连一觉都舍不得睡。

6.5 余论

本书从及物性理论出发，对借用动量$_2$结构、借用动量$_1$结构、专用动量结构、无动量普通动宾结构所在小句的及物性进行了考察。研究发现，借用动量$_2$结构所在小句在参与者、施动性、宾语个体化、宾语受动性、意愿性、体貌、现实性特征上有更强的及物性，是高及物性的，一般出现在篇章前景中；无动量普通动宾结构具有中及物性，能出现在篇章前景或篇章背景中；借用动量$_1$结构和专用动量结构所在小句则具有低及物性，一般出现在篇章背景中。借用动量$_1$结构、无动量普通动宾结构、借用动量$_2$结构、专用动量结构所在小句处于及物性的连续统上，及物性表现存在从低到高的变化。

同时，本书还从数量特征方面对借用动量$_2$结构、借用动量$_1$结构进行了分析。研究发现，借用动量$_1$结构中的借用动量词是离散的，搭配数词时无限制，能表示动作的精确计数，借用动量$_1$结构中的借用动量词在句法功能上与专用动量词更接近；借用动量$_2$结构中的借用动量词是连续的，没有明确的起讫点，搭配数词时有限制，不能表示精确计数。我们还发现，只有本身有程度量变的离合词才有对应的借用动量$_2$结构，借用动量$_2$结构与其对应的离合词相比，表示动作时间、程度、数量的增加，有更强的意愿性，可以表示说话人花更多时间、精力完成的动作。就结构整体而言，借用动量$_1$结构重在表示精确动作计数，借用动量$_2$结构重在表示动作的过程。借用动量$_1$结构凸显准宾语，借用动量$_2$结构不凸显准宾语，突出的是结构整体的意义。

我们认为，第二类借用动量词之所以能直接出现在动词后充当准宾语，是受到了借用动量$_2$结构所在小句整体高及物性的影响。借用动量$_2$结构的高及物性特征和借用动量$_2$结构的数量特征在许多方面不谋而合。第一，借用动量$_2$结构不精确计数，不突出准宾语，表示动作过程，恰恰符合高及物性借用动量$_2$结构多提供前景信息的篇章特征；第二，借用动量$_1$结构精确计数，凸显准宾语，结构整体表示动作次数，是对动作发生情况的说明和描写，又恰好吻合低及物性借用动量$_1$结构多提供背景消息的篇章特征。结构的高及物性不仅使名词能借用为动量词，有了充当准宾语的可能，还使结构凸显整体意义，表示推动事件进程的强动作义。就此而言，借用动量$_2$结构的高及物性和结构凸显整体的特点是相辅相成的。

第七章 “一锅饭吃十个人”类功用准宾语考察

在前面几章中，我们考察了程度准宾语、旁格准宾语、重叠准宾语、借用动量准宾语的及物性表现和篇章表现和生成动因。下面我们将以及物性理论为指导，对“一锅饭吃十个人”类功用准宾语进行考察，以期对小句的及物性表现、篇章表现有更深入的认识，并在此基础上讨论“一锅饭吃十个人”类功用准宾语的生成机制。

7.1 问题的提出

汉语中有一类施受倒置句，句型构成为“受事 + 动词 + 施事”，这类小句跟相同成分构成的“施事 + 动词 + 受事”小句逻辑真值义相同，见例（1a）。受事出现在句首，施事出现在动词后的句子是比较少见的，人类语言的普遍倾向一般是施事充当主语，受事充当宾语，施受倒置句存在形式、语义上的不对应，因此比较特殊，这类受事主语、施事宾语小句是语言学界讨论的焦点。除了施受倒置句之外，我们还发现一些通常出现在宾语位置的处所义、工具义宾语也有对应的换位形式，见例（1b）。除此之外，我们发现，并不是所有一般主动句都有对应的换位句，见例（1c），可见这类换位句跟原来的小句并不是完全一样的，换位句存在限制。

（1）a. 一锅饭吃十个人、一箱水喝一队人、一瓶水喝两个人、一杯牛奶喝三个人、两件衣服洗一盆水、一条裤子穿三代人

b. 一张沙发坐两个人、一张床睡三个孩子、一条板凳坐三个人、

一辆车坐五个人、一条被子盖两个人、一盆热水洗三个人

c. 两个学生吃一锅饭——*一锅饭吃两个学生　两个人看一部电影——*一部电影看两个人

学界对“一锅饭吃十个人”类小句有过丰富的研究，可参见任鹰（1999）、鹿荣（2010）、周韧（2017）、朱晓蕾（2017）等。周韧（2017）从物性结构的角度对“一锅饭吃十个人”类句式进行探讨，认为该类句式属于功用句，句中名词的功用角色决定动词的选择。如“饭”的功用是“吃”，因此句中动词是“吃”；与“一锅饭吃十个人”相近的句式不是“十个人吃一锅饭”，而是“一个老师教十个学生”。周韧的文章说明了名词“一锅饭”的功用角色与动词“吃”的选择关系，却没有说明“一锅饭吃十个人”中“吃”和“十个人”的组合机制。本书的研究重点在于动词“吃”和准宾语“十个人”的生成机制，因为“一个老师教十个学生中”的施事是“老师”，“十个学生”是动作“教”的受事，但“一锅饭吃十个学生”中的“十个学生”不能充当“吃”的受事或支配对象，却依然出现在宾语位置，“吃”和“十个学生”的语义关系尚不明确。

朱佳蕾（2017）认为“一锅饭吃十个人”实际上是一种受事主语句，施事在词库中得到充盈，因此题元栅中剩下的受事角色能直接合并为主语，如“十个人”看似是动作发出者，但不是动作指派的施事，实际上是度量角色，功能上类似准宾语。但是，朱文的研究也没有说明这类小句的生成原因、形成机制。

以往关于“一锅饭吃十个人”类小句的研究虽然丰富，但很多是从“一锅饭吃十个人”句式本身出发对句类进行考察。本书试图运用对比研究的方法，在及物性理论的指导下，对“十个人吃一锅饭”类小句（下文简称 S_1 类小句）和“一锅饭吃十个人”类小句（下文简称 S_2 类小句）的及物性进行考察，在动态语境中探讨两类小句的差异，进而对“一锅饭吃十个人”的形成机制进行更深刻的说明。本书试图回答以下问题：a.“一锅饭吃十个人”和“十个人吃一锅饭”两类句式中的语言成分完全相同，但组合顺序不同，两类句式间存在什么使用差异；b. 两类句式存在的差异是怎么形成的。

7.2　“十个人吃一锅饭”类小句和“一锅饭吃十个人”类小句的及物性考察

Hopper & Thompson（1980）提出及物性假说，指出及物性不只是动词是

否带宾语的特征，还是一个小句整体的特征。两位学者指出可运用及物性十项特征来综合考察小句的及物性。这十个特征处于连续统中，如果有 a、b 两个小句，a 小句及物性高于 b 小句，那么在及物性十项特征中必有一些特征，a 小句的特征值高于 b 小句，及物性十项特征是共变的。及物性假说中的十项特征比较综合地考虑了小句之间的语义、语法差异，下文我们将在及物性理论的指导下对 S_1、S_2 两类小句的及物性特征表现进行考察，借此全面对比两类小句的及物性差异，并试图从差异中找出两类小句出现语义区别的深层原因。

7.2.1　参与者

参与者指小句中的参与者个数，有两个及两个以上参与者的小句是高及物性的，只有一个参与者的小句是低及物性的。学者对 S_2 类小句的参与者有过许多讨论，朱佳蕾（2017）认为 S_2 类小句中的“十个人”是无指的，不承担事件参与者的题元角色，理由是例（2a）中“十个人”不能充当后面回指代词“他们”的先行词，因此是无指的，所以 S_2 类小句只有一个参与者。但是，本书认为后续小句的回指测试只能测试有指、无指，虽然例（2a）中“十个人”是无指的，但不能否认它在形式上依然是参与者，删除后不能说，见例（2b），应该被看作无指的“准”参与者。

（2）a. 一锅饭吃十个人$_i$，？他们$_{oi}$没吃饱。

b.* 一锅饭吃~~十个人~~

我们认为，“十个人吃一锅饭”中的“十个人”“一锅饭”都是参与者，在语义上有指，分别见例（3a）（3b）；在形式上不可删除，分别见例（4a）（4b）。

（3）a. 十个人$_i$吃一锅饭，结果$_{oi}$没吃饱

b. 十个人吃一锅饭$_i$，结果$_{oi}$不够了

（4）a.* 十个人吃~~一锅饭~~

b.* ~~十个人~~吃一锅饭

以上，我们认为“十个人吃一锅饭”中有两个参与者，“一锅饭吃十个人”中有一个参与者和一个准参与者，就参与者特征而言，“十个人吃一锅饭”的及

物性更强一些。

一般认为，小句在其他方面都体现出低及物性的，小句中如果有两个参与者，可以删除一个参与者，对小句没有影响，见例（5a）；小句在其他方面都体现出高及物性的，小句中的参与者不可删除，删除后对小句有影响，见例（5b）。以这个标准来看“十个人吃一锅饭”和“一锅饭吃十个人”，可知两类小句参与者特征都比较高，参与者都不能删除，见例（6）。

（5）a. 我吃了下午茶——我吃了

b. 我杀了情敌——* 我杀了

（6）a. 十个人吃一锅饭——* 十个人吃——* 吃一锅饭

b. 一锅饭吃十个人——* 一锅饭吃——* 吃十个人

任鹰（1999）指出，语言成分在句法中表现的深层格、认知格和深层事理语义关系、表层句法语义关系相联系，深层事理语义关系指语言成分所指事物在语言之外的现实世界中具有或可能具有的关系，深层格反映的是深层的事理语义关系，不是直接呈现在语言表面的材料；表层句法语义关系指两个成分在语言视点的作用下，在语言结构表层中形成并呈现，直接受句法结构制约的语义关系，认知格反映的是表层句法语义关系。我们认为，在语言表层结构上，“一锅饭吃十个人”类小句中的“一锅饭”“十个人”虽然没有出现在施事、受事对应的主语、宾语位置，但是在深层结构上，“一锅饭”和“十个人”在现实世界中与动作“吃”形成的语义关系就是受事、施事。

本书认为，参与者指小句中动作的参与成分，不管在深层事理语义关系还是表层句法语义关系中，S_2 类小句都有两个参与者，只是参与者对应的语义角色跟 S_1 类小句刚好相反。综上，两类小句在参与者特征上都表现出高及物性，但“十个人吃一锅饭”的参与者特征更强一些。

7.2.2 施动性

施动性指施事对动作的责任和控制力。在人类认知中，人有高施动性，能对物体实施动作，见例（7a）；人还可以通过物体对别的物体实施动作，见例（7b）；但物体一般不能对人实施动作，见例（7c），而 S_2 类小句可以，见例（8），这是 S_2 类小句的特殊之处。

（7）a. 小白洗衣服

b. 一茶匙洗衣液洗十件衣服

c.* 一瓶洗衣液自己洗了十件衣服

（8）一件衣服穿两代人

本书认为，虽然 S_1、S_2 类小句中的施事都必须是有生的，语言成分完全相同，但综合来看，S_1 类小句施动性高于 S_2 类小句。

第一，S_1 类小句能与指向施事的副词如“故意地”“小心地”共现，而 S_2 类小句不行，这说明 S_1 类小句整体的施动性高于 S_2 类小句，见例（9）。

（9）a. 故意地，十个人吃了一锅饭——* 故意地，一锅饭吃了十个人

b. 小心地，五个人坐了一张板凳——* 小心地，一张板凳坐了五个人

第二，S_1 类小句中的施事能作为后续小句施事，支配后续事件动作，持续性强，S_2 类小句中的施事不行。例（10a）中 S_1 类小句中施事持续复现八次，相同语境下例（10b）中 S_2 类小句施事不可复现；例（11a）中 S_1 类小句施事持续复现三次，相同语境下例（11b）中 S_2 类小句施事不可复现。

（10）a. 几个人 $_i$ 吃了一碗野菜以后，$_{i1}$ 突然感到异常兴奋，$_{i2}$ 身不由己地手舞足蹈起来。他们 $_{i3}$ 从房中舞到场上，$_{i4}$ 从场上舞进水塘，$_{i5}$ 衣服湿透了仍然狂舞不休。旁观者心想不好，慌忙把他们 $_{i6}$ 送进医院。医生治好了他们 $_{i7}$ 的病，又从他们 $_{i8}$ 吃的野菜中找到那种致人兴奋的药素。(《人民日报》，1981-12-22）

b.* 一碗野菜吃了几个人 $_i$ 以后，$_{i1}$ 突然感到异常兴奋，$_{i2}$ 身不由己地手舞足蹈起来。

（11）a. 诬蔑中国人民困难得不得了，五个人 $_i$ 穿一条裤子，$_{i1}$ 喝清水汤。你们硬是要我们 $_{i2}$ 把实产的粮食扣除水分来计算，把每人 $_{i3}$ 实分得的五百六十斤，硬说成只有二百三十斤，这不是正适应了赫鲁晓夫的需要吗？(《人民日报》，1967-08-06）

b.* 诬蔑中国人民困难得不得了，一条裤子 $_i$ 穿五个人，$_i$ 喝清水汤。

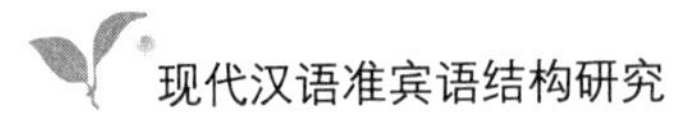

7.2.3 宾语受动性

宾语受动性指宾语受影响的程度，分为宾语高受动性、低受动性，受动作影响大的宾语受动性高，受动作影响小的宾语受动性低，分别对应高、低及物性。我们发现，S_1、S_2 类小句中的宾语有高、低受动性表现，后续可追补表示宾语受影响大、受影响小的小句，分别见例（12）（13）。

（12）a. 十个人吃一锅饭，肯定吃得完。

b. 十个人吃一锅饭，肯定吃不完

（13）a. 一锅饭吃十个人，肯定够吃了。

b. 一锅饭吃十个人，肯定不够吃。

但是，我们发现，有换位句的 S_2 类小句一般是受到影响的，证据有如下两点。首先，S_2 类小句中的语义深层格宾语（S_2 类小句中的语义深层格宾语是语义上的宾语，不是宾语句法位置上的宾语）必须受到影响，如果 S_1 类小句中的宾语不受影响，一般没有对应的 S_2 类小句，例（14a）中宾语“一部电影”“一首歌”均不受施事、动作影响，不存在消耗，没有对应的换位句；例（14b）中“菜”“水”受施事、动作影响，比如会被喝完、喝掉一部分，存在消耗，有对应的换位句。

（14）a. 一个人看了一部电影——* 一部电影看了一个人

两个人唱一首歌——* 一首歌唱两个人

b. 三个人吃两个菜——两个菜吃三个人

一人喝一瓶水——一瓶水喝一人

周韧（2017）指出，功用角色分为占用性功用角色、非占用性功用角色，“一锅饭吃十个人”严格来说是占用性功用句，“一锅饭”需要满足占用性功用角色的限制，存在损耗、消磨、占有、分配的关系，也就是说，语义上的受事是受到动作、施事影响的。

除此之外，S_2 类小句中的深层格宾语必须受到主语的动作影响并发生改变，不受影响的 N_1 就算搭配 N_1 功用角色动词，相应的 S_2 类小句也不成立，例

（15a）中“一条板凳”“一锅饭”“一桶水”受施事动作的影响而发生改变，比如“板凳”压弯、“饭”吃光等，但例（15b）“一部电影”“一首歌”完全不受施事动作影响，不会发生改变，相应的 S_2 类小句不成立。

（15）a. 一条板凳坐三个人 一锅饭吃两个人 一桶水喝三个人
b.* 一部电影看三个人 * 一首歌唱两个人 * 一句话说两个人

第二，S_2 类小句中的表层格宾语（处在宾语句法位置上的宾语）如“十个人”也是受到影响的，如果 S_2 类小句中表层格宾语不受到影响，则没有对应的换位句。例（16a）中 S_1 类小句中的“三个人”“两个人”在动作“唱歌”“跳舞”后不发生变化，不受到影响，因此没有对应的换位 S_2 类小句；例（16b）中 S_1 类小句中的“三个人”“两个人”在动作“吃饭”“喝水”后受到影响，因此有对应的换位 S_2 类小句。最后，我们发现 S_1 类小句能与表示宾语受影响小的副词“随便”共现，但 S_2 类小句不行，可见 S_2 类小句中深层宾语受影响程度更高，见例（16c）。

（16）a. 三个人跳了一段舞——？一段舞跳了三个人
两个人唱了一首歌——？一首歌唱了两个人
b. 两个人吃了一碗饭——一碗饭吃了两个人
三个人喝了一杯水——一杯水喝了三个人
c. 两个人随便吃一锅饭——* 一锅饭随便吃两个人

综上，本书认为，两类小句中的宾语都受到影响，但相比之下，S_1 类小句宾语受动性低于 S_2 类小句，S_2 类小句的深层宾语、表层宾语受动性都更高。

7.2.4 宾语个体化

宾语个体化指宾语个体化程度，有生、有指、有定、具体的宾语是个体化的，无生、无指、无定、抽象的宾语是非个体化的，分别对应高、低及物性。我们认为，两类小句中的宾语都是有指的，不是无指的，但相比之下，S_2 类小句中宾语个体化程度更高。首先，从深层宾语即语义上的受事来看，抽象宾语能进入 S_1 类小句中，不能进入 S_2 类小句中，见例（17）；除此之外，描写性定

语可以修饰 S_1 类小句的宾语，但不能修饰 S_2 类小句的深层宾语，见例（18a），而限制性定语既可以修饰 S_1 类小句的宾语，又可修饰 S_2 类小句的深层宾语，见例（18b）。

（17）三个人吃了一点亏 / 苦头——* 一点亏 / 苦头吃了三个人

（18）a. 三个人吃便宜的午餐——* 便宜的午餐吃三个人

b. 两个人吃两份午餐——两份午餐吃两个人

其次，从表层宾语来看，S_1 类小句中的宾语可以是不定指的（但依然是有指的），S_2 类小句中的表层宾语不行，见例（19）；S_1 类小句的施事可受“的”字定语修饰，S_2 类小句中对应的表层宾语不行，见例（20a），但能受性质形容词直接修饰，见例（20b）。

（19）a. 一个人看了两部电影——一个人看了某部电影

三个人吃了一碗饭——三个人吃了某家餐厅

b. 一锅饭吃了一个人——* 一锅饭吃了某个人

一条板凳坐三个人——* 一条板凳坐一些人

（20）a. 可怜的三个人吃一锅饭——* 一锅饭吃可怜的三个人

b. 三个贵州人吃一锅饭——一锅饭吃三个贵州人

综上，我们认为，两类小句中的宾语都是个体化的，但相比之下，S_2 类小句中表层宾语、深层宾语的个体化程度高于 S_1 类小句。

7.2.5 运动状态

运动状态可分为动作的、非动作的，动作事件是高及物的，动作能在参与者之间传递，例（21a）中动作“打”由“小王”发出，“小李”接受，“小李”受到动作影响；非动作事件是低及物的，动作对参与者没有影响，例（21b）中“爱”只是一种状态，对“小李”没有影响。

（21）a. 小王打小李

b. 小王爱小李

我们认为，在整体上，S_1 类小句、S_2 类小句都是动作性的。两类小句都能回答“发生了什么”的问题，不能回答“怎么样”的问题，见例（22）。

（22）a. 发生了什么？　　十个人吃了一锅饭
b. 发生了什么？　　一锅饭吃了十个人
c. 怎么样？　　* 十个人吃了一锅饭
d. 怎么样？　　* 一锅饭吃了十个人

但是，S_1 类小句的动作性更强一些，在形式上，S_1 类小句能表示某个时间点发生的动作，能回答某个时间点发生了什么的问题，分别见例（23a）（23b），相同语境下 S_2 类小句不行，分别见例（23c）（23d）。

（23）a. 临走时发生了什么？
b. 临走时又会餐一次……十四个人喝白酒二斤，炒肉盘四个，素盘两个，炒饼十一盘，白面二十八碗。（《人民日报》，1948-10-27）
c. 临走时发生了什么？
d. 临走时又会餐一次……* 白酒二斤喝十四个人，炒肉盘四个，素盘两个，炒饼十一盘，白面二十八碗。

第二，本书发现，S_2 类小句动作性不强，主要表示一种关系、状态。S_1 类小句能与表示时间的词语共现，而 S_2 类小句很难与表示时间的词语共现，分别见例（24），可见 S_2 类小句动作性弱一些。由此，本书认为两类小句都有动作性，但 S_1 类小句的动作性强于 S_2 类小句。

（24）a. 十个人昨天吃了一锅饭
b.* 一锅饭昨天吃了十个人

7.2.6 瞬时性

瞬时性特征包括瞬时的、非瞬时的，分别对应高、低及物性。瞬时的指小句指涉的动作事件发生的时间是一开始就结束的；非瞬时的指小句指涉的动作事件从开始到结束有一定的时间。本书认为，S_1、S_2 两类小句都不是瞬时的，在形式上不能与表示瞬时的时刻词或瞬时副词“那一刻”“突然”“忽然”共现，分别见例（25）、（26）；两类小句的非瞬时性更强，表示在一段时间内发生的动作，可与表示时间段的词如“那一天”共现，见例（27）。本书认为，S_1、S_2 两类小句都表现为非瞬时性。

（25）a.* 那一刻，十个人吃一锅饭
　　b.* 十个人突然 / 忽然吃一锅饭
（26）a.* 那一刻，一锅饭吃十个人
　　b.* 一锅饭突然 / 忽然吃十个人
（27）a. 那一天，十个人吃了一锅饭
　　b. 那一天，一锅饭吃了十个人

7.2.7　意愿性

意愿性可分为有意愿的、非意愿的，分别对应高、低及物性，参与者能自主控制的动作是有意愿的，见例（28a）；参与者不能自主控制的动作是非意愿的，见例（28b）。

（28）a. 小王写了他的名字
　　b. 小王忘了他的名字

本书发现，S_1、S_2 两类小句都是有意愿的，非意愿动词不可进入两类小句，分别见例（29）。我们可以用参与者是否倾向发生进一步测定参与者的意愿性高低，我们发现，S_1 类小句有意愿性变化，形式上能与表示意愿的词如“愿意”“不情愿”“主动”共现，后续事件也可追补有意愿、非意愿的事件，分别见例（30）（31）。但是，S_2 类小句一般没有意愿性变化，不能与表示主观意愿的词共现，后续事件也不能是有意愿倾向的，分别见例（32）（33）；即使 S_2 类小句与情态副词共现，句义也是客观的、评价性的，没有主观意愿性的变化，见例（34）。本书认为，S_1 类小句有意愿性高低变化，S_2 类小句没有意愿性变化，两类小句在意愿性特征上比较相似，都是有意愿的。

（29）a.* 十个人忘了吃一锅饭

b.* 一锅饭忘了吃十个人

（30）a. 十个人愿意 / 不情愿吃一锅饭

b. 十个人主动吃一锅饭

（31）十个人吃一锅饭，他们都不愿意 / 他们都愿意

（32）a.* 一锅饭愿意 / 不情愿吃十个人

b.* 一锅饭主动吃十个人

（33）* 一锅饭吃十个人，他们都不愿意 / 他们都愿意

（34）一锅饭应该吃十个人，但事实上只有两个人吃

7.2.8　肯定性

肯定性指动作的肯定、否定，分别对应高、低及物性，肯定的动作事件能传递动作，否定的动作事件不传递动作。S_1、S_2类小句都不能跟否定标记“不”“没”组合，见例（35），两类句式都有强肯定性。S_1、S_2类小句可跟否定标记“不了”共现，但是“不了”不是对句式、谓语的否定，而是对动作对象内容的否定，表示动作对象不符合预期，如例（36）两句语义不同。丁声树（1961:36—37）指出S_1类小句如例（36a）表示“饭多了”，S_2类小句如例（36b）表示“饭少了”。综上，本书认为S_1、S_2两类小句的肯定性都很强，一般不出现在否定语境中。

（35）a.* 十个人不 / 没吃一锅饭

b.* 一锅饭不 / 没吃十个人

（36）a. 十个人吃不了一锅饭

b. 一锅饭吃不了十个人

7.2.9　体貌

体貌分成完整体，非完整体，分别对应高、低及物性。完整体指小句所指动作事件已经完成，非完整体指小句所指动作事件没有完成。我们发现，S_1类小句可出现在完整体、非完整体中，形式上表现为可跟完整体标记“了”、非完整体标记“着”和“正”共现；S_2类小句只能出现在完整体中，不能出现在非

完整体中，形式上表现为只能跟完整体标记共现，不能跟非完整体标记共现，分别见例（37a）（37b）。

（37）a. 十个人吃了一锅饭——十个人吃着一锅饭
——十个人正/在吃一锅饭
b. 一锅饭吃了十个人——* 一锅饭吃着十个人
——* 一锅饭正/在吃十个人

7.2.10 语态

语态分为现实性、非现实性，是小句的整体特征。如果小句指涉事件在现实世界中已经发生，那么该小句是现实的；如果小句指涉事件在现实世界中没有发生、正在发生或在虚拟世界中发生，那么该小句是非现实的。我们认为 S_1、S_2 两类小句都能出现在现实性语义环境中，见例（38）。

（38）a. 十个人吃了一锅饭
b. 一锅饭吃了十个人

周韧（2015）指出非现实性是一种语法范畴，用一系列语义环境引发词对小句的现实性、非现实性进行测试。本书借鉴周韧的标准，发现 S_1 类小句与非现实性语义语境的兼容性高于 S_2 类小句，能出现在非现实性语义环境中；S_2 类小句与非现实性基本没有兼容性，不能出现在非现实性语义环境中，分别见例（39）至例（43）。在没有非现实性语境引发词的情况下，S_1、S_2 类小句一般出现在现实性语境中。综上，本书认为 S_2 类小句现实性强于 S_1 类小句。

（39）a. 十个人吃一锅饭吗？
b.* 一锅饭吃十个人吗？（疑问）
（40）a. 十个人应该吃一锅饭
b.* 一锅饭应该吃十个人（弱义务）
（41）a. 十个人如果吃一锅饭，肯定能吃饱
b.* 一锅饭如果吃十个人，肯定够了（假设）
（42）a. 明天十个人吃一锅饭

b.* 明天一锅饭吃十个人（未来）

（43）a. 只要十个人吃一锅饭，饭就够

b.* 只要一锅饭吃十个人，饭就够（条件）

综上，本书认为 S_1 类“十个人吃一锅饭”、S_2 类“一锅饭吃十个人”小句虽然语言构成成分完全相同，但两类小句在及物性上存在差异，这些差异是比较而言的，请见表一。两类小句在参与者、意愿性、肯定性、瞬时性特征上比较相似，在施动性、运动状态上 S_1 类小句特征值更高，在宾语受动性和个体化、体貌、语态上 S_2 小句特征值更高。整体上，S_2 类小句及物性强于 S_1 类小句，S_2 类小句整体有六项及物性特征呈现高值，S_2 类小句整体具有高及物性，我们认为 S_2 类小句整体的高及物性是施事 N_2 能出现在动词后的根本原因。

表一　“十个人吃一锅饭”“一锅饭吃十个人”两类小句的及物性表现比较

及物性特征 / 小句类型	参与者	宾语受动性	宾语个体化	施动性	运动状态	瞬时性	意愿性	肯定性	体貌	语态
“十个人吃一锅饭”S_1 类小句	+	−	−	+	+	−	+	+	−	±
“一锅饭吃十个人”S_2 类小句	−	+	+	−	+	−	+	+	+	+

7.3　“十个人吃一锅饭”类小句和“一锅饭吃十个人”类小句的篇章表现

S_1、S_2 两类小句语言成分完全一样，但在语言使用中存在着许多对立差异，我们认为这是由两类小句的及物性差异决定的。S_2 类小句及物性高于 S_1 类小句，因此尽管两类小句的语言组成成分完全相同，但小句的及物性差异使两类结构所在小句在使用和表达上出现了一些差异，且这些差异比较微妙，我们要将两类小句放到具体语境中进行比较。

S_2 类小句及物性更高，往往出现在故事主线上，提供故事主要信息。具体表现为，第一，S_2 类小句及物性更高，能出现在表示超预期、意料之外的语境中，搭配表示意外的副词，见例（44），而 S_1 类小句不能表达这类意义，见例

(45)。我们认为，S_2 类小句整体呈现了非字面上的信息，语言成分进入小句后能呈现非常规信息，这些信息一般出现在故事主线上，推动篇章的发展。

(44) a. 真没想到一条裤子穿了两代人
b. 一条裤子竟然穿了两代人
c. 意外的是，一条裤子穿了两代人

(45) a. ？真没想到两代人穿了一条裤子
b. ？两代人竟然穿了一条裤子
c. ？意外的是，两代人穿了一条裤子

第二，S_2 类小句有高及物性，一般出现在故事主线上，跟后续小句存在时间顺承关联，后续小句能与“就”“很快”等表示时间的状语共现；S_1 类小句也具有高及物性，能出现在故事主线上，跟后续小句有时间关联，能与“就”“很快”等表示时间的状语共现，见例(46)。

(46) a. 一锅饭吃十个人，就没了——一件衣服穿两个人，很快破了
b. 十个人吃了一锅饭，就回家了——两个人穿一件衣服，很快破了

第三，S_1 类小句能出现在表示时间的从句中，S_2 类小句不行，见例(47)。

(47) a. 两人吃了一锅黄鱼面后，从旅馆里出来把行李挑上江边的时候，太阳已经斜照在江面的许多桅船汽船的上面。(郁达夫《迷羊》)
b.* 一锅黄鱼面吃了两人后，从旅馆里出来把行李挑上江边的时候……

第四，S_1 类小句能出现在表示假设、条件的从句中，S_2 类小句不行，分别见例(48)(49)。

(48) a. 如果十个人吃一锅饭，你吃吗？
b.* 如果一锅饭吃十个人，你吃吗？

（49）a. 只要十个人吃一锅饭，我就来。

b.* 只要一锅饭吃十个人，我就来。

第五，S_2 类小句一般不出现在关系化小句中修饰中心词，S_1 类小句可出现在关系化小句中修饰中心词，分别见例（50）（51）。

（50）a. 十个人吃一锅饭的年代已经过去了

b.* 一锅饭吃十个人的年代已经过去了

（51）a. 两代人穿一件衣服的贫穷岁月已经过去了

b.* 一件衣服穿两代人的贫穷岁月已经过去了

综上，本书认为 S_2 类小句一般出现在篇章主线中，能出现在表示预期之外的语境中，能出现在故事主线上，与后续事件有顺承关系，不能出现在表示时间、假设、条件的从句中，不能出现在关系化小句中修饰中心词，而 S_1 类小句不受到这些限制。

7.4　“一锅饭吃十个人”类小句中准宾语性质的判定及小句凸显数量特征的表现

在上文中，我们对两类小句的及物性做了基本的梳理，并认为 S_2 类小句的及物性更高，与 S_1 类小句有不同的篇章表现。下面，我们将对 S_2 类小句中的宾语性质进行讨论。本书认为小句中的宾语不是典型的宾语，而是准宾语。除此之外，我们认为小句凸显整体，凸显数量特征。

7.4.1　S_2 类小句中准宾语性质的判定

本书认为，S_2 类小句中宾语位置上的语法成分与 S_1 类小句宾语位置上的语法成分存在很大的差异，S_2 类小句宾语位置上的语法成分是准宾语，S_1 类小句相应位置上的语法成分是宾语，下面我们将从两个方面来谈两类小句的句法差异表现。首先，我们来看 S_2 类小句的整体句法表现。

第一，S_1 类小句凸显宾语，后续事件可以 N_1 为话题，见例（52）；S_2 类小句凸显动词和准宾语整体，因此后续事件不以 N_1 为话题，而是以小句整体为话题，见例（53）。

（52）a. 十个人吃完一锅饭后，开始打工

b. 十个人吃完一锅饭，还嫌不够

（53）a.* 一锅饭吃十个人，被吃完了 / 没被吃完

b. 一锅饭吃十个人，够了 / 还不够

第二，S_1 类小句凸显宾语，S_2 类小句凸显小句整体。表现在提问方式上，S_1 类小句主语、动词间可插入别的成分，S_2 类小句不行，其成分之间关系紧密。分别见例（54）（55）。

（54）a. 两代人什么情况下穿一条裤子？

b. 什么情况下两代人穿一条裤子？

（55）a.* 一条裤子什么情况下穿两代人？

b. 什么情况下一条裤子穿两代人？

第三，S_1 类小句中还可插入表示完成的副词如“已经”，S_2 类小句整体结合紧密，不能插入表完成的副词，见例（56）。

（56）a. 十个人已经吃了一锅饭

b.* 一锅饭已经吃了十个人

我们认为 S_2 类小句中的 N_2 是准宾语而不是宾语，还可以从准宾语受到的句法限制来看，即 S_2 类小句中动词、准宾语联系紧密，二者中间一般很难进行扩展。具体来说，S_1 类小句可以再补出主语，S_2 类小句不行，见例（57）。S_1 类小句中的 N_2 可进行并列缩合操作，S_2 类小句中对应的 N_2 不行，见例（58），这说明 S_2 类小句中对应宾语位置的成分不能自由扩展。除此之外，S_2 类小句中的表层宾语也不能扩展，不能受描写性定语修饰，而 S_1 类小句可以，见例（59）。

（57）a. 十个人吃一锅饭——他们十个人吃一锅饭

b. 一锅饭吃十个人——* 一锅饭吃他们十个人

（58）a. 十个人吃一锅饭、五盘菜

b.* 一锅饭、五盘菜吃十个人

（59）a. 贫穷的两个人吃一锅饭

b.* 一锅饭吃贫穷的两个人

综上可知，S_2类小句中的宾语受到很大的限制，一般不能扩展，与动词联系紧密。S_2类小句不同于S_1类小句，S_1类小句凸显宾语，S_2类小句凸显整体，我们认为S_2类小句中宾语位置上的成分是准宾语。

7.4.2 “一锅饭吃十个人”类小句凸显数量特征

经过上面的讨论，我们认为S_2类小句中的宾语为准宾语，和普通宾语不同，准宾语一般不能自由扩展。两类小句之间存在差异，其中，S_2类小句与S_1类小句相比，弱化动词语义，有明显的凸显数量特征。

任鹰（1999）指出，如果从句法、语义特征角度出发来研究S_2类小句，该类小句表示一种数量对比关系，表示的意义是一定量的事物供给一定量的人或物使用，供用句中的动词出现了一定程度上的抽象，动词不再精确表示某种动作，动词指示什么动作也已经不重要，小句的目的是说明供用方式。本书同意这种看法，我们认为动词意义已经没有那么重要，因此对宾语的限制也减小，非动词支配对象的语法成分能出现在动词后，比如“吃”显然不能支配“十个人”，但在小句整体作用下，“一锅饭吃十个人”也能说，这是因为小句中动词的意义特征已经减弱。还可证明这一点的是，一些S_2类小句中的动词甚至可省去，如“一张沙发坐三个人”和“一张沙发三个人”都能说，动词是句法语义核心，一般不能省略。但S_2类小句中动词不仅可以省略，省略后语义上小句的数量对比义更加突出；对比之下，S_2类小句中的数量成分不可删除，删除后语义不明，如“一张沙发坐三个人”和“* 沙发坐人”。S_2类小句对动词、准宾语的限制说明小句动词意义削弱，侧重表达句式的整体意义。

本书发现，第一，S_2类小句整体表示数量配比义，在文本中的作用为突出数量对比，因此N_1、N_2必须是光杆数量短语，意义丰富的复杂数量短语不能出现在句中，否则会模糊语义，因此定语不能修饰N_1、N_2；S_1类小句不需突出数量对比，N_1、N_2可以受定语修饰，分别见例（60）（61）。

（60）a. 一条裤子穿两代人

b.* 一条裤子穿李家的两代人

c.* 一条破烂的裤子穿两代人

d.* 一条破烂的裤子穿李家的两代人

（61）a. 两代人穿一条裤子

b. 李家的两代人穿一条裤子

c. 两代人穿一条破烂的裤子

d. 李家的两代人穿一条破烂的裤子

第二，S_2 类小句语义集中于 N_1、N_2 的数量对比，小句数量对比功能被放大，因此 N_1、N_2 必须是光杆的数量短语，不能受复杂定语修饰；小句的动作功能被缩小，所以 S_2 类小句中的动词体貌特征不强，不能进入“把”字句，分别见例（62）（63）；小句施事的功能也被缩小，本章第二节已指出 S_2 类小句施事 N_2 同样不受复杂定语修饰，不能跟指向施事的副词共现。

（62）* 一锅饭吃着 / 完十个人——十个人吃着 / 完一锅饭

（63）* 一锅饭把十个人吃了——十个人把一锅饭吃了

第三，S_2 类小句凸显数量对比，没有数量对比的名词即使存在施受关系也不能进入小句，S_1 类小句没有数量对比的要求，只要有施受关系的名词都能进入小句，见例（64）。

（64）a. 企业吃国家的大锅饭——* 国家的大锅饭吃企业

b. 个人吃企业的大锅饭——* 企业的大锅饭吃个人

另外，S_1 类小句中 N_2 数量特征无限制，数词可任意变换；S_2 类小句中 N_1 数量特征有限制，请见例（65）。

（65）a. 十个人吃一锅饭 / 两锅饭 / 三锅饭 / 四锅饭 / 五锅饭

b. 一锅饭 / ？两锅饭 / ？三锅饭 / ？四锅饭 / ？五锅饭吃十个人

第四，S_2 类小句突出数量对比，不能表示平均分配，因此表示平均分配的“一……一”能出现在 S_1 类小句中，不出现在 S_2 类小句中，见例（66）。

（66）a. 一个人吃一块蜜饯——* 一块蜜饯吃一个人

b. 一个人吃一根冰棍——* 一根冰棍吃一个人

第五，因为 S_2 类小句突出光杆名词的数量对比，因此只有对名词进行计数的名量词能进入 S_2 类小句中，对动作数量进行计数的动量词不能进入 S_2 类小句；而动量词能进入 S_1 类小句中，见例（67）。

（67）a. 十个人吃一顿饭——* 一顿饭吃十个人

b. 两个人说了一番话——* 一番话说了两个人

c. 两个人上一次课——* 一次课上两个人

另外，S_2 类小句突出数量对比，因此只有确指数量短语能进入 S_2 类小句，非确指数量短语不能进入 S_2 类小句，但可进入 S_1 类小句，见例（68）。

（68）a. 好几个人吃了一锅饭——* 一锅饭吃了好几个人

b. 好几代人穿一件衣服——* 一件衣服穿好几代人

因为 S_2 类小句内部表示数量对比，宾语部分不能进入对举语境中，而 S_1 类小句可以，见例（69）。S_2 类小句凸显整体，能整体进入对举语境中，但 S_1 类小句做相同的操作后语感上不太好，见例（70）。

（69）三个人吃一锅饭不如四个人吃——* 一锅饭吃三个人不如吃四个人

（70）a. ？三个人吃一锅饭不如四个人吃一锅饭

b. 一锅饭吃三个人不如一锅饭吃四个人

第六，我们发现 S_2 类小句中动作的对象数量对施事来说必须是足量、足够的，S_1 类小句中的受事没有此要求，例（71a）S_1 类小句能说，例（71b）中 S_2 类小句不能说，因为“一棵葱”对“两个人”来说明显是不够“吃”的。正因为 S_2 类小句中受事对施事数量上的“足量”要求，一些语义较虚的受事不能进入 S_2 类小句，因为这些受事对施事来说不够的，见例（72）。

（71）a. 两个人吃一棵大葱

b.* 一棵大葱吃两个人

（72）a. 两个人吃了定心丸——* 定心丸吃了两个人

b. 两个人吃了亏 / 苦——* 亏 / 苦吃了两个人

综上，本书认为“一锅饭吃十个人”类小句凸显数量特征，该句式中的 N_1 对 N_2 来说必须是足够的、足量的，不确指的、虚指的名词不可出现在 N_1 的句法位置上。S_1 类小句是普通动宾句，动词、宾语之间关系不紧密，状语、定语可出现在谓语、宾语前起修饰作用；S_2 类小句不是普通动宾句，我们认为小句中的宾语接近准宾语，出现在宾语位置上，动宾联系紧密，存在依存关系，状语、定语不可出现在谓语、宾语前起修饰作用。S_2 类小句的功能集中体现为数量配比，S_2 类小句中的 N_1 一般能受名量词修饰，不能受动量词修饰；只有施受关系但没有数量配比意义的名词不能进入 S_2 类小句。S_2 类小句的数量特征被放大，小句中谓语和施事的作用相应地有所缩小，很难进入“把”字句中，一般不与体标记共现，施事的施动力也有所下降。

7.5 “一锅饭吃十个人”类小句中 N_1、V、N_2 的限制特征

本书发现，并不是所有 S_1 类小句都有对应的 S_2 类小句，进入 S_2 类小句的 N_1、N_2、V 存在一些语义限制，满足要求的语言成分才能进入小句，下面，我们将对 S_2 类小句中组成成分的限制特征进行探讨。我们发现，S_2 类小句中的 N_1、N_2 都存在限制。周韧（2017）指出，S_2 类小句中的 N_1 是基本范畴词，非基本范畴词不可进入，见例（73）。从这一点出发，我们发现，S_2 类小句中的 N_2 也必须是基本范畴词，非基本范畴词能进入 S_1 类小句但不能进入 S_2 类小句，见例（74）。

（73）a. 四个人吃四块西瓜——* 四块西瓜吃四个人

b. 三个人吃四小碟菜——四小碟菜吃三个人

（74）a. 一锅饭吃十个人——* 一锅饭吃十个学生——* 一锅饭吃十个班长

b. 一件衣服穿两代人——* 一件衣服穿两个学生 / 班长

我们发现，S_2 类小句中的 N_1 是唯一的、功能性的，非唯一功能的名词不能进入小句。例（75a）中，“板凳”唯一的功能是“坐”，“鱼”的唯一功能不

是“吃”；例（75b）中，“钢笔”唯一的功能是“写”，“粉笔”的功能不只有“写”，还有“画”。上文提到，S_2类小句中的N_1必须是足量的，非足量的名词同样不能进入小句，例（76）中，“一锅饭”“一瓶牛奶”是足量的，而“一口饭”“一滴牛奶”是非足量的。我们认为，S_2类小句整体表示供用义，因此名词N_1必须具备一定功能，且必须足量，才能进行“供给”。

（75）a. 一条板凳坐两个人——* 一条鱼吃两个人

b. 一支钢笔写两个学生——* 一支粉笔写两位老师

（76）a. 一锅饭吃两个人——？一口饭吃两个人

b. 一瓶牛奶喝三个人——？一滴牛奶喝三个人

除此之外，S_2类小句中N_2部分的量词是必须的，删除后不可说，S_1类小句没有这种限制，分别见例（77）（78）。

（77）a. 十个人吃一锅饭——十人吃一锅饭

b. 两个人穿一条裤子——两人穿一条裤子

（78）a. 一锅饭吃十个人——* 一锅饭吃十人

b. 一条裤子穿两个人——* 一条裤子穿两人

S_2类小句中的N_2部分必须有量词，这是因为S_2类小句必须表示数量、时量特征，N_2须表示与N_1的量比较，这是N_2的限制特征。下例中左列分别有配比下的数量、时量、动量义，右列没有，因此右列不能说。例（79a）中“五个人”是“一条板凳”上坐的人的数量；例（79b）“五个职员”不是“一条板凳”上坐的人的数量，因此不能说；例（80a）中没有时量词，但小句整体有时量义，如“两代人”是“一件衣服”穿的时量，而例（80b）中“一个学生”不能充当“一件衣服”穿的时量，因此不能说。

（79）a. 一条板凳坐五个人

b.* 一条板凳坐五个职员

（80）a. 一件衣服穿两代人

b.* 一件衣服穿一个学生

综上，我们认为 S_2 类小句中的名词存在一些限制，句中的 N_1、N_2 必须是基本范畴词，N_1 的唯一功能和句中动词呼应，且必须是足量的，N_1、N_2 之间存在数量对比要求。

接下来，我们将对 S_2 类小句中动词的语义特征进行讨论。首先，本书发现，进入 S_2 类小句的动词也必须是基本范畴词，与基本生存需要相关，如“吃”“喝”“睡”“穿”等，与基本生存需要不相关的词如“玩”“读”“看”“聊”“跳”“唱”等不能进入 S_2 类小句，但可以进入 S_1 类小句，见例（81）。

（81）a. 一桶水喝三个人——* 一个游戏玩两个人——* 一本书读两个人
* 一件事聊两个人——* 一个舞跳三个人——* 一首歌唱五个人
b. 三个人喝一桶水——两个人玩一个游戏——两个人读一本书
两个人聊一件事——三个人跳一个舞——五个人唱一首歌

除此之外，我们发现，S_2 类小句中的动词原本是右向动词，如“他吃饭”中“吃”向右指向作用对象“饭”，但这类动词在 S_2 类小句中，变成了左向动词，如“一锅饭吃十个人”中动词“吃”是指向左边的。一般认为，英语中没有相应的 S_2 类小句，是因为英语动词是矢量动词。英语动词有一个特定的指向，如“borrow”对主语来说是“借进”，“lend”对主语来说是借出；而汉语中有一类动词没有具体指向，可以指向施事或受事，见例（82）。因为汉语动词的双指向特点，S_2 类小句才有其形成的认知基础，即在汉语习得者的认知框架中，动词是可以双向作用的，当看到 S_2 类小句时，如果识解过程出现困难，就会借助以往的语言经验，即汉语动词可以双向作用的语言知识，对 S_2 类小句进行识解，最终理解 S_2 类小句的语义。可以说，汉语有得天独厚的语言环境来形成 S_2 类小句。

（82）a. 他借了小李一本书——他问小李借了一本书
b. 他借了小李一本书——他借给小李一本书

综上，组成 S_2 类小句的 N_1、N_2 都必须是基本范畴内的数量短语，名词具有唯一功能性，是足量的，动词必须是与基本生存需要相关的基本范畴词，而 S_1 类小句没有这样的限制。跟 S_1 类小句相比，S_2 类小句在数量特征上存在一些区别特点。

S_2类小句中语言成分的限制性特征跟S_2类小句凸显数量特征的表现相呼应。我们认为，进入S_2类小句中的名词、动词都必须是基本范畴词，是因为小句反映的是日常动作行为的基本情况；小句中的名词必须是光杆数量名词，不能添加精细的复杂定语，是因为S_2类小句凸显数量特征，有数量配比义；小句中的N_1必须对N_2而言是足量的、足够的，是因为小句整体有功用意义（参见周韧，2017），如果不足量，N_1的功能无法显现，自然没有功用义。S_2类小句中的名词、动词存在限制特征，究其根本是受到S_2类小句整体表达功能的制约，小句构成成分和小句两者是部分、整体的关系，因此必须是和谐一致的。

7.6　余论

“一锅饭吃十个人”与“十个人吃一锅饭”相比，语言构成成分完全相同，施事、受事位置颠倒，在语言上存在一系列差异。经考察，我们认为，“一锅饭吃十个人”类施受倒置句形成有三个原因：第一个原因是，虽然S_1类小句施受倒置，但是小句深层语义中的施事、受事依然不变，人们能通过认知加工理解小句语义，这是小句存在的必要条件；第二个原因是，S_2类小句整体有高及物性，因此小句中的施事、受事颠倒顺序后依然能出现在动词左右，及物性使小句成分具有黏合的可能，在高及物性作用下，准宾语被句式吸纳到宾语位置；第三个原因是，汉语中有一类动词没有矢量，在语义影响下动词指向方向可变，构成了习得S_2类小句的认知基础。本书认为，“一锅饭吃十个人”是准宾语句，这类小句突出表现数量对比特征，具有描写说明作用，对小句中的构成成分要求很高，进入小句的名词、动词都存在限制，受到了小句整体表达功能和表达目标的影响。

第八章　“来了客人”类主体准宾语考察

在上文中，本书讨论了现代汉语中的程度准宾语、旁格准宾语、重叠准宾语、借用动量准宾语、功用准宾语的及物性表现和篇章功能特征。下面我们将对“来了客人”类主体准宾语做出及物性考察和篇章表现分析，并对主体准宾语的生成机制进行研究。

8.1　问题的提出

现代汉语中有一类准宾语由施事或动作主体充当，出现在一价动词后，见例（1），我们称这类准宾语为主体准宾语。在汉语中，动词宾语一般是动作的受事或动作的支配对象，施事或动作主体出现在动词后的情况很少。一些学者对这类准宾语做了研究，可参见王灿龙（2017）、周韧（2020）。但是，以有研究多从准宾语的指称角度入手进行解读，没有揭示施事出现在动词后的深层原因。除此之外，我们发现主体准宾语小句（下文简称 S_1 类小句）与其对应的一般顺序小句（下文简称 S_2 类小句）存在使用对立，见例（2）；S_1 类小句和 S_2 类小句出现的语境存在对立，见例（3）；有的 S_2 类小句强制要求数量特征和主体宾语共现，有的 S_2 类小句不强制数量特征和主体宾语共现，见例（4）至例（6）。

（1）a. 死了一头牛　　b. 死了一盆花

c. 来客人了　　d. 跑了一条狗

e. 跑了一个新娘　　f. 走了一个老师

g. 掉了一张封皮　　h. 绝了一门艺

（2）a. 这次地震的猛烈程度，相当于至少死了一万五千人的里斯本

1755 年的大地震

b. 这次地震的猛烈程度，* 相当于至少一万五千人死了的里斯本 1755 年的大地震

（3）a. 客人来晚了——* 来晚客人了

b. 李老二的新娘跑了——* 跑了李老二的新娘

c. 那盆花死了一段时间了——* 死了那盆花一段时间

（4）a. 死了一头牛——* 死了牛

b.* 死了一位父亲——死了父亲

（5）a. 跑了一条狗——* 跑了狗

b. 跑了一个新娘——跑了新娘

（6）a. 来了一个老师——* 来了老师

b. 来了一位客人——来了客人

已有研究对两类小句存在的差异关注较少，为了对主体准宾语小句有更深入的理解，本书将运用及物性理论，并从动态语境、篇章表现、语用功能等方面对主体准宾语所在小句与其对应的一般顺序小句进行对比考察，试图对主体准宾语小句的成因、特征及形成机制做更深入的研究。

8.2　“来了客人”类小句和“客人来了”类小句的及物性考察

Hopper & Thompson（1980）提出了及物性假说，该理论认为及物性不只是动词是否可带宾语的特征，而是小句整体的特征。在研究中，两位学者通过及物性十项特征来综合考察小句的句法、语义特点，认为及物性十项特征存在于一个共变的语言系统中，十项特征的具体表现共同决定了小句的及物性。两位学者创造性地将语言中及物性的高低与篇章功能结合起来，认为高及物性小句多出现在篇章前景中，构成篇章的主干；低及物性小句多出现在篇章背景中，构成篇章主干的血肉。“来了客人”类主体准宾语小句的特殊之处在于，一般不出现在动词前的主体施事出现在了动词后，动词和名词的结合机制显然与一般的动宾结构不同。根据这一点，本书决定从及物性理论出发，对“来了客人”类主体准宾语句进行综合的及物性考察，试图对这类特殊小句做系统、全面的研究，找出这类小句形成的原因，并对这类特殊小句及其对应一般顺序小句的

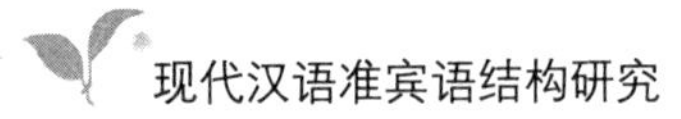

句法表现进行对比考察。

8.2.1 参与者

参与者特征与小句中参与者的数量有关。一般认为，只有一个参与者的小句很难有动作传递，有两个及以上参与者的小句一般存在动作传递，两类小句分别对应高、低及物性。S_1、S_2 类小句中的动词一般都是一价动词，S_2 类小句只有一个参与者即施事，见例（7）；而主体准宾语 S_1 类小句中的施事或主体出现在动词后，原先施事所在的句法位置空了出来，句首可添加其他参与者成分，实现了参与者的扩容，见例（8）。

（7）a. 牛死了　　b. 客人来了　　c. 老师走了

（8）a. 莫家庄死了一头牛

b. 莫家庄来了客人

c. 莫家庄走了一位老师

值得注意的是，S_1 类小句中的扩容参与者是必须出现的，因为主体准宾语出现在动词之后，跟动词的关系更为紧密，黏合度变高，小句中必须出现新的参与者，小句语义才能明确。只有一个参与者的 S_1 类小句语义不明确，让受话人不明其意，如例（9）中“掉了封皮”对于听话人来说很难理解，再经过一轮问话后，“小王”补充一个参与者“你”说“你掉了封皮”，听话人才明其义；在某些语境中 S_1 类小句中看似只有主体准宾语一个参与者，但实际上在动词前的论元已经承前省略或承后省略，见例（10）。综上，本书认为 S_1 类小句的参与者特征强于 S_2 类小句。

（9）小王：掉了封皮。小李：什么意思？小王：你掉了封皮！

（10）a. 最近莫家庄$_i$好热闹，$_i$来了好多客人。

b.$_i$来了好多客人，都是莫家庄$_i$那边的亲戚。

8.2.2 施动性

施动性是主语或施事的特征，指小句中的主语或施事对动作的控制能力。一般来说，高生命度主语如“人”有高施动性，“孩童”或对动作没有控制力的

“动物”有低施动性，而没有生命度的主语如“桌子”没有施动性。本书认为，S_2 类小句施动性高于 S_1 类小句，S_2 类小句中主语位置都是施事，而 S_1 类小句中施事移动到动词后，主语位置不是施事，见例（11）。

（11）a. 客人来了　新娘跑了　老师走了

b.（家里）来了客人（村里）跑了新娘（村里）走了一位老师

8.2.3　宾语受动性

宾语受动性指宾语受到影响的程度，若宾语受影响程度高，则宾语受动性高；若宾语受影响程度低，则宾语受动性低。本书认为，S_2 类小句一般没有宾语，无宾语受动性可言；S_1 类小句有主体宾语，宾语有受到影响的可能，因此 S_1 类小句宾语受动性更高。除此之外，S_1 类小句中主体或施事充当准宾语，准宾语部分跟动词联系紧密，动词和准宾语结合后表现出强烈的结果倾向，一般不能出现在表示情况出现改变的预期外的语境中；S_2 类小句单纯表示施事实施了某个动作事件，该动作事件没有强烈结果义，能出现在表示结果出现松动的语境中，分别见例（12）（13）。

（12）a. 客人来了，又走了

b. 来客人了，*又走了

（13）a. 一个老师走了，没多久又回来了

b.* 走了一个老师，没多久又回来了

8.2.4　宾语个体化

宾语个体化可分为宾语高度个体化和宾语非个体化，对应高、低及物性。个体化宾语一般是有指、有定、具体、可数的，非个体化宾语一般是无指、无定、抽象、不可数的。S_2 类小句动词后一般没有宾语，没有宾语个体化的可能，见例（14a）；S_1 类小句动词后是主体准宾语，有宾语个体化的可能，见例（14b）。

（14）a. 一个新娘跑了∅——学生跑了∅

b. 莫家庄跑了一个新娘——莫家庄小学跑了学生

我们发现，S_1 类小句中的主体宾语必须是高生命度的人，低生命度的光杆动物、植物名词不能进入 S_1 类小句，但可进入 S_2 类小句，见例（15）。如果低生命度动物、植物名词要进入 S_1 类小句，名词前必须加上数量结构，表示该名词是名词集合中的某个确定成分，见例（16）。高生命度表人名词中有唯一性、定指性的词如“父亲”，这种词不能加数量结构，因为这些名词指代的对象一般是明确的，定指名词前若加上数量结构如“一位”表示某类名词的其中之一，数量名结构整体丧失唯一性，数量词的不定指语义和名词的定指性语义不适配，因此不能说，见例（17）；没有唯一性、定指性的高生命度指人名词可加数量结构也可不加，不加数量结构表示该名词指涉的对象是名词集合中的某个或某几个确定成分，加数量结构表示该名词指涉的对象是名词集合中的某个确定成分，如此一来，非定指名词加上数量结构反而是有指的，见例（18）。综上，本书认为，S_1 类小句中的宾语必须是明确的、有指的，是个体化的，宾语个体化程度较高；而 S_2 类小句中的宾语可以是个体化、非个体化的，宾语个体化程度低于 S_1 类小句。

（15）a.* 死了花——* 死了牛——* 跑了猪

b. 花死了——牛死了——猪跑了

（16）a. 死了一盆花

b. 死了一头牛

c. 跑了一头猪

（17）a. 他死了父亲——* 他死了一位父亲

b. 他跑了媳妇——* 他跑了一个媳妇

（18）a. 他们村来了老师——他们村来了一位老师

b. 他们村跑了新娘——他们村跑了一个新娘

8.2.5 运动状态

运动状态指小句的整体特征，可分为动作的、非动作的，分别对应高、低及物性。我们认为，S_1、S_2 两类小句都表示运动事件，在形式上能回答询问动作的“怎么了”的问题，不能回答询问状态的“怎么样”的问题，分别见例

（19）（20）。因此，本书认为，S_1、S_2 两类小句都是运动的。

（19）a. 小王：他怎么了？ 小李：别提了，他跑了媳妇 / 死了父亲
　　　b. 小王：他怎么样了？ 小李：别提了，* 他跑了媳妇 /* 死了父亲
（20）a. 小王：他怎么了？ 小李：别提了，他媳妇跑了 / 父亲死了
　　　b. 小王：他怎么样了？ 小李：别提了，* 他媳妇跑了 /* 父亲死了

8.2.6　瞬时性

瞬时性可分为瞬时的、非瞬时的，分别对应高、低及物性。我们发现，S_2 类小句可出现在瞬时、非瞬时事件中，出现在瞬时事件中时能与表示瞬时的副词如“突然”共现；出现在非瞬时事件中时能与表示非瞬时的时段词如“三年”共现，见例（21）。S_1 类小句一般只出现在瞬时语境中，能与表示瞬时的副词共现，不能与表示非瞬时的时段词共现，见例（22）。我们认为，S_1 类小句有较强的瞬时性，这是因为 S_1 类小句指涉的事件往往表示一种动作结果，动作结果的出现一般是瞬时的，因此 S_1 类小句瞬时性更强。

（21）a. 他新媳妇突然跑了　　　他父亲突然死了
　　　b. 他新媳妇跑了三年了　　他父亲死了三年了
（22）a. 他突然跑了新媳妇　　　他突然死了父亲
　　　b.* 他跑了新媳妇三年了　* 他死了父亲三年了

8.2.7　意愿性

意愿性是谓词的特征，可分为有意愿的、非意愿的。一般认为，如果小句指涉事件是施事或主体能控制的，则该小句是有意愿的，如“他写了我的名字”；若小句指涉事件是施事或主体不能控制的，则该小句是非意愿的，如“他忘了我的名字”。我们认为，S_2 类小句是有意愿的，小句中主语能控制小句指涉的动作。可证明这一点的是，在形式上，小句主语能与反身代词“自己”共现，见例（23）；我们认为，S_1 类小句是非意愿的，小句中的施事充当准宾语，占据主语位置的不是控制动作的施事，小句中的动作不是施事驱动的，因此是非意愿的，一般表示一种小句主语意料之外的、不倾向发生的动作。可证

明这一点的是，小句主语形式上不能跟“自己”共现，见例（24）。综上，本书认为，S_2 类小句意愿性强于 S_1 类小句。

（23）a. 新媳妇自己跑了
b. 客人自己来了
c. 老师自己走了
d. 新娘自己跑了
（24）a. 跑了新媳妇——* 他自己跑了新媳妇
b. 跑了新娘——* 他自己跑了新娘

8.2.8　肯定性

肯定性指小句指涉的动作是肯定的还是否定的，肯定的、否定的动作分别对应高、低及物性。我们发现，S_2 类小句可以是肯定的或否定的，见例（25）；但是，S_1 类小句一般只有肯定形式，没有否定形式，见例（26）。本书认为，S_1 类小句的肯定性特征强于 S_2 类小句。

（25）a. 新媳妇不跑——新媳妇没跑
b. 老师不走——老师没走
c. 客人不来——客人没来
（26）a.* 不跑新媳妇——* 没跑新媳妇
b.* 不走老师——* 没走老师
c.* 不来客人——* 没来客人

8.2.9　体貌

体貌分为完整体、非完整体，分别对应高、低及物性。动作已经完成的事件对应完整体，动作没有完成的或还在进行中的事件对应非完整体。我们发现，S_2 类小句可出现在完整体中，不出现在非完整体中，见例（27）；S_1 类小句也一样，只能出现在完整体中，不能出现在非完整体中，见例（28）。因此，我们认为 S_1 类小句的体貌特征与 S_2 类小句相似，都倾向出现在完整体中。

（27）a. 一些客人来了（完整体）

b.* 一些客人来着（非完整体）

（28）a. 来了一些客人（完整体）

b.* 来着一些客人（非完整体）

8.2.10 语态

语态包括现实性的、非现实性的，分别对应高、低及物性。在现实世界中真实发生的事件是现实性的，在现实世界中正在发生、没有发生或在虚拟世界中发生的事件是非现实性的。我们发现，S_2类小句可以是现实性的、非现实性的，能出现在现实性、非现实性语境中，见例（29）；S_1类小句能出现在现实性语境中和表示可能的非现实性语境中，但出现在其他非现实性语境中的情况比较少，见例（30）。由此，我们认为S_1类小句更倾向出现在现实性语义环境中，S_2类小句能出现在现实性、非现实性的语义环境中。

（29）a. 新媳妇跑了（现实）

b. 新媳妇可能跑了（可能）

c. 新媳妇偶尔会跑（低频）

d. 新媳妇肯定跑了（猜测）

e. 新媳妇必须跑（强义务）

f. 新媳妇应该跑（弱义务）

（30）a. 跑了新媳妇（现实）

b. 可能跑了新媳妇（可能）

c.* 偶尔会跑新媳妇（低频）

d.* 肯定跑了新媳妇（猜测）

e.* 必须跑新媳妇（强义务）

f.* 应该跑新媳妇（弱义务）

综上所述，我们认为S_1、S_2两类小句的及物性差异表现如表一所示。

表一 “来了客人”“客人来了”两类小句的及物性表现

及物性特征 小句类型	参与者	施动性	宾语受动性	宾语个体化	运动状态	瞬时性	意愿性	肯定性	体貌	语态
S_1类“来了客人”类小句	+	−	+	+	+	+	−	+	+	+
S_2类“客人来了”类小句	−	+	−	−	+	±	+	±	+	±

在及物性的综合考察中，我们发现，S_1类小句有八项及物性特征显示高值，S_2类小句有四项及物性特征显示高值、三项及物性特征有高低表现，由此我们认为，S_1类小句即主体准宾语小句及物性高于一般顺序的S_2类小句。

8.3 “来了客人”类主体准宾语小句的篇章表现

在上文中，我们考察了S_1类“来了客人”类小句、S_2类“客人来了”类小句的及物性，并认为S_1类小句的及物性高于S_2类小句，事实上，S_2类小句在传统语法中被视为不及物小句，这符合我们上面的及物性考察结果。

下面我们将对两类小句的篇章表现进行考察。我们发现，主体准宾语必须能带来新的、丰富的信息。如果主体宾语是定指的、唯一性的，该主体宾语能带来未知信息，则主体宾语不能再加数量结构，因为数量结构有不定指义，跟主体宾语的唯一性特征冲突，见例（31a）。如果主体宾语是不定指的，可分为两种情况。在第一种情况中，低生命度的主体宾语如“猫”必须加上数量词如“一只猫”，此时的主体宾语“一只猫”是有指的，“一只猫”能带来新信息；如果不加数量词，只有光杆的低生命度主体宾语“猫”，那么主体宾语带来的信息不足，则不能出现在主体宾语位置，见例（31b）。在第二种情况中，高生命度的主体宾语“客人”不带数量结构时表示未知数量的“客人”，带数量结构时表示明确数量的“客人”，两种情况下都能带来新信息，因此可以说，见例（31c）。

（31）a. 他死了母亲——* 他死了一位母亲

b.* 那家咖啡店跑了猫——那家咖啡店跑了一只猫

c. 陈家庄来客人了 / 陈家庄来了一位客人

我们发现，主体准宾语小句中的主体准宾语不能是并列名词成分，其对应的一般语序小句不受此限制，见例（32）；一些相关性极高的同类名词成分在并列时同样不能充当主体宾语，但可缩略为一个名词成分后出现在主体宾语位置上，见例（33）。

（32）a. 他爸爸和爷爷死了
b.* 他死了爸爸和爷爷
（33）a. 他爸爸和妈妈死了
b.* 他死了爸爸和妈妈
c. 他死了爸妈

除此之外，描写性定语不能修饰 S_1 类小句中的主体准宾语，但可以修饰 S_2 类小句中的施事，分别见例（34a）（34b）；但限制性定语能修饰 S_1 类小句中的主体准宾语，也能修饰 S_2 类小句中的施事，分别见例（34c）（34d）。

（34）a.* 来了成都的客人——成都的客人来了
b.* 走了教数学的老师——教数学的老师走了
c. 来了成都客人——成都客人来了
d. 走了数学老师——数学老师走了

在以往的研究中，学者如周韧（2020）指出“来了客人”类小句中的主体宾语一般带来的是未知信息（不是无定信息），我们认为，S_1 类小句不仅能带来未知信息，还能带来预期之外的信息，且是在篇章中显著的、突出的信息。我们发现，S_1 类小句能出现在说话人意料之外、预期之外的语境中，换成 S_2 句之后不太合适，例（35a）中“客人”是意料之外的，用 S_2 类小句不合适，见例（35b）。在形式上，S_1 类小句能搭配表示意料之外的词语如“没想到”等，S_2 类小句不行，见例（36）。

（35）a. 老徐道：“家里来客人了。”“什么客人？谁来找我？”（格非《江南三部曲》）
b.* 老徐道：“家里客人来了。”“什么客人？谁来找我？”
（36）a. 家里来客人了——没想到家里来客人了

b. 家里客人来了——* 没想到家里客人来了

S_1 类小句能整体做修饰语，表示被迫、消极接受的客观情况，是参与者不倾向发生的情况，见例（37a），换成 S_2 类小句后不能表达出这层意思，见例（37b）。

（37）a. 死了主人的人家要在三年之内忌讳招摇这些喜庆色彩太浓的东西，我们从小的时候就知道这种不同寻常的风俗。（迟子建《白雪的墓园》）

b. ？主人死了的人家要在三年之内忌讳招摇这些喜庆色彩太浓的东西，我们从小的时候就知道这种不同寻常的风俗。

S_1 类小句的主语在动词后，后续小句话题能与前面小句的话题一致，例（38a）中“一家”“一国”均一致；S_2 类小句的施事已经占据主语位置，后续小句话题不能跟前面小句的话题一致，例（38b）中“一家人”“一家”不一致，“一国人”“一国”不一致。

（38）a. 一家死了人，一家哭，一国死了人，一国哭。（俞平伯《国难与娱乐》）

b.* 一家人死了，一家哭，一国人死了，一国哭。

S_1 类小句中的主体准宾语是光杆名词或“数量结构 + 光杆名词”，复杂句法结构的主体不能充当 S_1 类小句中的准宾语，见例（39a）；但复杂句法结构主体能出现在 S_2 句中的主语位置，见例（39b）。

（39）a.* 跑了她带着女儿

b. 她带着女儿跑了

当小句强调主语部分时，不能用 S_1 类小句，只能用 S_2 类小句，见例（40）。

（40）a. 他抽白面，把我娘赶走了，妹子卖掉了，* 跑了他一个人。

b. 他抽白面，把我娘赶走了，妹子卖掉了，他一个人跑了。（巴

金《一个车夫》）

S_1 类小句强调事件结果，S_2 类小句强调事件主体，例（41）中 S_1 类小句到 S_2 类小句的转变，体现了语境表达要求的变化。其中，“跑了一个人”体现的是事件结果，“翠姨跑了”强调“跑”的人是“翠姨”。

（41）燕西本来就心里发生了疑团，梅丽又说跑了一个人，这倒是更让他吃一惊，问道：“清秋呢？”梅丽道：“她病得要死了，还跑得了吗？翠姨跑了。”（张恨水《金粉世家》）

因为 S_1 类小句强调事件结果，S_2 类小句强调事件主体，所以 S_2 类小句中的主语能被复杂定语修饰，不强调事件主体的 S_1 类小句中的主体不能被复杂定语修饰，见例（42）。

（42）a. 我亲爱的父亲走了
　　b.* 走了我亲爱的父亲

不加数量结构的无生主体宾语能进入 S_2 类小句，但不能进入 S_1 类小句，分别见例（43a）（43b）；有生主体或数量结构加低生命度主体才能进入 S_1 类小句，分别见例（43c）（43d）。

（43）a. 野兽跑了　　b.* 跑了野兽
　　c. 跑了老婆　　d. 跑了一头野兽

S_1 类小句中的主体准宾语不能是特指的专用名词，S_2 类小句中的施事主语可以是专有名词，见例（44）。

（44）a.* 走了王先生　* 走了王大大
　　b. 王先生走了　王大大走了

S_1 类小句强调谓语部分，凸显动作结果，见例（45a）；S_2 类小句不强调谓语部分，指涉主语、谓语等句法成分构成的事件，因此不进入凸显谓语和结果的语境中，见例（45b）。

（45）a. 就在这时候有人来喊我们，说前边的高层楼上死了人，楼上偏偏停了电，愿出一百元让我们上楼把尸体背下来。（贾平凹《高兴》）

b.？就在这时候有人来喊我们，说前边的高层楼上人死了，楼上偏偏停了电，愿出一百元让我们上楼把尸体背下来。

最后，我们发现，S_1 类小句中的主体准宾语接续性很强，例（46）中“客人”或“客人”指代的名词和名词空位连续出现了 12 次。S_2 类小句中的主体施事接续性不强，例（47）中“客人”或“客人”指代的名词和名词空位连续出现了 8 次。

（46）……高声叫：丹根他妈，来客人$_i$了。暖暖因为有了接待天津那两个研究生的经验，出来一看，就明白了是怎么回事，忙给几个学生$_{i1}$一人倒了一碗白开水，又倒了两盆凉水让他们$_{i2}$洗脸洗手。之后才把开田拉到屋里说：咱家就那一间空屋子，如今一下子来了两男两女$_{i3}$四个人$_{i4}$，咋着住？总不能让人家四个人$_{i5}$挤一间屋子吧？开田想了一刹，说：要不，让他们$_{i6}$中的两个人$_{i7}$去邻居家借住？暖暖嗔怪地瞪他一眼：净出馊主意，去别人家借住，那住宿费不就要让人家得了？这样，把咱俩的睡屋腾出来，让他们$_{i8}$住，咱夜里到灶屋打地铺。开田点点头道：行，就照你说的办。之后，暖暖又上前给学生们$_{i9}$讲价钱，说：上次天津的晓景他们来，连当向导带吃住，俺们一天一人收他们一百五十块，你们$_{i10}$来，还是这个价，不知你们$_{i11}$愿不愿意？那些学生$_{i12}$听了后都说：行，行，就一百五十块吧。……（周大新《湖光山色》）

（47）……李嫂笑着打起卧房的布帘子，说：“太太！客人$_i$来了。”S $_{i1}$从屋里笑盈盈的走了出来，$_{i2}$身上穿着红丝绒的长衣，大红宝石的耳坠子，i_3脚上是丝袜，金色高跟鞋，$_{i4}$画着长长的眉，$_{i5}$涂上红红的嘴唇，$_{i6}$眼圈边也抹上淡淡的黄粉，更显得那一双水汪汪的俊眼——这一双俊眼里充满着得意的淘气的笑——她$_{i7}$伸出手来，和我把握，笑说：“× 先生晚安！到敝地多久了？对于敝处一切还看得惯吧？”我们都大笑了起来，孩子们却跑过去抱着 S $_{i8}$的腿，欢呼着说：“妈妈，真好看！”［冰心《冰心全

集（第三卷）》]

综上，我们认为“来了客人”类主体准宾语小句中动词、准宾语联系紧密，二者之间具有依存性，动词、准宾语之间不能插入其他成分，小句在篇章中凸显动词准宾语整体。

8.4　“来了客人”类主体准宾语类小句的允准条件

在上文中，我们讨论了“来了客人”“客人来了”两类小句的及物性表现，并对两类小句的篇章特点做了研究。上文说过，并不是所有 S_2 类小句都有对应的主体准宾语类小句，下面我们对主体准宾语小句的允准条件做进一步讨论。

8.4.1　动词的允准条件

上文说过，主体准宾语类小句是动作性的，如“他家来了客人”；而表示状态的非动作动词不能进入 S_1 类小句，不能说“问题想了小明”，但可以进入 S_2 类小句，能说“小明想了问题”。

除此之外，我们发现英语中的动词一般有方向指向，且方向是固定的。例（48a）中的动词是右向的，动作由施事传递到受事，因此例中的施事、受事一般不可省略，见例（48b）；在汉语中，一些动词没有方向指向，到了语境中才能表现出动作的方向，例（49a）（49b）分别是“晒”作为右向动词、左向动词的例子。我们认为，因为动作方向可变，施事、受事存在省略的可能性，见例（49’）。

（48）a.I kicked a ball

b.*kicked a ball——*I kicked

（49）a. 我晒了衣服　　　　b. 我晒了太阳

（49’）a. 小王：你昨天晒衣服了吗？小李：我晒了

小王：你昨天干嘛了？　小李：晒衣服

b. 小王：你昨天晒太阳了吗？小李：我晒了

小王：你昨天干嘛了？　小李：晒太阳

本书认为，因为汉语动词的概念化过程中并没有明确的矢量方向（参见石毓智，2006：152），所以在汉语习得者的认知框架中有动词作用方向不定的语言预设，因此当主体宾语出现在动词后时，汉语习得者能根据以往的学习经验得出动词作用方向不一定是向右的。具体来说，出现在“来了客人”类主体宾语小句中的动词一般被看作是不及物动词，动作的起点就是终点，动作作用的方向是从主语到主语，见例（50）。在主体宾语小句中，动作的起点同样是终点，只是动词的作用方向发生了改变，变成了从宾语到宾语，见例（51）。

（50）a. 客人来了（S ➡ S）
b. 一头牛死了（S ➡ S）
c. 一个老师走了（S ➡ S）
（51）a. 来了客人（O ➡ O）
b. 死了一头牛（O ➡ O）
c. 走了一个老师（O ➡ O）

从例中可见几点：第一，不及物动词从不带宾语，变成可带宾语；第二，S_1 类小句中的动词作用方向发生改变；第三，S_1 类小句中动词的起点终点所承载的句法成分发生了改变。

动词作用方向改变是主体准宾语小句和一般语序小句存在差异的一部分，我们认为动词从不能带宾语到可以带宾语的变化，受到了小句整体及物性提升的影响。小句整体及物性的提升，使得小句中的动词作用方向有了发生改变的动机；而小句中动词作用方向能发生改变，是因为汉语动词在概念化基础中没有具体矢量方向，在语境中才体现出具体方向。在及物性提升和汉语动词无矢量方向两个要素的共同作用下，不及物动词变得能带宾语，这是主体准宾语小句能出现在汉语中而不能出现在英语中的重要原因。

综上，我们认为汉语中的动词没有明确的矢量方向，为主体准宾语类小句的形成提供了认知基础；进入主体准宾语的动词必须是动作性的，非动作动词不可进入 S_1 类小句。

8.4.2 主体准宾语的允准条件

我们发现，并不是所有 S_2 类小句都有对应的 S_1 类小句，而出现差异的地方主要在主体准宾语上，见例（52）。

（52）a. <u>刺刀</u>来了——* 来了<u>刺刀</u>
b. <u>好日子</u>来了——* 来了<u>好日子</u>

c. 醋来了——* 来了醋
d. 小姐来了——* 来了小姐
e. 傻儿子来了——* 来了傻儿子
f. 姑姑来了——* 来了姑姑

主体准宾语出现在动词后的宾语位置，可以提供新信息。上文说到，低生命度名词一般不能出现在主体准宾语位置，如果要出现在主体准宾语位置，要由数量结构修饰，此时，数量成分就是主体准宾语带来的新信息，见例（53）；小句凸显数量成分的形式证据是，没有数量成分的低生命度准宾语不能回答例（54）中问句的问题。

（53）a.* 死了牛——死了一头牛
b.* 死了花——死了一盆花
c.* 掉了封皮——掉了一张封皮
（54）小王：死了什么？ 小李：* 死了牛 / 死了一头牛

高生命度名词中，具有唯一性的名词如“父亲”不能由数量结构“一个”修饰，见例（55），这是因为唯一性名词已经提供了新信息。高生命度名词如“新媳妇”在语境影响下具有唯一性、非唯一性两类特征，具有唯一性时，高生命度名词表示唯一特指对象，后续不可加上对数量成分进行对比讨论的小句，这是因为唯一性名词有足够新信息，不需再增添数量信息，见例（56a）；不具有唯一性时，高生命度名词表示一类群体，主体准宾语的焦点在数量结构上，后续可以加上对数量成分进行对比讨论的小句，这是因为非唯一性名词处在准宾语位置，不提供足量新信息，需要由数量成分增添宾语信息，见例（56b）。

（55）他死了外婆——* 他死了一个外婆
（56）a. 我们村跑了新媳妇，* 你们村呢？
b. 我们村跑了一个新媳妇，你们村呢？

综上，我们认为主体准宾语必须提供新信息。新信息来源有两类：一是添加特指宾语；二是增加数量成分。

8.5 “来了客人”类主体准宾语小句凸显准宾语的特征

在上文中，我们讨论了“来了客人”“客人来了”两类小句的及物性表现、篇章表现、动词和准宾语的允准条件，我们发现，“来了客人”类准宾语小句凸显准宾语，下面我们将进行说明。首先，本书发现，S_1 类小句中动词跟主体准宾语联系紧密，中间一般不能插入别的成分，但 S_2 类小句中的主体施事和动词之间可以插入别的成分，分别见例（57）（58）。

（57）来了客人——*已经来了客人——*特别想来客人——*不太想来客人

（58）客人来了——客人已经来了——客人特别想来——客人不太想来

其次，我们发现，篇章中从 S_2 句到 S_1 句的使用，体现了宾语凸显度的提高。例（60）中“她跑了”陈述事件，“跑了媳妇”凸显准宾语，强调“跑”的是“媳妇”，由此可见 S_1 类小句有强调主体准宾语的作用。

（59）燕西道：“我们少奶奶趁着起火的时候跑了。不但是她跑了，还带走我一个小孩呢。”谢玉树正着脸色道：“这话是真？”燕西道：“跑了媳妇，决不是什么体面的事，我还撒什么谎？”（张恨水《金粉世家》）

本书认为，S_1 类小句中动词、准宾语联系紧密，凸显小句中的准宾语，整体表示动作结果义。例（60a）中划线内容不描写事件整体，凸显准宾语，凸显的是事件结果，因此用 S_1 类小句形式；例（60b）中划线部分改为 S_2 类小句不好，这是因为该句语义凸显的是结果。

（60）a. 敌伪统治时，平均每天至少死一个人

b.* 敌伪统治时，平均每天至少一个人死

我们认为，S_1 类小句凸显的是准宾语，S_2 类小句能凸显施事主体，例（61a）用 S_1 类小句形式凸显准宾语“人”，这个“人”是特指的“有身份”的

人，是被凸显的新信息，虽然例（61b）也能说，但用 S_2 类小句形式没有凸显信息作用。

（61）a. 京里来人了，省里来人了，专区也来人了。（《人民日报》，1950-05-06）

b. 京里人来了，省里人来了，专区人也来了。

本书认为，正因为 S_1 类小句凸显小句中的准宾语，S_2 类小句凸显施事主体，所以 S_1 类小句组成的凸显准宾语的谚语、俗语不能换成 S_2 类小句表达，见例（62）。

（62）跑得了和尚跑不了庙——* 和尚跑得了庙跑不了

除此之外，凸显准宾语的 S_1 类小句能出现在对举语境中，对准宾语部分进行对比，S_2 类小句不行。例（63a）凸显准宾语“丫环”，“倒是”指明了对比语境，用 S_1 类小句形式更好，用 S_2 类小句形式不凸显准宾语，没有对比作用，见例（63b）；同理分别可见例（63c）（63d）。

（63）a. 小姐没来，倒是来了丫环！

b.? 小姐没来，倒是丫环来了！

c. 跑了姨太太，那很不算奇，现在可是丢了一个男的。（张恨水《春明外史》）

d.? 跑了姨太太，那很不算奇，现在可是一个男的丢了。

我们还发现，“都”能出现在 S_1 类小句动词前，因为 S_1 类小句的准宾语是个体化的，具有数量特征；“都”不能出现在 S_2 类小句的动词前，因为小句中的宾语是非个体化的，没有数量特征，不能与表示遍指的“都”共现。

（64）村里家家都来人了——* 村里家家人都来了

本书认为，进入 S_1 类小句的准宾语都跟动词有常见的、高频的联系，如“客人”是动作“来”经常的、高频的施事主体，“读者”等名词是动作“来”

偶然的、低频的施事主体，因此名词“读者”等不能进入 S_1 类小句，见例（65）。除了动词“来”之外，S_1 类小句中的“死”“跑”“走”类动词对主体准宾语也有高频联系的要求，不满足要求的名词不可进入小句，分别见例（66）（67）（68）。

（65）a. 客人来了——来客人了

b. 读者来了——* 来读者了

教导主任 / 校长来了——* 来校长 / 教导主任了

（66）a. 父亲死了——死了父亲　母亲死了——死了母亲

男人死了——死了男人

b. 小狗死了——* 死了小狗　同学 / 朋友死了——* 死了同学 / 朋友

（67）a. 媳妇跑了——跑了媳妇　新娘跑了——跑了新娘

老公跑了——跑了老公

b. 朋友跑了——跑了朋友　爱人 / 学生跑了——* 跑了爱人 / 学生

（68）a. 一个老师 / 一个教授 / 校长走了——走了一个老师 / 一个教授 / 校长

b. 朋友走了——* 走了朋友　李明 / 孩子们走了——* 走了李明 / 孩子们

S_1 类小句中的主体准宾语跟动词联系紧密，动词和准宾语共同组成一个密不可分的整体，因此动词和准宾语之间必须存在高频联系。我们认为，S_1 类小句一般不凸显主语，凸显准宾语，且准宾语是动作施事，这一违反一般语序原则的表现是受到 S_1 类小句凸显句式语义影响的结果。S_1 类小句的句式意义为，主体不情愿、被动发生的事件，事件意义为非积极的。S_1 类小句中，主体施事在动词后，用认知语法象似原则（iconicity）来解释，可理解为动作并非施事主动驱动。换句话说，动作是施事被迫接受的、非意愿的、突然的、预期外的，这一点与我们对 S_1 类小句的篇章表现和及物性表现结果考察相符。

8.6　余论

经过研究，我们认为 S_1 类“来了客人”小句整体的及物性高于 S_2 类“客人来了”小句。S_1 类小句的形成是以汉语动词没有明显矢量方向的特点为概念基础的，S_1 类小句凸显动词和主体准宾语部分，着重表达事件结果意义，句式语义一般是非积极的。S_1 类小句中动词、准宾语联系紧密，小句内部一般不能插入修饰成分对动词、准宾语进行说明和描写，S_1 类小句中的动词、准宾语存在常见的、高频的联系，不满足此要求的动词或准宾语都不能出现在 S_1 类小句中。高及物性的 S_1 类小句在篇章中接续性强，能构成篇章中的主干；低及物性的 S_2 类小句在篇章中的接续性低于 S_2 类小句，能描写、丰富篇章主干内容，为故事主线添砖加瓦。本书认为，在凸显动词准宾语整体、动词矢量方向语义基础、句式高及物性三项因素的共同推动下，主体准宾语能出现在动词后，形成 S_1 类小句，并在汉语习得者的认知基础帮助下，有了能产的可能。

第九章　“忘家里了”类处所准宾语研究

在前面八章中，我们考察了六类准宾语的及物性、篇章表现，分别是“V 个 P”类程度准宾语、“吃食堂”类旁格准宾语、“V 一 V”类重叠准宾语、“睡一觉”类借用动量准宾语、“一锅饭吃十个人”类功用准宾语、“来客人了”类主体准宾语，研究结果显示，六类准宾语均显示高及物性。下面我们将对“忘家里了”类处所准宾语进行及物性研究，同样，我们将对处所准宾语所在小句进行动态语境的篇章研究，并讨论处所准宾语小句的生成机制。

9.1　问题的提出

现代汉语中有一类处所宾语句，处所宾语是动词的对象、目标或终点，处所宾语是动词的常规受事宾语（参见邢福义，1991），见例（1）。汉语中还存在一类处所准宾语句，处所名词充当动词准宾语，但处所准宾语不是动词的对象、目标或终点，且处所准宾语不是动词的常规受事宾语，见例（2）。学者如朱德熙（1985：114）认为处所宾语、处所准宾语实际上是狭义处所宾语和广义处所宾语，二者的区别在于狭义处所宾语涉及动作所指的位置，广义处所宾语不涉及动作所指的位置。

（1）a. 来家里　b. 去学校　c. 来上海　d. 去客厅　e. 去野外
　　f. 回学校　g. 进宿舍　h. 出饭店　i. 上北京　j. 下饭馆
（2）a. 忘家里　b. 拿学校　c. 飞上海　d. 走水路　e. 走大路
　　f. 睡客厅　g. 睡野外　h. 放抽屉　i. 装抽屉　j. 堵洞口
　　k. 挡窗户　l. 挂窗户　m. 挂墙上　n. 坐炕上　o. 搁洞口
　　p. 穿胡同　q. 坐椅子上

以往学者对处所宾语句的研究比较丰富，可参见孟庆海（1987）、袁毓林（1998：54）、唐依力（2012）。但是，这些研究集中讨论的是处所宾语与动词结合的机制和动因，没有关注到处所准宾语小句。处所准宾语小句的特殊之处在于，动词和处所准宾语之间不存在及物性关系（任鹰，2000）。本书发现，处所准宾语结构（下文简称 S_1 类结构）与其对应的“述词 + 介词 + 处所词（+ 方位词）”结构（下文简称 S_2 类结构）在形式、语义上比较相似，两类结构在形式上的差异体现为介词、方位词是否隐现，分别见例（3）（4）。但是，两类结构在使用中存在对立，分别见例（5）（6）（7）。

（3）a. 走水路　忘家里　睡客厅　飞上海　装抽屉　拿学校

（4）走在水路上　忘在家里　睡在客厅　飞往上海　装在抽屉里　拿去学校

（5）a. ？东西我忘陈老师的家里了——东西我忘在陈老师的家里了

b. ？飞上海、纽约等地——飞往上海、纽约等地

c. ？请飞上海的旅客到登机口登机

——请飞往上海的旅客到登机口登机

d. ？如果东西忘家里了就回去拿——如果东西忘在家里了就回去拿

（6）a. ？承担北京飞上海航班任务的飞机

b. 承担北京飞往上海航班任务的飞机

（7）a. ？这是他驾驶飞机从北京飞上海的照片

b. 这是他驾驶飞机从北京飞往上海的照片

我们认为，S_1、S_2 两类结构所在小句结构、语义相似，但两类小句在使用、篇章功能上存在诸多差异。为了对动词处所准宾语句有更深刻的了解，本书将从及物性角度对 S_1、S_2 两类小句的及物性进行全面的对比考察，以期找出两类小句出现差异的深层原因。除此之外，本书将从语言使用角度对 S_1、S_2 两类小句的篇章功能进行研究，试图挖掘两类小句出现篇章差异的深层动因，并对 S_1 类小句内部语义的限制条件进行考察，继而更全面地分析 S_1 类小句的语言表现。

9.2 “忘家里了”类小句与“忘在家里了”类小句的及物性考察

一般认为，及物性指动词能否带宾语的特征，如英语中及物动词能带上宾语，不及物动词不能带宾语或通过介词带上宾语。系统功能语法代表学者 Halliday（1985）指出及物性是一种语义概念，及物性是语言中概念功能的实现形式，及物性系统由过程（process）、参与者（participant）、环境成分（circumstance）三部分组成。Hopper & Thompson（1980）提出及物性假说，认为及物性不只是动词的特征，而且还是小句的综合特征，两位学者指出可用及物性十项特征综合考察小句的及物性情况。及物性系统内部的各项特征共变（co-vary），如果存在 a、b 两类小句，若 a 小句整体的及物性高于 b 小句，那么 a 小句中必有一些及物性特征高于 b 小句。除此之外，两位学者创造性地将句法语义上的及物性与篇章语用结合起来，指出高及物性小句倾向于出现在篇章前景（foregrounding）中，构成故事主线（storyline）；低及物性小句倾向于出现在篇章背景（backgrounding）中，构成故事主线的血肉。两位学者提出的及物性特征多是从意义出发的，没有提出考察各项特征的明确形式标准，脱离形式探讨意义特征是不可靠的。因此，下面我们将提出判断及物性参数高低的形式标准，并通过相应的形式标准对 S_1、S_2 两类小句的句法语义特点进行全面考察。

9.2.1 参与者

参与者特征指小句中参与者的个数，小句中若有两个或两个以上的参与者，小句对应高及物性；小句中若只有一个参与者，小句对应低及物性。我们认为，S_1、S_2 两类小句一般都有两个参与者，分别是主语、动词直接宾语，分别见例（8）（9）。值得注意的是，一般认为，两类结构所在小句的动词如“忘”“飞”等是不能带宾语的动词，S_2 类小句能带宾语是受到了介词的介引作用，而 S_1 类小句没有介词也能带宾语，可见 S_1 类小句实现了论元增容。

（8）a. 他的东西忘家里了　　b. 他飞上海了

c. 他坐图书馆　　d. 你走左边

（9）a. 他的东西忘在家里了　　b. 他飞往上海了

c. 他坐在图书馆　　　　d. 你走在左边

9.2.2 施动性

施动性指小句中主语施事对动作是否有控制力，一般认为，有生施事如“人”有高施动性，“孩童”“动物”有低施动性，无生施事如“桌子”“板凳”无施动性。

我们认为，S_1类小句与S_2类小句中的主语都具有高施动性。本书发现，S_1类小句中的主语都是具有高施动性的“人”，见例（10a）；有些小句中的主语看似是无生的，实际上省略了动作的实施者，见例（10b）。S_2类小句中的主语也是高施动性的，见例（11a）。同样，有些小句中的主语看似是无生的，实际上省略了动作的实施者，见例（11b）

（10）a. 他忘家里了　他拿学校了　老师飞上海了　爸爸坐炕上　我搁洞口了

b. 今天（我们）走水路　东西（母亲）挂窗户了　书（他）放抽屉里

（11）a. 他忘在家里了　他拿去学校了　老师飞往上海了　爸爸坐在炕上了

b.（东西）他忘在家里了　（书）他拿去学校了

一般来说，构成复杂的动作比构成简单的动作需要更强的施动性，如“看童话书”“做今年的奥数题”分别表示简单、复杂的动作事件。“做今年的奥数题”需要更强的施动性，能与“努力地”共现，能说“他努力地做今年的奥数题”；“看童话书”表示简单事件，不需要更强的施动性，不能与“努力地”共现，不能说“他努力地看童话书”。处所准宾语结构如“爬高山”能表示征服性更强的动作事件（请参见任鹰，2000），这一点也恰好和我们的观点相符，我们认为，“爬高山”比“爬在高山上”意愿性更强，即S_1类小句施动性高于S_2类小句。

9.2.3 宾语受动性

宾语受动性指小句中宾语受影响程度的高低，受影响大的宾语、受影响小

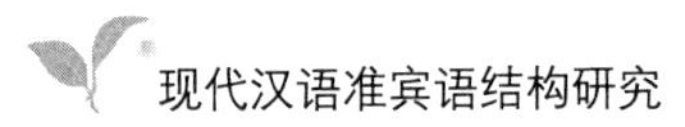

的宾语分别对应宾语高、低受动性。

本书认为，S_1 类小句中宾语受动性高于 S_2 类小句，理由是 S_1 类小句中的宾语不是动词的支配对象或目标，但依然能出现在宾语位置。Lakoff and Johnson（1980）在谈论语言隐喻时指出，临近语序就是影响力的加强。根据这一点，本书认为，处所准宾语不需要介词引导，直接出现在动词后，就是处所准宾语受到影响的表现，动词、准宾语直接结合，是动词影响力加强的表现，也就是说，宾语受动性也加强了。

可以证明我们猜想的证据是，S_1 类小句中的处所准宾语不仅有处所义，还具有强烈的归属、依附义。具体来说，S_1 类小句中的处所准宾语跟动词联系紧密，中间不能插入别的成分，S_2 类小句则不受这个限制，见例（12）。

（12）a.* 他拿过学校　* 他忘了家里　* 老师坐过炕上　* 东西搁了洞口
b. 他拿去学校过　他忘在了家里　老师坐在炕上过　东西搁在了洞口

我们认为，宾语受到的影响可分为两类：一类是受到动作影响后发生位移或性状变化（可参见任鹰，2000），另一类是受到动作影响后发生语序变化。由此，本书认为 S_1 类小句中处所准宾语发生了语序变化，省略了动词、处所准宾语间的介词，见例（13），处所准宾语受到影响，宾语受动性高；而 S_2 类小句中的处所宾语语序未发生变化，也不存在介词省略，宾语也没有发生位移和形状变化，因此我们认为 S_2 类小句中的宾语没有受到影响，宾语受动性低。

（13）走大路——走在大路上　飞上海——飞去上海　搁洞口——搁在洞口

9.2.4　宾语个体化

宾语个体化特征分为宾语高度个体化、非个体化，有指、特指、具体、可数的宾语是高个体化的，无指、非特指、抽象、不可数的宾语是非个体化的。本书认为，S_1 类小句中的宾语个体化程度高于 S_2 类小句。具体来说，S_1 类小句中的处所准宾语在结构中会产生附加义、衍生义，如例（14a）（14b）中“坐办公室”中的“办公室”不仅具有处所义，该处所词被动词“坐”挑选出来后，整个动词准宾语结构能表示一种职业，该结构可出现在说明义构式“是……的”中，见例（14c）；除此之外，在形式上，处所准宾语“办公室”不能被表示不定指的数量结构“某个”修饰，见例（14d）。

（14）a. 坐办公室　　　　b. 她坐办公室
　　　c. 她是坐办公室的　d.* 她坐某个办公室

与之相比，S_2 类小句中的处所宾语在结构中不会产生附加义、衍生义，如例（15a）（15b）中的“办公室”只有处所义，整个结构只表示在某地发生某事，没有附加义，不能出现在表示说明意义的构式“是……的”中，见例（15c）；在形式上，处所词能与表示不定指的数量结构“一个”共现，见例（15d）。

综上，我们认为 S_1 类小句中宾语的个体化程度高于 S_2 类小句。

（15）a. 坐在办公室　　　　b. 她坐在办公室
　　　c. ？她是坐在办公室的　d. 她坐在某个办公室

9.2.5　运动状态

运动状态可分为动作的、非动作的，分别对应高、低及物性。一般来说，在形式上，表示动作的事件能表示动作过程或动作变化，能回答“怎么了”的问题；非动作事件表示一种状态，不能回答“怎么了”的问题，能回答“怎么样”的问题，分别见例（16）（17）。我们发现，S_1、S_2 两类小句都只能回答“怎么了”的问题，不能回答“怎么样”的问题，分别见例（18）（19），因此，我们认为两类小句是动作性的，表示动作事件。

（16）a. 他怎么了？　　b. 他打我了

（17）a. 他怎么样？　　b. 他睡着了

（18）a. 他怎么了？——他东西忘家里了
　　　b. 他怎么样？——* 他忘家里了

（19）a. 他怎么了？——他东西忘在家里了
　　　b. 他怎么样？——* 他忘在家里了

9.2.6 瞬时性

瞬时性指小句指涉动作事件发生的时间是瞬时的，非瞬时性指小句指涉动作事件发生的时间是非瞬时的，瞬时性、非瞬时性分别对应高、低及物性。本书认为，S_1类、S_2类小句非瞬时性特征强，一般与表示非瞬时的时段词语共现，不与表示时刻的词语共现，分别见例（20）（21）。

（20）a. 他东西每天 / 天天 / 一直忘家里

b.* 他东西突然 / 忽然忘家里了

（21）a. 他东西每天 / 天天 / 一直忘在家里

b.* 他东西突然 / 忽然忘在家里了

9.2.7 意愿性

意愿性指小句指涉的动作事件是否能被主语或施事控制的特性，小句主语、施事能控制的动作是有意愿的，不能控制的动作是非意愿的。我们认为，S_1、S_2类小句意愿性都比较强，在形式上，S_1类小句只能与意愿性语言成分共现，不能与非意愿性语言成分共现，分别见例（22a）（22b），甚至非意愿性动词如“忘”进入S_1类小句后都能与意愿性语言成分共现，见例（22c）；S_2类小句有相似的语言表现，见例（23）。因此，本书认为，S_1类小句、S_2类小句都有强意愿性。

（22）a. 他愿意睡教室——他故意睡教室

b.* 他不小心睡教室——* 他无意间睡教室

c. 他故意忘家里了——他不小心忘家里了

（23）a. 他愿意睡在教室——他故意睡在教室

b.* 他不小心睡在了教室——* 他无意间睡在了教室

c. 他故意忘在家里了——他不小心忘在家里了

9.2.8 肯定性

在小句中，肯定的动作能进行有效的动作传递，否定的动作不能，因此肯定性一般对应高及物性，否定性一般对应低及物性。我们发现，S_1类小句有强肯定性，小句的否定形式可接受度更高，见例（24）；S_2 类小句有肯定、否定两种形式，见例（25）。因此，本书认为 S_1 类小句肯定性强于 S_2 类小句。

（24）a. 他今天飞上海
b.？他今天不飞上海
c.？他今天没飞上海
（25）a. 他今天飞往上海
b. 他今天不飞往上海
c. 他今天没飞往上海

9.2.9 体貌

体貌指小句表示动作事件的进行状态。一般来说，已经完成的动作所在小句呈完整体貌，对应高及物性；没有完成的动作所在小句呈非完整体貌，对应低及物性。我们认为，S_1 类小句表示的动作事件一般表现为完整体貌，在形式上表现为能与表示完成的词如时体标记“了”、副词“已经”共现，不与表示未完成的时间副词如“正”“在”共现，见例（26）；S_2 类小句则能与表示完成体、非完成体的标记共现，见例（27）。由此，本书认为 S_1 类小句的体貌特征强于 S_2 类小句。

（26）a. 他飞了上海　　b. 他已经飞了上海
c.* 他正飞上海　　d.* 他正在飞上海
（27）a. 他飞往了上海　　b. 他已经飞往了上海
c. 他正飞往上海　　d. 他正在飞往上海

9.2.10 语态

语态指小句整体的特征，分为现实性的、非现实性的。一般来说，如果小句所指动作事件是已经发生的，则小句是现实性的；如果小句所指动作事件没有发生、正在发生或在虚拟世界中发生，则小句是非现实性的。本书发现，S_1 类小句、S_2 类小句一般只出现在现实性语境中，与非现实性语义环境引发词共现能力弱，与现实性语义环境引发词共现能力强，分别见例（28）（29）。

（28）a. 东西忘家里了　东西已经忘家里了
　　　东西确实忘家里了　东西的确忘家里了
　　b.* 东西想忘家里　* 东西愿意忘家里
　　　* 东西偶尔忘家里　* 东西明天忘家里
（29）a. 东西忘在家里了　东西已经忘在家里了
　　　东西确实忘在家里了　东西的确忘在家里了
　　b.* 东西想忘在家里　* 东西愿意忘在家里
　　　* 东西偶尔忘在家里　* 东西明天忘在家里

综上，S_1 类小句和 S_2 类小句的及物性综合表现请见表一。S_1 类小句（“忘家里了”类小句）有九项及物性特征呈现高值，S_2 类小句（“忘在家里了”类小句）有四项及物性特征呈现高值，由表一可知，S_1 类小句有五项及物性特征高于 S_2 类小句，五项及物性特征与 S_2 类小句相似。总的来说，S_1 类小句及物性高于 S_2 类小句。

表一　“忘家里了”“去家里了”两类小句的及物性表现

小句类型 \ 及物性特征	参与者	施动性	宾语受动性	宾语个体化	运动状态	意愿性	瞬时性	肯定性	体貌	语态
“忘家里了”类小句	+	+	+	+	+	+	−	+	+	+
“忘在家里了”类小句	+	−	−	−	+	+	−	−	−	+

9.3　“忘家里了”类小句与“忘在家里了”类小句的篇章表现

在上文中，我们考察了 S_1 类小句和 S_2 类小句的及物性，本书认为 S_1 类小句及物性高于 S_2 类小句。两类小句除了在及物性高低上存在差异，在篇章功能上也表现出不同。Hopper & Thompson（1980）指出高及物性结构一般出现在篇章前景位置，提供故事主线信息，低及物性结构一般出现在篇章背景位置，提供丰富故事主线的信息。根据这一论点，本书发现两类小句有不同的篇章表现。

第一，我们发现，动词处所准宾语句中动词、准宾语联系紧密，中间一般不能插入别的成分，S_1类小句中的处所准宾语不受描写性定语修饰，S_2类小句中的处所宾语可以，见例（30）。我们还发现，S_1类小句中的处所准宾语不能并列缩合，S_2类小句中的处所宾语可以，分别见例（31）（32）。

（30）a.* 我飞了美丽的上海——我飞往了美丽的上海
　　　b.* 我飞了有名的上海——我飞往了有名的上海
（31）a. 我飞了上海，又飞了北京　　b.* 我飞了上海和北京
　　　c. 我飞往上海，又飞往北京　　d. 我飞往上海和北京
（32）a. 我睡了书房，又睡了客房　　b.* 我睡了书房和客房
　　　c. 我睡在了书房，又睡在了客房　　d. 我睡在了书房和客房

第二，我们发现，两类小句在小句、篇章中也存在差异表现。首先，S_1类小句不能出现在定语小句中修饰名词，S_2类小句可以，请见例（33）。其次，S_1类小句一般不出现在假设、条件、时间小句中，而S_2类小句可以，分别见例（34）（35）（36）。

（33）a.* 飞上海的时候注意安全——飞往上海的时候注意安全
　　　b.* 忘家里的人有几个？——忘在家里的人有几个？
（34）a.* 如果飞上海，你要注意安全
　　　b. 如果飞往上海，你要注意安全
（35）a.* 只要东西是忘家里，事情就好办了
　　　b. 只要东西是忘在家里，事情就好办了
（36）a.* 等你飞上海，你就知道了
　　　b. 等你飞往上海，你就知道了

第三，我们发现，S_1类小句指涉的动作有结果意义，能表示已经达成的动作，而S_2类小句表示的是动作状态，没有结果意义。在形式上，S_1类小句不能与表示过程的时段词语如“一个月”“三天”等共现，S_2类小句可以与表示过程的时段词语共现，请见例（37）。

（37）a. ？他忘学校一个月了——他忘在学校一个月了
　　　b. ？他飞西藏三天了——他飞往西藏三天了

c. ? 他拿家里半天了——他拿去家里半天了

第四，S_1 类小句中的动词语义抽象，S_2 类小句中的动词语义具体，在语言使用中表现为 S_1 类小句中的动词很难再支配其他名词，而 S_2 类小句中的动词一般能搭配相应的名词，请见例（38）。

（38）a. 东西拿学校——* 拿学校东西——东西拿去学校——去学校拿东西
b. 衣服搁洞口——* 搁洞口东西——东西搁在洞口——在洞口搁东西
c. 腊肉挂窗口——* 挂窗口腊肉——腊肉挂在窗口——在窗口挂腊肉

9.4 “忘家里了”类小句的语义限制条件

在上文中，我们考察了处所准宾语小句的及物性，得出该类小句有高及物性，并由小句的高及物性出发，对小句的篇章表现做了对比研究。在汉语中，S_1 类小句和 S_2 类小句存在使用差异，而处所准宾语小句是比较特殊的一类，因为并不是所有处所成分都能出现在处所准宾语小句中，见例（39）。下面我们将对处所准宾语小句的语义限制条件进行考察。

（39）a.* 忘南京　b.* 飞城里　c.* 坐教室
d.* 睡食堂　f.* 挂教室　g.* 搁房间

第一，动词处所准宾语小句中动词所代表的动作与准宾语所代表的实体之间存在高频、常见的联系，如果二者之间的联系不是高频、常见的，则该类小句不成立。例（40a）中动作“坐”与“图书馆”“办公室”“柜台”存在高频共现关系，动词和处所准宾语之间联系紧密，因此能说；而例（40b）中动作“坐”与处所“饭馆”“酒店”“篮球场”不存在高频联系，在“饭馆”经常发生的动作是“吃”而不是“坐”，因此“坐饭馆”不能说。

（40）a. 坐图书馆　坐办公室　坐柜台

b.* 坐饭馆　* 坐酒店　* 坐篮球场

第二，处所准宾语比较特殊，虽然以光杆形式出现，但一般是有指的、明确的，而处所宾语不一定是有指的、明确的，如例（41a）中，“学校”“家里”类处所准宾语对说话人来说一般都是有指的、确定的，能明确是哪个“学校”，也明确“家里”的地址；而例（41b）中的处所宾语“商场”“商店”对说话人来说一般是无指的、不确定的，若没有语境提示，则不能明确该处所宾语指示的是哪个“商场”“商店”。

（41）a. 忘家里了　忘宿舍了　忘教室了　忘饭店了　忘学校了　忘食堂了

b.* 忘沙发了　* 忘板凳了　* 忘书房了　* 忘商场了　* 忘商店了

第三，处所准宾语小句中的动词、处所准宾语必须有对比项，否则不成立。例（42a）中动作“走”有对比的动作方式如“跑”“跳”，该动词搭配的处所准宾语也必须有对比项，如“水路”对比“旱路”，“国道”对比“省道”，“大路”对比“小路”；而例（42b）中的处所宾语没有对比项，只单纯表示一类处所，因此不能与“走”搭配。我们认为，处所准宾语小句中的动词、准宾语必须有对比项，小句整体有潜在的对比意义；而处所宾语小句中的动词、宾语没有此要求，小句整体只表示简单的动作趋向意义。

（42）a. 走水路　走旱路　走国道　走高速路　走大路　走小路　走老路　走盲道

b.* 走办公室　* 走厕所　* 走宿舍　* 走食堂　* 走图书馆　* 走饭店

本书还发现，处所准宾语小句由具有对比项的动词、宾语构成，结构整体表现出方式意义，能表示某种动作实现的方法、方式，在形式上能回答“怎么 V”的问题；而 S_2 类小句没有这种意义，不能回答“怎么 V”的问题，请见例（43）。

（43）a. 你怎么睡的？——睡操场　怎么走？——走老路
　　b. 你怎么睡的？——？睡在操场　怎么走？——* 走在老路

第四，处所准宾语小句中，处所准宾语并不必须具有明确的实体（entity）意义，但是 S_2 类小句中的处所宾语一般是明确的三维实体，因为如果 S_2 类小句中的处所宾语没有明确实体处所意义，就不能表示具体的趋向动作。在形式上，S_1 类小句不能与表示特指的定语共现，而 S_2 类小句可以，见例（44）。

（44）a. 拿学校——* 拿小侄女的学校　* 忘家里——忘小侄女的家里
　　b. 拿去学校——拿去小侄女的学校
　　　忘在家里——忘在小侄女的家里

第五，处所准宾语小句中的动词也存在语义限制要求，动词所代表的动作必须是处所词所代表的处所语义框架内经常发生的动作，否则不能出现在 S_1 类小句中，如例（45）中，“饭馆”所代表的处所位置一般发生的动作是“吃”，不是“坐”，“酒店”所代表的处所位置一般发生的动作是“睡”，不是“玩”。

（45）a. 吃饭馆——* 坐饭馆　b. 睡酒店——* 玩酒店
　　c. 吃食堂——* 睡食堂

第六，S_1 类小句中的处所准宾语容纳时间词语的能力较弱，S_2 类小句中的处所宾语容纳时间词语的能力强，请见例（46）。这是因为小句中能进入透视域的语义成分有限，S_1 类小句着重凸显的是动词、准宾语，突出的是动词、处所准宾语之间的关系，所以小句不能再容纳时间格；而 S_2 类小句中不突出处所宾语，因此可以再容纳时间格，凸显时间意义。

（46）a.* 他三点拿学校——他三点拿去学校
　　b.* 他拿学校三天了——他拿去学校三天了

9.5　余论

Fillmore（1977）曾指出，一个成分的显要层级与该成分能否进入透视域充当语句的核心成分直接相关，如果起点（source）、终点（goal）或范围（range）成为核心成分能使动作事件整体更加突出，那么这些成分如果不做主语，就应做宾语，如果对终点采取的行动具有一种“完全的”（complete）整体意义，小句突出整体性，就会使终点更加突出。我们认为，处所准宾语小句凸显“动词＋处所准宾语”整体，结构内外都不可插入修饰成分，结构联系紧密，结构凸显整体意义，因此处所准宾语能进入透视域，充当动词的直接宾语。

本书认为，S_1 类小句中动词、处所准宾语的搭配不像趋向动词搭配处所宾语那样自然，因此能吸引更多的注意力，在表意上也不表示简单的动作趋向，往往出现在凸显信息的篇章前景位置，提供故事主线信息。处所准宾语句中，动词与处所准宾语间存在非常规关系（non-stereotypical relations），但处所名词依然能出现在动词后，组成处所准宾语小句，是受到了小句整体高及物性的影响。在高及物性作用下，小句凸显动词、处所准宾语整体，动词意义抽象化，动词与处所准宾语关系紧密，动词所代表的动作与处所准宾语间存在高频联系的语义限制。

第十章　准宾语的语义允准条件、形成机制和篇章功能

在第三章到第九章中，本书考察了七类准宾语结构，分别是：a. 结果义“V 个 P”类程度准宾语；b.“吃食堂”类旁格准宾语；c.“V 一 V”类重叠准宾语；d.“睡一觉”类借用动量准宾语；e.“一锅饭吃十个人”类功用准宾语；f.“来了客人”类主体准宾语；g.“忘家里了”类处所准宾语。经过前文的考察，我们发现这七类准宾语结构所在小句都具有高及物性。表一是汉语中七类准宾语结构所在小句的及物性综合表现，我们认为，七类准宾语跟动词的关系非常紧密。

表一　现代汉语中七类准宾语结构的及物性表现

准宾语类型＼及物性特征	参与者	施动性	宾语受动性	宾语个体化	运动状态	瞬时性	意愿性	肯定性	体貌	语态
“V 个 P”类程度准宾语	+	+	+	+	+	+	+	+	+	−
“吃食堂”类旁格准宾语	+	+	−	−	+	±	+	+	+	+
“V 一 V”类重叠准宾语	±	+	+	+	+	−	+	+	+	+
“睡一觉”类借用动量准宾语	+	+	+	+	+	−	+	+	+	+
“一锅饭吃十个人”类功用准宾语	−	−	+	+	+	−	+	+	+	+

续表

准宾语类型 \ 及物性特征	参与者	施动性	宾语受动性	宾语个体化	运动状态	瞬时性	意愿性	肯定性	体貌	语态
“来了客人”类主体准宾语	+	−	+	+	+	+	−	+	+	+
“忘家里了”类处所准宾语	+	+	+	+	+	−	+	+	+	+

经过考察，本书发现这七类准宾语所在小句与普通宾语所在小句、相似结构所在小句相比，具有高及物性。准宾语是动词的非常规宾语，动词、准宾语之间存在非常规动宾关系，但准宾语却能稳定地出现在动词后，并具有一定的能产性，准宾语背后显然存在某种生成机制，而这是目前研究中尚未明确的。为了对准宾语的语义允准条件、形成机制和篇章功能有更多的理解，下面，我们将从实际语料出发，对这七类准宾语做更全面、深入的研究。

10.1　问题的提出

一般认为，受事宾语是动词的常规配位对象，如“饭”是动作“吃”的常规受事，但汉语中的准宾语不是动词的常规配位对象。具体来说，第一，在构成成分上，准宾语跟普通宾语存在差异。普通宾语一般是名词性的，能被动作支配，而动词准宾语结构如“V 个 P”中的“P”可以是动词、形容词，不能充当动作支配、作用的对象，却依然能出现在宾语位置。第二，动词和准宾语之间的联系不是常规的、默认的，比如“食堂”作为处所名词，一般搭配的动词也应为表示趋向的动词，如“去食堂”，但是在动词准宾语结构中，准宾语搭配的动词却和准宾语看似“不太搭配”，如动作“吃”搭配处所名词“食堂”形成的“吃食堂”，又如动作“吃”搭配施事主体形成的“一锅饭吃十个人”。第三，准宾语结构整体还存在一些特征，如例（1a）中典型动宾结构中的宾语部分有并列缩合，但例（1b）准宾语结构不能并列缩合。第四，准宾语结构在特定语境中能表示字面义以外的语义，如例（2a）中准宾语结构“玩个痛快”表示了说话人的决心和强施动性；例（2b）中的准宾语结构表示了事件动作的分配意义；例（2c）中“吃食堂”的意义不等于“在食堂吃饭”，还包括“方便”“便宜”等义。

（1）a. 今天吃面还是吃粉？——今天吃面还是粉？
b. 今天吃食堂还是吃饭馆？——* 今天吃食堂还是饭馆？
（2）a. 最近太累了，今天我一定要玩个痛快
b. 一件衣服穿了两代人
c. 在外面吃又花时间又贵，所以我还是喜欢吃食堂

以往，许多学者对准宾语进行了研究。比如朱怀（2011）从概念整合角度考察了准宾语的形成机制，从概念隐喻和概念整合、框架转换理论、概念整合的神经心理基础等方面对准宾语进行了研究。

但是，已有研究没有从及物性理论角度来考察准宾语结构的整体特征，也没有对结构中动词、准宾语的语义特点进行考察讨论，更没有说明准宾语结构的形成机制。汉语中准宾语结构数量庞大，但过去的研究没有对准宾语进行比较系统全面的考察，因此本书的目标是试图找出准宾语结构中动词、准宾语的允准条件，对准宾语结构的形成机制做较为系统的考察，再从篇章语用的角度对准宾语结构进行研究。

10.2　准宾语的允准条件

我们将从两个方面来讨论准宾语的允准条件：一方面是动词和准宾语的适配性，另一方面是准宾语在“V+ 准宾语”结构中的合理性。

10.2.1　动词和准宾语的适配性

动词和准宾语间存在非常规配位关系，但并不是所有与动词存在非常规配位关系的成分都能充当准宾语。实际上，动词、准宾语位置的语法成分受到一些条件的制约，动词、准宾语间存在着紧密的联系，必须满足限制条件的动词、名词才能进入准宾语结构。

10.2.1.1　动词和准宾语在形式上的适配性

动词和准宾语首先要在形式上适配。一般认为，现代汉语中的宾语可分为体词性宾语、谓词性宾语，见例（3）。

（3）a. 洗衣服、看书、喜欢他、进行战争
b. 认为好、看打球、喜欢下棋、进行调查

同样，准宾语也有体词性、谓词性等性质，体词性准宾语有旁格准宾语“吃食堂”、借用动量准宾语“睡一觉”、功用准宾语“一锅饭吃十个人”、主体准宾语“来了客人”几类，这几类准宾语都是体词性的，不需要再添加别的成分。谓词性准宾语自由度不高，动词、形容词类谓词性成分如果要充当准宾语，需要再加上一些别的成分才行，如程度准宾语结构“V 个 P”、重叠准宾语结构“V 一 V”需要添加“个”“一”，如“吃个痛快”“吃一吃”。

除此之外，准宾语一般在形式上与动词关系紧密，中间不能像真宾语一样插入别的成分，分别见例（4）（5）。准宾语在形式上一般是光杆的，不能插入定语或补语，分别见例（6）（7）；准宾语也不能并列缩合，见例（8）。

（4）a. 吃饭——吃的饭
b. 吃个干净——* 吃的个干净
c. 吃一吃——* 吃的一吃
d. 睡一觉——* 睡的一觉

（5）a. 吃饭——吃完饭
b. 吃个干净——* 吃完个干净
c. 吃一吃——* 吃完一吃
d. 一锅饭吃十个人——* 一锅饭吃完十个人

（6）a. 吃饭——吃好吃的饭
b. 吃个干净——* 吃好吃的个干净
c. 吃一吃——* 吃好吃的一吃
d. 吃食堂——* 吃好吃的食堂

（7）a. 吃饭——吃饭吃完了
b. 吃个干净——* 吃个干净完了
c. 吃一吃——* 吃一吃完了
d. 睡一觉——* 睡一觉睡好了

（8）a. 吃饭和菜
b.* 吃个干净和痛快
c.* 吃食堂和饭馆

d.* 吃一吃和一回

e.* 睡一觉和一天

e.* 一锅饭吃十个人和两只狗

f.* 来了客人和亲人

综上，本书认为准宾语在形式上可以是体词性、谓词性的；准宾语与动词紧密联系，直接出现在动词后，一般以整体形式呈现；准宾语本身一般不能再受其他成分修饰，不可扩展；准宾语结构凸显整体。

10.2.1.2 动词和准宾语在功能上的适配性

本书发现，动词和准宾语必须在功能上适配。具体来说，准宾语能在功能上承担宾语的责任，具有宾语的功能；在形式上，动词后、准宾语前可以添加体词标记“了”，见例（9）。

（9）吃了个干净　吃了食堂　吃了一吃　睡了一觉　一锅饭吃了十个人

但是，这类准宾语又不完全具有真宾语的功能，比如真宾语可以提到句首充当话题，但并不是所有准宾语都有这项功能，见例（10）；除此之外，真宾语一般能与表示进行的体标记“着”组合，但准宾语不行，见例（11）。

（10）饭吃了　* 个干净吃了　* 食堂吃了　* 一吃吃了　* 一觉睡了

（11）吃着饭　* 吃着个干净　* 吃着食堂　* 吃着一车　* 睡着一觉

我们还发现，准宾语是“动词 + 准宾语”结构中的核心部分，不能省略，见例（12a）；而一些“动词 + 真宾语”结构中，真宾语是可以省略的，这是因为一些动词跟真宾语的联系是默认的、常用的、高频的，一般是说话人、听话人认知框架内的已知信息，只需要通过动词就能激活真宾语内容，并推测出真宾语的信息，见例（12b）。

（12）a. 我吃食堂了≠我吃了　我睡一觉了≠我睡了　我玩了个痛快≠我玩了

b. 我吃饭了 = 我吃了　我睡觉了 = 我睡了　我玩游戏了 = 我玩了

本书认为，准宾语部分不能省略，是因为准宾语是构成“动词 + 准宾语”结构的核心部分，删除后动作事件缺少核心信息；我们认为，准宾语不是动作事件的补充信息，因为一些不重要的补充信息一般也能删略，见例（13）。

（13）a. 他们现在要吃饭了 = 他们要吃了

b. 我真的忘了喝水了 = 我忘了喝了

c. 他已经答应后天来我们家吃饭 = 他答应来吃饭

综上，本书认为准宾语最基本的限制性功能是能作为动词作用、支配的对象，指示动作事件，是动作事件的核心部分，而不是补充部分；提供核心信息的准宾语不能删略。

10.2.1.3　动词和准宾语在语义上的适配性

本书发现，动词和准宾语要在语义上适配。一般来说，真宾语是动词直接作用或支配的对象，而准宾语不是。虽然如此，准宾语跟动词依然存在语义关联，但这种关联不是直接的。在形式上，动词真宾语结构能回答“V 什么”的问题，但准宾语一般不行，见例（14）。

（14）a. 吃什么？——吃饭　吃什么？——* 吃个干净

吃什么？——* 吃食堂

b. 吃什么？——* 吃一吃　睡什么？——* 睡一觉

来什么？——* 来了客人

c. 吃什么？——* 一锅饭吃十个人

本书认为，准宾语不是动词直接支配的对象，而是跟动作本身紧密相关的成分，能说明动作发生的状态、结果，准宾语跟动词之间存在依存关系，没有准宾语，动词语义不完整。我们发现，在语义上，准宾语跟动词有适配性，都能表示动作的数量程度，见例（15）。

（15）a. 吃个干净　说个痛快

b. 吃食堂　写毛笔

c. 吃一吃　看一看

d. 睡一觉

e. 一锅饭吃十个人　一件衣服穿两个人

f. 来客人了　死了一头牛

例（15a）表示动作程度深，“吃个干净”指示动作“吃”的程度加深；例（15b）拓宽动作可能性，此类准宾语结构中动作“吃”“写”能搭配非受事“食堂”“毛笔”，增强了动作的可能性；例（15c）和例（15d）增加动作时间，施动性增强，“你好好看一看”与“你好好看看”相比，“你好好睡一觉”与“你好好睡觉”相比，动作作用时间增长；例（15e）说明动作作用范围扩大，一般顺序句“十个人吃一锅饭”没有对动作主体的强调，“一锅饭吃十个人”则强调了动作主体的数量，显示出这种数量是超出常规的；例（15f）表示动作的作用力加强，“一头牛死了”只是简单陈述，“死了一头牛”对动作作用力的强调加深，表示动作是预期之外的。

准宾语现象本质上说明了动作作用力、程度、范围得到了加强，因此才能搭配本不可充当宾语的准宾语。本书发现，准宾语结构能表示动作的变化，因此结构中的动词一般是动作程度、数量可变的动词，即非定量动词，这些动词的量变情况可由副词和数量词检测出来，见例（16）。

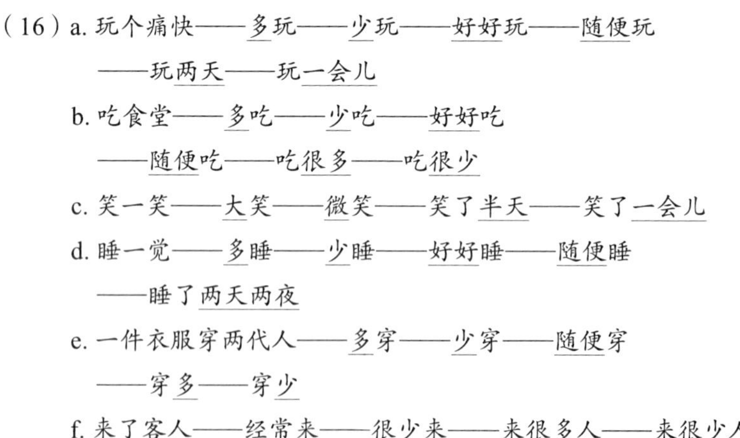

（16）a. 玩个痛快——多玩——少玩——好好玩——随便玩——玩两天——玩一会儿

b. 吃食堂——多吃——少吃——好好吃——随便吃——吃很多——吃很少

c. 笑一笑——大笑——微笑——笑了半天——笑了一会儿

d. 睡一觉——多睡——少睡——好好睡——随便睡——睡了两天两夜

e. 一件衣服穿两代人——多穿——少穿——随便穿——穿多——穿少

f. 来了客人——经常来——很少来——来很多人——来很少人

本书认为，准宾语在语义上跟动词存在依存关系，关系紧密，表现在准宾语只能跟某个、某几个动词存在经常性的联系。我们的证据是，例（17）中只有与准宾语存在经常性联系的动作动词如“吃”能进入“V+准宾语”结构，与准宾语不存在经常性联系的动词如“跳”“玩”不能出现在结构中。

（17）a. 在食堂吃饭——吃食堂　在食堂跳舞——*跳食堂
在食堂玩耍——*玩食堂
b. 用毛笔写字——写毛笔　用拖把写字——*写拖把
用手指写字——*写手指

这种经常性联系可以用动作的认知框架说明，即准宾语所代表的事物、事件能出现在动词所代表的认知框架中。如“食堂”能通过功能或处所联系动作“吃饭”，这是一种常见联系，但“跳舞”不能经常性地出现在“吃饭”的认知框架中。除此之外，准宾语必须跟动词语义适配，不满足要求的动词不能出现在“动词+准宾语”结构中，例（18）中动作“吃”的结果可以是将食物吃干净，但动作“问”不能达到“干净”的结果，因此“问个干净”不能说。

（18）a. 吃个痛快——玩个痛快——*问个痛快
——*答个痛快——*写个痛快
b. 吃个干净——喝个干净——*问个干净
——*说个干净——*走个干净

方绪军（1994）指出，动词的“量”依附于动词，动词的“量”可分为时量、动量，表示动词“量”的宾语又可称为“自身宾语”，“自身”指的是这些词语只表示动作行为自身的重复与延续，动量、时量准宾语依附于动词，没有动词，动作就没有了重复和延续。由此可见，“V+准宾语”中的动词是非常重要的，准宾语依附于动词，二者是密不可分的整体。

一般认为，受事是动词的常规配位对象，如动词“吃”一般搭配宾语“饭”，而准宾语为非常规配位对象，但这不意味着动词和准宾语间的关系是不常见的、低频的。我们认为，动词和准宾语之间的联系是经常性的，二者之间的联系不是偶发的、低频的，如“吃饭”与工具“大碗”的联系是经常性的，但与工具“一次性碗”之间的联系是偶发的，因此“吃大碗”能说而“吃一次性碗”不能说；又如“喝酒”与工具“小杯”的联系是经常性的，但与工具“红酒杯”的联系是偶发的、低频的，因此“喝小杯”能说而“喝红酒杯”一般不能说。

本书认为，动词的语义必须跟准宾语语义适配，如“大碗”可以用来“吃饭”“盛饭”，但“吃大碗”能说，“盛大碗”不能说，因为“大碗”最主要的功能是“吃饭”。由此，我们认为，不仅动词对准宾语存在经常性联系的限制要求，准宾语也对动词存在限制性要求。又如“吃个痛快”能说而“写个痛快”不能说，是因为动作“写”一般指需要付出主观努力的活动，不是消遣性、娱乐性的，不是带来强烈愉悦的“痛快”的活动，不符合准宾语“个痛快”的语义限制，因此不能说。

我们认为，准宾语与动词存在依存关系，与动词关系紧密，动词和准宾语组合后整个结构凸显了更强的数量意义。动词对准宾语存在要求，准宾语不是动词的常规配位对象，但准宾语和动词代表的动作间有经常性的联系，动词代表的动作与准宾语代表事物的共现频率高；准宾语对动词也存在要求，动词必须与准宾语的语义、功能适配。

10.2.2 准宾语在“V+ 准宾语”结构中的合理性

上文说过，准宾语跟动词关系紧密，准宾语对动词有依存性。下面，我们来讨论准宾语和结构整体间的联系。上文说过，准宾语结构有数量意义，动词是不定量的。我们发现，跟动词语义适配的准宾语也具有数量特征，存在程度、数量的变化，见例（19）。

（19）a. 吃个干净——很干净——不干净——挺干净
——特别干净——非常干净
b. 一锅饭吃十个人——一锅饭吃十一个人——一锅饭吃十二个人

本书发现，在“V+ 真宾语”结构中，动词能受描摹性状语修饰，见例（20a）；但在“V+ 准宾语”结构中，动词一般不能受描摹性状语修饰，见例（20b）。除此之外，在“V+ 真宾语”结构中，真宾语部分能够扩展，见例（21a）；但“V+ 准宾语”结构中的准宾语部分一般不能扩展，见例（21b）。

（20）a. 使劲写——使劲写字　大口吃——大口吃饭　认真洗——认真洗澡
b. 使劲写——*使劲写毛笔　大口吃——*大口吃食堂
认真洗——*认真洗冷水

（21）a. 写字——写新学的字　吃饭——吃香香的饭　听歌——听好听的歌
　　b. 写毛笔——* 写刚买的毛笔　吃食堂——* 吃香香的食堂
　　听耳机——* 听高级的耳机

本书认为，“V+ 准宾语”中动词不受描摹性状语修饰，准宾语部分一般不能扩展，根本上是因为动词和准宾语部分联系紧密，因此不能插入别的成分影响动词和准宾语之间的紧密结合。除此之外，我们发现“V+ 准宾语”结构中的动词、准宾语不能拆分，证据是“V+ 真宾语”中的真宾语可以离开动词管辖范围出现在句首做话题，见例（22a），但准宾语不行，见例（22b）；且真宾语有时可省略，见例（23a），准宾语不行，这也说明了动词和准宾语之间的紧密关系，见例（23b）。

（22）a. 我吃饭了——饭我吃了　我洗澡了——澡我洗了
　　我听歌了——歌我听了
　　b. 我吃食堂了——* 食堂我吃了　我洗冷水了——* 冷水我洗了
（23）a. 我吃饭了——我吃了　我洗澡了——我洗了　我听歌了——我听了
　　b. 我吃食堂了——？我吃了　我洗冷水了——？我洗了
　　我听耳机了——？我听了　我忘家里了——？我忘了

10.2.3　动词的语义限制

本书认为，动词准宾语结构中的动词受到限制。第一，动词准宾语结构中的动词都对应日常生活中的基本动作，比如“吃”“喝”“睡”“穿”“打”，而非日常生活必需动作如“猜”“晕”“抢”“跳”“蹦”等一般不能进入动词准宾语结构，见例（24）。

（24）a. 说个痛快　问个不停　吃食堂　喝一喝　睡个觉　跑了新娘
　　b.* 猜个痛快　* 晕个不停　* 跳食堂　* 飞一飞　* 争个吵　* 跳了小朋友

第二，上文说过，动词准宾语结构中的动词都是不定量的动词，进入动词准宾语结构后能表示某种程度量，出现在表示动作某种程度或动作极端情况的语境中，见例（25）—（30）。

（25）a. 今天我要吃个痛快，把这些菜全吃完

（26）a. 太穷了没钱了，咱还是吃食堂吧

b. 天气太冷了，今天洗热水吧

（27）a. 你就是说一说，关键是得真干！

b. 问一问而已，谁都能做到

（28）a. 最近太累了，今天你要好好睡一觉

b. 就得跟他好好吵一架，让他知道事情的严重性

（29）a. 一锅饭吃十个人，实在是吃不饱啊！

b. 一间屋子住两个人，真的很宽裕了！

（30）a. 他们村走了三个老师，以后可怎么办啊！

b. 他家来了三个客人，竟然招呼不过来

第三，经过前面的及物性考察，本书发现，进入“V+ 准宾语”的动词都是动作性的，表示心理状态的动词不能进入结构，见例（31）。

（31）*喜欢个痛快　*爱个明白　*恨一恨　*晕一晕

*他们村在六个人　*晕客人了

第四，本书认为，进入“V+ 准宾语”结构中的动词词义有抽象化特征，动词的搭配范围扩大，如“吃”表示进食动作，一般搭配的是食物，但进入动词准宾语结构后，“吃个痛快”中“吃”搭配的是动作的结果程度；“吃食堂”中搭配的是动作的地点；“吃一吃”表示的是动作的尝试；“睡一觉”表示的是动作时间延长；“十个人吃一锅饭”表示动作的数量配比；“来了客人”中动词搭配的是动作的主体。

此外，本书认为动词词义抽象化，还有一个证据是，动词后的准宾语部分不能被数量成分修饰，结构中的数量成分不能轻易改变，因为抽象语义动词搭配的对象也应该是抽象的，才满足适配性，见例（32a）—（32d）；例（32e）—（32f）中的数量成分虽然可变，但动词准宾语结构中的动词语义也已经抽象化，例（32e）中的“吃”主要表示数量配比，例（32f）中的“死”也主要表示数量统计，由此可见，两例中的动词都是比较抽象的。

（32）a. 吃个痛快——吃一个痛快——* 吃两个痛快——* 吃三个痛快
b. 吃食堂——* 吃一个食堂——* 吃两个食堂——* 吃三个食堂
c. 吃一吃——* 吃二吃——* 吃两吃——* 吃三吃
d. 睡一觉——睡两觉——* 睡三觉
e. 一锅饭吃两个人——一锅饭吃两个人——一锅饭吃三个人
f. 死了一头牛——死了两头牛——死了三头牛——死了四头牛

第五，我们发现，“V+ 真宾语”中，动宾结构可通过“的”转化为定语修饰名词，见例（33）。但是并不是所有的“V+ 准宾语”都可以实现这种转化，请见例（34），除此之外，某些“V+ 准宾语”能通过“的”修饰名词，但修饰功能的自由度不高，依然不能修饰人称代词，请见例（35）。

（33）a. 他吃饭了——吃饭的他
b. 老师唱歌——唱歌的老师
c. 小宝睡觉了——睡觉的小宝

（34）a. 他吃了个痛快——* 吃了个痛快的他
b. 老师唱一唱——* 唱一唱的老师
c. 他睡了一觉——* 睡了一觉的他
d. 他休星期天——* 休星期天的他

（35）a. 老师吃食堂——吃食堂的老师——？吃食堂的他——吃饭的他
b. 爷爷写毛笔——写毛笔的爷爷——？写毛笔的他——写字的他

本书认为，这是因为“V+ 准宾语”整体的动作性更强，所以一般不能失去其强动作性转化为名词的性质、状态去修饰名词；有少数的“V+ 准宾语”能通过“的”实现定语功能，是因为这类动词准宾语结构代表的动作场景逐渐固化，变得常见，因此能表示一种动作状态出现在定语位置修饰普通名词，但依然不能修饰高度个体化的人称代词。动词准宾语结构逐渐固化后所代表的事件仍旧没有动词受事结构代表的事件可接受程度高，动词受事结构代表的事件如“吃饭”在认知过程中更易识解，结构“吃饭的他”接受度明显高于“吃食堂的他”。

第六，我们认为，大多数的“V+ 准宾语”结构所在小句有强动作性。与

"V+ 真宾语"相比，"V+ 准宾语"结构指涉的动作场景是非常见的、特殊的，"吃饭"构成的场景比"吃食堂"更简单、抽象，"吃食堂"比"吃饭"信息更丰富；"看书"构成的动作场景比"看一看书"更简单、常见，"看一看书"指涉动作有重复、短时义。因为动词准宾语结构构成的事件比一般的动词真宾语结构构成的事件更复杂、特殊，因此"V+ 准宾语"结构一般不能表示简单、抽象、一般性的动作情况，很少表示动作的性质、状态。值得注意的是，结构整体指涉事件的复杂、特殊、信息丰富的特征跟动词本身的抽象性特征并不相悖，因为信息丰富的特征是小句整体赋予的。

10.3 准宾语的形成机制

本书认为，准宾语在形式上能出现在动词后，表现出与真宾语相似的性质；但在功能上受到限制，对真宾语可进行的句法操作不能同等地实施在准宾语上。我们认为，准宾语在功能上异于真宾语，是因为准宾语与动词的关系紧密，真宾语与动词的关系松散，一些对真宾语可执行的句法操作很难同等地应用到准宾语上。因此，准宾语不能完全等同于真宾语。如果从纯认知的角度来说明准宾语的形成机制，或只从意义方面来说明准宾语形成的深层原因，这样的研究是站不住脚的，因为研究将没有形式的佐证，在语境和说话人变化的影响下结论容易出现摇摆。本书的观点是，准宾语在形式上出现在动词后，表现出一些真宾语的语言表层特征，是受到"V+ 准宾语"结构整体的高及物性作用导致的。

下面我们从多个角度来讨论动词准宾语结构的生成机制。我们首先从语言动机来看动词准宾语结构的生成动因。语言中存在动词真宾语结构，当动词真宾语结构不能表达动词准宾语结构所蕴含的语义或没有动词准宾语结构的语用功能时，出现了动词准宾语结构。我们认为，动词准宾语结构指示的动作事件与动词真宾语结构指示的动作事件相比，信息量更大，动作事件更特殊，语义更复杂，形式上又比较简略，一般具有强动作性。当语言交流中出现对复杂动作事件进行简略表达的需求时，就可能使用动词准宾语结构。

一般认为，语言中最核心的语法部分是谓语部分，谓语部分能指示事件动作，是语言反映的现实世界中事件的重要组成部分。但是，在汉语中，动词不占据绝对的核心地位，汉语中丰富的零动词句、名词谓语句就是证据，见例（36）。由此可见，非动词部分如名词的改变也能对语言造成巨大的影响。我们认为，从动词真宾语结构到动词准宾语结构的改变，最明显的变化体现在宾语部分的语言成分上，因为汉语中名词的重要地位，牵一发而动全身，使得整个结构都发生了重要的变化。这种变化体现在，动词真宾语结构不再表示简单的动作事件，能出现在表示极端情况、程度量的语境中，有较强的动作性，一般不能表示某种性质、状态充当定语，结构整体紧密结合，结构内部语言成分一般不能拆分也不能扩展。

（36）a. 一块钱一个　一个人一间　b. 他北京人　北京大学多

在前面几章中，我们通过及物性视角来考察几类动词准宾语结构，认为这七类结构都具有高及物性，往往出现在篇章前景中，提供主线信息。本书认为，“V+ 准宾语”结构所在小句有高及物性，因此才能吸纳一般不出现在动词后充当宾语的成分来充当准宾语，证据是小句中准宾语的语义跟原义相比出现了很大的变化。“食堂”本来指地点、处所，进入“V+ 准宾语”结构后的“吃食堂”中的“食堂”不仅指处所，整体还表示“在食堂吃饭”的行为，准宾语部分跟动词出现了语义融合，结构语义发生了改变；除此之外，上文提到过“吃食堂”所在的小句还能表示程度量和极端情况下的行为。因此，我们认为，“食堂”语义的改变，体现了准宾语、真宾语的语义差异，准宾语语义的改变，实际上是准宾语受到“V+ 准宾语”所在小句整体构式影响的结果。

Fillmore Charles. J.（1968）曾指出，如果一个场景中的某个实体既可进入核心，又可处于外围，那么有利于它进入核心的一种情况是，受到影响的物体发生了某种变化。上文提出，准宾语部分发生了语义变化，这使得准宾语部分可以进入透视域，成为语义的核心成分，做动词的直接宾语。又因为动词和准宾语之间的紧密联系，准宾语结构所在小句凸显“V+ 准宾语”整体。

综上，本书认为，在动词准宾语结构的表达功能要求和汉语本身特点的双重作用之下，“V+ 准宾语”有了形成的必要条件和充分条件，使得一般不出现在动词后的成分能作为准宾语出现在动词后，表达更丰富、复杂的动作事件意义。

10.4　动词准宾语结构的篇章功能

本书讨论准宾语的篇章功能特点，主要从两个方面进行说明。一方面是准宾语和动词的紧密联系，在篇章中准宾语一般很难与动词分开。另一方面是“V+ 准宾语”凸显整体的性质，表现为在小句层面，修饰成分一般都是修饰结构整体；在小句之外的篇章层面，接续事件也是以“V+ 准宾语”结构为整体进行后续说明。关于第一个方面，上文已经从动词、准宾语不可扩展、不可拆分两个方面详细论证了准宾语和动词之间的紧密联系，在这一节中我们主要讨论的是在小句层面、篇章层面“V+ 准宾语”凸显整体的表现，以及结构在篇章中的使用情况。动词准宾语结构凸显的是动词准宾语结构整体，因为凸显整体的小句内部透明度低，很难有句法效应，所以很难有句法加工。我们发现，“动词 + 准宾语”恰好不能自由地进行句法操作，这反向证明了动词准宾语结构的确是凸显整体的。

第一，“V+ 准宾语”凸显整体。在小句中“V+ 准宾语”紧密结合，以整体形式出现，结构内成分不可扩展，不可拆分，动词和准宾语都是光杆形式。这一点上文我们已经做了详细讨论，在这里不再赘述。

第二，“V+ 准宾语”凸显整体的一个形式证据是，在篇章中，“V+ 准宾语”所在小句的后续小句不能说明动词或宾语的情况，“V+ 真宾语”所在小句的后续小句可以说明动词或真宾语的情况，见例（37）；“V+ 准宾语”所在小句的后续小句能说明结构整体的情况，“V+ 真宾语”所在小句的后续小句不能说明结构整体的情况，见例（38）。

（37）a. 我刚才在吃饭，现在吃完了——我刚才在吃食堂，* 现在吃完了

b. 我在吃饭，特别好吃——我在吃食堂，* 特别好吃

（38）a. ？吃饭便宜——吃食堂便宜

b. ？吃饭贵——吃饭馆贵

本书发现，“V+ 真宾语”中动词后可出现表示动作结果的补语，有对应的动词拷贝句形式，见例（39）；“V+ 准宾语”可出现在动词拷贝句中，但结果补语不能出现在动词后，见例（40）。这是因为“V+ 准宾语”凸显整体，动词拷贝句中的结果部分是修饰结构整体的，因此“V+ 准宾语”可出现在动词拷贝句中；而结果补语凸显动词部分，因此“V+ 准宾语”没有对应的形式。

（39）a. 他写字写多了——他写多了字

b. 他吃饭吃多了——他吃多了饭

（40）a. 他洗冷水洗久了——？他洗久了冷水
b. 他写毛笔写多了——？他写多了毛笔
c. 我吃食堂吃多了——？我吃多了食堂
d. 我走高速走多了——？我走多了高速

上文说过，“V+ 准宾语”中的动词前一般不能加描摹性状语，见例（39）。我们认为，这是因为例（41）中的描摹性状语是修饰动作的，如果描摹性状语能修饰“V+ 准宾语”整体，那么描摹性状语就能出现在动词准宾语结构整体之前，见例（42）。

（41）a. 他狼吞虎咽地吃饭——* 他狼吞虎咽地吃食堂
b. 他目不转睛地看远方——* 他目不转睛地看望远镜
c. 他熟练地写着毛笔字——* 他熟练地写毛笔

（42）a. 他高兴地吃食堂
b. 他认真地看望远镜
c. 他认真地写毛笔

我们发现，一些非描摹性状语能出现在动词旁格准宾语结构前，注意，这里的状语依然修饰的是结构整体，见例（43）。

（43）a. 他天天吃食堂　b. 他经常看望远镜　c. 他一直写毛笔
d. 他总是洗冷水　e. 他独自吃饭馆　f. 他自己跑高速
g. 他试着喝小杯　h. 他愿意吃大碗

除了旁格准宾语外，“V 个 P”结构、“V 一 V”结构、“睡一觉”类借用动量准宾语结构所在小句和“一锅饭吃十个人”“来了客人”类小句中的“V+ 准宾语”部分也都是凸显整体的，小句中的状语不能单独修饰动作，只能修饰结构整体。因此，只对动作状态进行说明的状语不能进入上述几类小句，但对结构整体进行说明的状语能进入上述几类小句，见例（44）。

（44）a. 开心地吃个痛快——* 大口地吃个痛快
b. 好奇地问一问你——* 老是问一问

c. 舒服地睡一觉——* 故意睡一觉

d. 一锅饭起码吃十个人——* 一锅饭总是吃十个人

e. 突然来了客人——* 故意来了客人

任鹰（2000）指出，按常规配位格局组配的语言结构中，语义重心即信息焦点一般在句末，而句末又是宾语成分占据的位置，因此句末宾语往往最有理由被称为说话人谈论的重点和听话人关注的对象。本书认为，动词准宾语结构中的准宾语一般能带来新的、丰富的信息，包含更多未知因素，是言谈过程中的焦点，因此出现在宾语位置，而不是出现在外围格的状语或补语位置。“写毛笔”跟“写钢笔”“写铅笔”相比，可接受度和自由度更高，独立性也更强。“毛笔”在现代生活的“写字”过程中不常见，具有偶然性、未知性，因此能带来不确定的新信息，往往处于信息焦点的位置。我们发现，不能带来新信息的、动作默认的工具一般不能出现在宾语位置，如“切刀”“写笔”“睡床”，这说明了准宾语位置对信息地位确实存在一定的要求。

本书认为，动词准宾语结构的出现，是语言结构由复杂走向简约的自我调节手段，是在不影响句法规范和表意明确的前提下更经济、合理的选择。由例（45）可知，如果不使用动词准宾语结构而用一般的动词宾语结构进行表达，语言表达形式更为复杂冗长，动词准宾语结构的出现有效地增强了语言的有效性和经济性。

（45）a. 我今天要吃个痛快——我今天要吃饭吃到痛快

b. 我今天要吃食堂——我今天要在食堂吃饭

c. 你来吃一吃——你来试着吃一下

d. 我想睡一觉——我想睡一会儿觉

e. 一锅饭吃十个人——一锅饭一般来说够十个人吃

f. 来了客人——有客人来了

值得注意的是，例（45）中 a—f 例中左右两列小句语义并不完全等同，动词准宾语句还有句式赋予的意义，句式意义并不等于各项语言成分意义的简单叠加。一般来说，“V 个 P”具有动作极端数量义，出现在极端大量或小量的语境中；旁格宾语具有程度状态义，说明小句主体的倾向、选择，出现在惯常语境中；动词重叠句有短时尝试义，能出现在劝说、请求类语境中；借用动量准宾语句具有延长动作义，出现在主体施动性强的小句中；“一锅饭吃十个人”句表示一般性的功用情况，出现在说明具体分配的语境中；主体准宾语句表示不受主体控制的情况，能出现在主体不情愿发生的语境中，请见例（46）。上面我们所说的这些特点，动词准宾语句对应的动词宾语句都没有同等的语义。

（46）a. 我肯定要吃个痛快　　b. 我每天都吃食堂
c. 求求你帮我问一问吧　　d. 今天我要好好睡一觉
e. 一般来说，一锅饭吃十个人　　f. 没办法，他跑了媳妇

第三，我们认为，动词准宾语结构跟数量范畴存在联系的一大形式证据是，动词准宾语结构能与副词“都”共现，见例（47）。一般认为，副词“都”的使用是以数量范畴的存在为前提的，“都”有总括义，所以不能跟不可计数的对象共现，因为无法计数的对象肯定不能总括；“都”还有实现、完结义，能跟已经完成的动作共现，例（47）中的例子也可认为是已经完成的。综上，我们认为动词准宾语结构整体构式具有数量、程度义，并且能出现在现实性的语义环境中。

（47）a. 今天我们都吃了个痛快　b. 今天我们都吃了食堂
c. 他们都问了一问　d. 大家都睡了一觉
e. 一锅饭都吃了三个人　f. 都来了三个客人了，你还在干嘛？

经过研究，我们认为，动词准宾语结构的篇章功能集中表现为凸显整体。在小句内部，动词准宾语句和动词真宾语句对动词拷贝句、动词补语句的转换选择情况，说明动词准宾语句是凸显结构整体的，两类小句内部对状语的选择情况也证明了动词准宾语句是凸显整体的。在篇章中，动词准宾语结构所在小句后续事件也以结构整体为话题，而动词真宾语小句不受此限制。动词准宾语结构所在小句的句式意义跟相应的动词真宾语结构小句并不相同，前者还有丰富的句式意义。动词准宾语句中的准宾语一般能带来未知的、重要的焦点信息，这一点也跟动词真宾语句存在差异。

10.5 “V+ 准宾语”与“V+ 真宾语”的形式、功能差异

“V+ 准宾语”和“V+ 真宾语”本质上都属于动宾结构，两类结构既有相似又有不同。下面，我们将对两类结构的形式、功能表现进行比较。

第一，在形式上，“V+ 准宾语”凸显整体，“V+ 准宾语”前的状语修饰的是整个结构而不是单独的动词或准宾语。例（48）中，“他天天吃食堂”能说，“他天天吃”没有默认宾语不能说，“天天吃的是食堂”也不能说，可见“天天”修饰的是整个结构；除此之外，单独修饰动词或准宾语的成分都不能出现在“V+ 准宾语”前，分别见例（49）（50）。但是，动词真宾语结构不受此限制，状语、定语可以修饰动词真宾语结构中的动词或宾语，分别见例（51）（52）（53）。

（48）a. 他天天吃食堂　　b.* 天天吃　　c.* 天天吃的是食堂
（49）a.* 吃一次食堂　　b. 吃一次　　c.* 一次食堂
（50）a.* 吃干净的食堂　　b.* 吃干净的　　c. 干净的食堂
（51）a. 他天天吃饭　　b. 天天吃　　c. 天天吃的是饭
（52）a. 吃一次饭　　b. 吃一次　　c. 一次饭
（53）a. 吃好吃的饭　　b. 吃好吃的　　c. 好吃的饭

第二，动词准宾语结构凸显整体，还有一个证据是动词准宾语结构可整体出现在对举语境中，但并不是所有动词真宾语结构都可以，见例（54）；动词准宾语结构的准宾语不能并列缩合，动词真宾语结构中的真宾语可以并列缩合，见例（55）。

（54）a. 东走一走，西看一看——* 东走路，西看景
b. 不愿意吃食堂，只愿意吃饭馆——？不愿意吃饭，只愿意吃面
（55）a. 吃食堂还是吃饭馆？——* 吃食堂还是饭馆？
b. 吃饭还是吃面？——吃饭还是面？

第三，动词准宾语结构中，动词和准宾语之间存在依存关系，动词不可扩展，准宾语部分也不能扩展，见例（56）；但是动词真宾语结构不受此限制，

见例（57）。

（56）a. 一锅饭吃十个人

b.* 一锅饭开心地吃十个人

c.* 一锅饭吃饥饿的十个人

（57）a. 十个人吃一锅饭

b. 十个人开心地吃一锅饭

c. 饥饿的十个人吃一锅饭

在功能上，第一，“V+ 准宾语”结构的后续事件一般是描写结构整体的，而“V+ 真宾语”的后续事件没有这个要求。我们发现，在篇章中动词准宾语结构的复现率高于动词真宾语结构，分别见例（58）（59）。

（58）“您表妹也吃食堂$_1$？”我这一问把爸爸、妈妈全逗乐了。奶奶有些尴尬：“六七岁讨人嫌。”奶奶骂我只会这一句。不知为什么，奶奶特别羡慕别人吃食堂$_2$，说起她羡慕或崇拜的人来，最后总要说明一句：“人家也吃食堂$_3$。”……（史铁生《奶奶的星星》）

（59）他自己斟了满满一杯，说：“好，你吃菜、吃饭$_1$！我喝一点！”家霆拿起一只空碗去脸盆里盛了一碗饭，说：“好，我就饭陪了！”夹起一块肉吃，觉得味道异样，很不受用，硬嚼着咽了下去。（王火《战争和人》）

第二，动词真宾语结构中的真宾语一般是动作的常规配位对象，比如动作“吃”的常规配位对象是“饭”，动作“喝”的默认对象一般是“酒”，常规配位对象存在于人的认知框架中，动作出现后能激活认知框架中动词的常规配位对象，因此在对话中就算省略这类动词的真宾语也不影响对话语义，见例（60）。

（60）a. 我吃饭了 = 我吃了

b. 他今天喝酒了 = 他今天喝了

c. 问：今天画画了吗？ 答：画了 = 画画了

本书认为，动词的真宾语一般是认知框架中可被动词激活的说话双方共享的知识，是已知的或容易推知的，一般不带有未知信息，不能成为话语中的自然焦点。与之相比，动词的准宾语一般不是动词的常规配位对象，动词并不能通过认知框架激活准宾语，准宾语一般是未知信息，容易成为话语中的自然焦点，一个证据是表示强调的“V 的是”结构一般不能出现在动词真宾语结构中，见例（61），因为动词真宾语结构不能提供新的信息，与“V 的是”结构不适配；但提供新信息的动词准宾语结构可以与“V 的是”结构共现，见例（62）。

（61）a. 问：你吃的什么呀？ 答：？我吃的是饭

b. 问：你喝的什么呀？ 答：？我喝的是酒

（62）a. 问：你吃的什么呀？ 答：我吃的是大碗

b. 问：你喝的什么呀？ 答：我喝的是小杯

一般认为，在话语中引起会话双方注意力的是新信息，准宾语、真宾语在信息的新旧和信息的已知未知方面存在对立，恰恰证明了本书的及物性考察结果，即动词准宾语结构具有高及物性，结构所在小句一般能提供未知的、新的信息，因此往往出现在故事主线上，引导事件的继续发展，在故事中担任纲领位置，出现在篇章前景位置，构成故事的主干。

第三，本书认为动词准宾语结构中的准宾语是个体化的，有数量特征，但动词真宾语结构中的真宾语不是个体化的，没有数量特征。一般认为，名词成分能指称事物，事物的基本特征是空间性。名词成分最明显的个体化特征就是数量，表现为名词能被数量成分修饰，因为个体化的事物能被计数。除数量成分这种显性特征之外，有界性、无界性也能帮助我们判断名词成分的个体化性质，只孤立地通过看名词是否具有数量特征来判定成分是否为个体化的并不全面，因为名词成分进入结构、小句后会受到整个语言环境的影响。举例来说，“吃食堂”中的“食堂”不能扩展，不能说“吃一个食堂”“吃两个食堂”，这里的“食堂”没有数量特征，是非个体化的。但是，“吃食堂”结构若出现在小句“我吃了食堂”中，时体副词“了”标志动作“吃”是有界的、终结的，有界动词搭配的名词也是有界的，因此这里的食堂也是有界的、个体化的，只是这种个体化不用能否计数表现。同理，“V 个 P”结构如“扫个干净”中，“个干净”是“扫”的终结点，因此该结构中的准宾语也是个体化的、有界的；当“V 一 V”结构如“看一看”出现在小句“他看了一看”中，“了”标记动作“看”的终结点，该小句是有界的，准宾语也是有界的。我们认为，动词准宾语结构中的准宾语从小句整体角度来看是个体化的，具有数量特征。同样，根据 Hopper & Thompson（1980）的及物性假说，个体化程度高的宾语受动性更高，更容易受到动作的影响，及物性更高，这一点与我们前文的考察结果完全一致。

综上，我们认为“V+ 准宾语”和“V+ 真宾语”结构在形式、功能上都存在差异表现，有不同的语言特质，在语言中有不同的表现。

10.6　“V+ 准宾语”和“V+ 补语”的形式、功能差异

在上文中，我们讨论了“V+ 准宾语”和“V+ 真宾语”在形式、功能上的差异，下面，我们将对“V+ 准宾语”和“V+ 补语”的形式、功能表现进行讨论。

“V+ 准宾语”“V+ 真宾语”“V+ 补语”的结构性质争论由来已久。一些学者认为，动词准宾语结构如“吃个痛快”“喝个干净”“打个落花流水”属于述补结构，结构内成分没有动宾关系，理由是动词不能支配“个痛快”“个干净”，形式上这些部分不能提到句首做话题，不能出现在“把”“被”字句中，见例（63）；还有一些学者认为这类结构属于动宾结构，理由是虽然这类结构跟动宾结构不相近，但跟述补结构更不相同，在形式上，这类结构还表现出动宾结构的一些特征，在句法上，时体标记“了”出现在动词后，宾语部分可出现在表强调的“V 的是”结构中，见例（64）。

（63）a. 吃饭了——<u>饭</u>吃了　吃了个痛快——* <u>个痛快</u>吃了
　　b. 吃饭了——把<u>饭</u>吃了——<u>饭</u>被吃了
　　吃了个痛快——* 把<u>个痛快</u>吃了——* <u>个痛快</u>被吃了
（64）a. 吃饭——吃<u>了</u>饭　吃个痛快——吃<u>了</u>个痛快
　　b. 吃饭——<u>吃的是</u>饭　吃个痛快——<u>吃的是</u>个痛快

本书认为动词准宾语结构是一种动宾结构，“准”是指动词准宾语结构实质上是动宾结构，但动词准宾语结构跟动宾结构并不完全一样，表现为动词准宾语结构中动词、准宾语之间联系更紧密，二者之间存在依存关系。除此之外，

动词、准宾语之间还存在语义适配的选择关系，动词与准宾语所代表的名词存在高频联系，准宾语与动词代表的动作存在经常性联系。最后，动词准宾语结构不表示简单的动作行为，动词准宾语结构所在小句一般能带来新的、未知的信息，具有高及物性，往往出现在话语前景中。

本书认为，“V+ 准宾语”和“V+ 补语”在形式上存在差异。第一，动词准宾语结构中动词、准宾语联系紧密，动词、准宾语一般不能扩展；但述补结构中的动词、补语都能扩展，见例（65）。

（65）a. 我吃个痛快——* 我吃个很痛快——* 我吃个非常痛快
——* 我出乎意料地吃个痛快
b. 我吃得痛快——我吃得很痛快——我吃得非常痛快
——我出乎意料地吃得很痛快

第二，动补结构一般表示简单的动作事件，而动词准宾语结构不仅指简单的动作事件，结构所在小句都有数量程度义，例（66）是动词准宾语结构表示动作程度高的情况，例（67）中的动补结构不能表示动作程度高。

（66）a. 他吃了个痛快——今天他终于吃了个痛快
b. 他忘了个干净——以往的不快全被他忘了个干净
（67）a. 他吃得很痛快——* 今天他终于吃得很痛快
b. 他忘得干净——* 以往的不快全被他忘得干净

在功能上，动补结构集中说明动作的状态、结果，动词准宾语结构集中说明动作的结果。虽然两类结构的语用功能都跟动作结果有关，但这两种“结果”是不一样的。述补结构的结果是依附于动词的，是描写动词的，如果补语部分消失，结构不受大的影响，依然能说，见例（68）；但是动词准宾语结构的结果是动作的结果，不是描写动词的，而是整个小句指示事件的动作结果，准宾语部分不能消失，消失后结构不能再说，见例（69）。

（68）a. 他喝多了——他喝了
b. 我吃吐了——我吃了
（69）a. 他喝个痛快——他喝小杯——* 他喝

b. 我吃个干净——我吃大碗——* 我吃

综上，我们认为“V+ 准宾语”和“V+ 补语”结构在形式、功能上都存在差异表现，有不同的语言特征，需要区别对待。

10.7　“V+ 准宾语”凸显整体的特征与信息论的联系

Shannon（1948）以概率论、随机过程为基础在信息传播系统中建立了一套普遍的数学模型，以编码、译码为重点，将信息传递作为统计现象考虑，给出了估算通信信道容量的方法。为了使信息概念不受观点、意义的影响，使信息客观化，他提出“通信的语义与工程问题无关”，将“语义学”排除在外。信息论的研究常用于信息结构、控制论、思维形式、情报传递、自然语言处理，但鲜少应用于语言学的本体研究中。尽管如此，信息传播与日常会话交流息息相关，我们从“反人文主义”的数学思维中得到了启发，认为可以将信息论的观点应用于语言中篇章前景、背景的研究中。

通信的作用过程为通过消息的传递，受话人从收到的消息中获取某种要素，以消除通信前存在的不确定性。Shannon（1948）认为，信息能用来消除不确定性，不确定性可以看作是一种可能性，可由数学上的概率度量，不确定性越高，信息量越大；不确定性越低，信息量越小。

上面说过，动宾结构中的动词有常规配位对象，常规配位对象一般带来旧的、已知的信息，动词准宾语结构中的动词搭配非常规配位对象，一般带来新的信息。因为动词准宾语结构中的准宾语不属于认知框架内动词能激活的缺省配对信息，信息有未知性、不确定性，根据信息论原理，动词准宾语结构中的信息量就更大，在认知过程中需要花费说话双方更多的注意力、理解力去识解动词准宾语结构。我们发现，在言谈过程中，动词准宾语结构一般能成为焦点信息，因为如果不是焦点信息，就不需要我们如此大费周章地进行识解。动词准宾语结构在言谈过程中吸引对话人的注意力，是推动对话或故事前进的关键，能提供故事主线的前景信息，构成整个言谈过程或故事的框架。这一点也与我们的及物性考察结果一致，即动词准宾语结构具有高及物性，往往出现在故事主线中，提供前景信息。

需要注意的是，信息量越大并不意味着语言结构所在小句往往是非现实性的。现实性、非现实性是语言中的一对情态范畴，运用于语言本体、类型学的研究中，根据现实性、非现实性的以往研究，可知已经或正在发生、实现的情境对应现实性，是直接认知的产物；只在想象中出现、感知的情境对应非现实性。现实性、非现实性和可能性存在关联，但并不是事件信息的可能类型越多，事件就越可能是非现实的。

事实上，信息的可能性、未知性、多样性一般表现在识解过程中，语义需要通过认知、思考等步骤才能得出，但是这种未知语义在语句、语境中是已经确定的。如“我今天吃了食堂”中，“吃”的宾语位置不是常规配位对象“饭”，我们需要通过认知识解才能得出“吃食堂”的语义。“食堂”带来的是未知的、新的信息，但是在整个句子中，“食堂”的语义是已经存在的，时体标记“了”也标志了小句的现实性、动作的有界性。在上文的考察中，我们得出结果，七类准宾语结构所在小句的宾语都是个体化的，是有界的。总而言之，信息的可能性、不确定性是对语言成分识解过程而言的，现实性、非现实性是对整个小句指示的动作事件状态而言的，两类参数并不直接相关。

综上，我们认为从信息论角度来看“V+ 准宾语”结构，可以发现结构能提供新信息和故事主线信息，消除不确定性，符合信息论的观点。

10.8 “V+ 准宾语”结构所在小句与韵律语法的联系

冯胜利（2016：2）指出，句子的节律和停顿不能破坏词汇和句法的结构，韵律对立的表现是长短、多少、轻重的对立，语法可以影响语音，如“我喜欢语言学”不能说成“我 | 喜 | 欢语 | 言学”。本书认为，“V+ 准宾语”的韵律表现也能证明“V+ 准宾语”结构联系紧密，凸显整体。在韵律上，不超过三个音节的语法结构更容易被理解为一个语法单位，在韵律上表现为被划分成一个音步；超过三个音节的语法结构容易被理解为两个及以上的语法单位，在韵律上会被划分为两个及以上的音步。“V+ 准宾语”不超过三个音节，结构的音节构成使听话人在认知上更容易把“V+ 准宾语”理解为一个语法单位。举例来说，在汉语中，超过三个音节的语法结构一般会被划分成两个及以上的音步，见例（70）。我们发现，汉语中的动词准宾语结构一般不超过三个音节，所以一般不能被划分为两个及以上的音步，见例（71）。

（70）a. 开始 | 调查　　b. 尝试 | 写作　　c. 上 | 日语课
d. 下 | 美剧字幕　　e. 去 | 长沙 | 岳麓山

（71）a. 吃个痛快　　b. 吃食堂　　c. 吃一吃
d. 睡一觉　　e.（一锅饭）吃十个人　　f. 来客人了
g. 忘家里了

除此之外，现代汉语中的动词准宾语结构联系紧密，中间不能插入别的成分，因此倾向于表现为一个整体，见例（72）；与之相比，超过三个音节的语法结构中间还能插入别的成分，更不容易凸显整体，见例（73）。

（72）a.* 吃个很 / 好痛快　　b.* 吃好吃的 / 便宜的食堂
c.* 吃那么一吃　　d.* 睡美美的一觉
e.* 一锅饭吃北京的十个人　　f.* 来南京的客人了
g.* 忘陈老师的家里
（73）a. 开始秘密的调查　　b. 尝试用英语来写作
c. 上陈老师的日语课　　d. 下新出的美剧字幕
e. 去长沙最出名的那个岳麓山

从韵律的角度出发，我们还能用有声停顿“那个”来测试汉语准宾语结构内部语法成分的关系。一般认为，组合式结构内部松散，可以插入有声停顿“那个”“呀”，见例（74）。我们发现，汉语准宾语结构内部不能插入有声停顿，见例（75），由此可见，汉语准宾语结构内部联系紧密，准宾语结构是黏合式结构。

（74）a. 唱得停不下来——唱得……那个停不下来
b. 吃得痛快——吃得……那个痛快
c. 在食堂吃饭——在食堂呀……吃饭
d. 忘在学校——忘在呀……学校
（75）a. 唱个不停——？唱个……那个不停
b. 吃个痛快——？吃个……那个痛快
c. 吃食堂——？吃呀……食堂
d. 忘学校——？忘呀……学校

冯胜利、端木三、王洪君（2016：2）指出音步（foot）是轻重节奏的重复单位，常见的音步包含一个重拍（strong）、一个轻拍（weak），用一个统一音步来解释语言中的诗歌节奏是可行的，其中，重轻（SW）步比轻重步（WS）更优越。我们发现，在一个音步内，现代汉语中的“V+准宾语”结构在韵律组合上符合音步轻重的规则，见例（76）。

（76）a. 吃个（S）痛快（W） b. 吃（S）食堂（W）
c. 吃（S）一吃（W） d. 睡（S）一觉（W）
e. 一锅（S）饭（W）| 吃（S）十个人（W）
f. 来（S）客人（W） g. 忘（S）家里（W）

吕叔湘（1963）指出，汉语的偏正结构倾向于“2+1”的格式，动宾结构倾向于“1+2”的格式。这一点和我们的研究一致，即现代汉语中的准宾语构倾向于“1+2”的格式，而不倾向“2+1”的格式，见例（77），也说明准宾语结构跟动宾结构更接近。

（77）a. 吃 | 个痛快 b. 吃 | 食堂
c. 吃 | 一吃 d. 睡 | 一觉
e. 一锅饭 | 吃 | 两个人 f. 来 | 客人
g. 忘 | 家里

综上，我们认为，在韵律上，现代汉语中的动词准宾语结构音节数量有限，一般被看作一个语法单位，因为动词准宾语结构所在小句在形式上不能插入其他句法成分，小句必须凸显整体，动词、准宾语存在紧密的联系，相互依存，缺一不可。最后，“V+准宾语”在韵律上还符合音步轻重规则，因此在实际交流时能保存下来，具有能产性。

10.9 篇章前景、背景的意义及形式判断标准

及物性理论与篇章前景、背景理论联系紧密，篇章前景、背景的选择是小句及物性高低的重要表现，篇章前景、背景的研究与及物性理论的研究相辅相成，因此我们必须对篇章前景、背景有充分的了解，才能拓宽、加深对及物性的研究。在第一章的综述中，我们已经指出，以往研究一般集中在对小句

及物性高低的讨论上，鲜有学者将及物性理论与篇章的前景、背景结合起来，Hopper & Thompson（1980）的研究也没有明确提出前景、背景的区别，更没有明确提出判定前景、背景的形式和意义标准。为了对篇章前景、背景有更明确的了解，在下文中，我们将讨论篇章前景、背景的意义，研究二者存在的差别，最后，我们将提出判定篇章前景、背景的形式标准。

在第二章中，我们对小句及物性十项特征的意义和形式判定标准做了讨论，在 Hopper & Thompson（1980）的理论中，及物性与篇章前景、背景密切相关，小句出现的篇章位置、小句在篇章中的功能与小句及物性的表现相适配。及物性十项特征是研究及物性理论的重要元素，篇章前景、背景是及物性理论的重要验证手段。本书认为，如果只研究小句的及物性而忽略小句的篇章功能，那么对该小句的及物性研究就不是完整的。因此，考察小句的篇章功能也应成为我们研究的重要方面。

但是，在已有研究中，篇章前景、背景的意义所指不明确，不同学者持不同的观点和看法。除此之外，目前学界没有对篇章前景、背景的差异和判断篇章前景、背景的标准进行明确的讨论和论证。因此，在下文中，我们将首先对以往关于篇章前景、背景意义和判断标准的研究做一个综述总结，在此基础上对篇章前景、背景的意义进行讨论，再从原文出发对篇章前景、背景的差异进行研究，提出判断篇章前景、背景的主要手段，最后在汉语中进行验证研究。下面，我们先对篇章前景和背景的意义、形式标准的相关研究进行综述。

10.9.1　篇章前景、背景的研究

10.9.1.1　篇章前景、背景理论的意义研究

篇章前景（Foreground）和背景（Background）是篇章语法研究中的两个概念，用于说明语篇中信息地位的对立。随着研究的深入，篇章前景、背景不仅用来指示篇章信息地位的差异，其差异还与句法、语义上的及物性产生联系。在篇章前景、背景的研究中，首要的是对篇章前景和篇章背景的界定。

一些学者从语篇内容角度对语篇中的篇章前景、背景做了研究，Labov（1972）指出，按照小句是否具有叙事功能可将小句分为叙事小句（narrative clause）和自由小句（free clause），这两类小句分别对应前景句、背景句。Grimes（1975）认为小句可指涉事件和非事件，事件小句、非事件小句分别对应前景句、背景句。Hopper（1979）指出，在叙事语篇中，提供骨干材料的小

句为前景，提供支持性材料的小句为背景。Langacker（1996）从凸显度差异出发，根据叙事内容的差异将英语叙事语篇分为七个部分，按照凸显度从高到低划分出七个等级，分别是：1. 故事线（storyline）；2. 背景（background）；3. 倒叙（flashback）；4. 环境（setting）；5. 非现实（irrealis）；6. 评价（evaluation）；7. 衔接（cohesive）。在七个层级中，第一等级故事线和第二等级背景小句分别对应的是前景小句、背景小句。

一些学者将篇章前景、背景与及物性结合起来进行研究，认为小句的篇章表现与小句的及物性密切相关。学者如 Hopper & Thompson（1980）指出，句子及物性从根本上看是由话语功能（discourse function）决定的。在任何一个交际情景中，说话人都是根据自己的交际目的和与听话人共享的背景知识来决定如何表达自己的思想，比如，哪些先说，哪些后说；哪些为话语框架，哪些为补充说明等。如此一来，说话人所说的话语中一部分肯定比另一部分更重要。更重要的、与说话人的交际目的直接相关的、在话语中担任主要框架功能的那部分言语被称为前景（foregrounding），而不重要的、与说话人交际目的不直接相关的、起场景设置和评论烘托作用的部分被称为背景（backgrounding）。在此基础上，Thompson & Hopper（2001）对英语中的真实会话进行了考察，指出低及物性小句倾向于出现在英语中的日常会话语体中，高及物性小句在日常会话中很少出现，并且小句中的动词使用频率越高，小句动词所对应的论元结构越会有更多改变，表现为数目不固定和搭配论元不稳定，因此，文章认为语言在实际使用中会在很大程度上改变及物性的格局。两位学者发现，英语日常会话中低及物性一元小句数量最多，他们认为这跟语体有关，因为在日常会话中，当说话内容为说话人的主观评价和个人态度时，一般用形容词成分比较合适，当说话内容为说话人描述事件状态时，一般采用非动作动词和形容词比较合适，而这些成分都是低及物性的或没有及物性的特征，因此出现在口语中的句式往往是低及物性的。

综上，以往关于篇章前景、背景意义的研究，一些是从内容信息角度进行研究的，另一些是从及物性与语篇关系角度进行研究的。在两类研究中，学界普遍一致的观点是，篇章前景、背景都表示一种篇章地位，这种地位象征了信息的重要程度：一般来说，在篇章前景位置所出现的信息更关键、更重要，提供事件信息、骨干信息，出现在故事主线上，自由度不高；在篇章背景位置所出现的信息没有在篇章前景位置出现的信息重要，提供非事件信息、支持性信息，不出现在故事主线上，自由度高。

10.9.1.2　篇章前景、背景划分标准研究

在上文中，我们对篇章前景、背景的意义进行了讨论。从篇章意义出发，许多学者对如何划分篇章中的前景、背景进行了讨论，提出了一些形式考察手段来区分篇章功能。下面，我们将从国外研究、国内研究两个方面进行综述。

许多国外学者对前景、背景的判断标准进行了探讨。Reinhart（1984）从小句句法地位出发对前景、背景进行了考察，指出从属性是背景信息的重要语法特征，所以主句往往出现在前景位置，一般对应事件过程；从句往往出现在背景位置，一般对应事件过程之外的其他语言因素，比如伴随状态等。但是，该研究适用于英语，不适用于汉语，因为英语中有主句、从句层级，汉语中很少使用这种层级句表达方式，因此该判断方法在汉语中效用不大。

Tomlin（1985）从小句句法地位和语篇内容两个角度进行了考察，指出话语功能跟句法特征联系紧密，具体来说，独立小句一般能对前景信息或核心信息进行编码，而依附小句只编码背景信息；叙事语篇中构成事件主线的信息和能直接描述事件发生进展的信息属于前景信息，围绕事件主干做铺垫安排、衬托或评价的信息如事件发生的情景语境、文化语境等信息属于背景信息。同样，汉语的核心语义信息、依附语义信息也不通过句法层级表现出来，因此独立小句、依附小句判断法同样不适用于汉语；除此之外，研究虽然提出了事件主线判断法，但没有明确什么是事件主线，如何判断事件主线，因此该研究的判断标准依然是不明确的。

Langacker（1996）对叙事语篇中狭义前景、背景的语义划分标准进行了探讨，认为在叙事语篇中，可用动态（dynamic）、顺叙（sequential）、完整体三个要素作为差异标准对前景、背景进行划分。动态标准指事件是否为客观的动作行为，顺叙标准指动作是否按照时间先后顺序来叙述，完整体标准指动作行为是否在时间上有中止点。作者认为，前景的语义特点是［+动态］［+顺叙］［+完整体］，背景的语义特点是［+动态］［+顺叙］［−完整体］，狭义的前景、背景只有在完整体的语义要素上有对立。但是，研究没有对“动态”“顺叙”“完整体”的标准做详细论述，没有说明考察对象是小句、句群还是语篇。除此之外，文章中考察的语料范围不大，说服力不强。

Chu（屈承熹）（1998）从句法表现出发对前景、背景做了考察。在句法手段方面，作者指出关系小句、非有定动词形式、从属连词、名词化小句主语等从属手段是世界上许多语言标记背景的手段。文章将句法表现形式与前景、背景联系起来，具有创新性，但没有说明篇章前景、背景以什么样的方式与句法

表现联系，为什么能用句法形式判定篇章前景、背景，最重要的是，没有说明篇章前景、背景的本质差异是什么。

Unger（2006：73）从篇章内容和话语功能两方面对前景、背景的划分标准做了研究，指出在篇章内容上，背景信息对说话者的目标来说只起辅助、丰富、评价作用，前景信息则提供话语要点；在话语功能上，前景信息处于故事线（story-line）上，能推动事件发展；背景信息不处于故事线上，不直接推动事件发展。研究说明了判断篇章前景、背景的标准，但是没有提出更详细的测试手段，比如判断篇章信息是否提供话语要点的方法，判断篇章信息是否处于故事线上的方法，判断篇章信息是否推动事件发展的方法。虽然作者提出了一些判断策略，但这些策略在实际的操作上还存在很多问题，因此必须提出相应的形式测试标准。

可以看出，国外关于前景、背景的研究比较有针对性，大部分是以语篇为研究对象进行专门考察。除此之外，以往研究还将句法地位与篇章前景、背景结合起来，指出经过某些句法手段操作后的句子能提供背景信息。但是，这些研究大多基于英语语料，一些特殊句式比如“非有定动词形式”在汉语中没有对应语法形式，而且这些标准偏重意义，一些重要概念如故事线、描写信息、次要信息均停留在意义层面，没有实在的形式标准。除此之外，以往的研究也没有阐明推动故事线发展的对象是小句、句群还是语篇以及判断标准的适用范围。由此可见，关于篇章前景、背景的判断标准还需要做更深的研究。

国内汉语学界关于篇章前景、背景的研究也存在着没有形式测定标准的问题，且已有的一些形式测定标准比较零散，没有系统性。

学者如王惠（1997）、唐翠菊（2005）从高及物性的时间特征入手进行了研究。王惠（1997）认为高及物性句式跟事件的时间线有联系，因此高及物性句式可以跟时间词语、时间副词共现。唐翠菊（2005）也同意这一观点，并对汉语中有生无定主语句的实际语料进行了考察，发现高及物性有生无定主语句能与时间词语、时间副词共现，验证了王惠（1997）的标准。但是，研究没有详细说明什么是“时间线”，一般来说，叙事语篇存在时间线，但是在社论、议论、对话语体中，没有明确的时间线，不好进行篇章前景、背景判断。除此之外，研究也没有论证时间线通过什么样的方式与篇章前景、背景联系。虽然研究提出了全新的看法，但还需要做进一步的论证。

刘丹青（2005）从句子类型出发对背景信息进行了讨论，指出依附成分有许多类型，比如名词化小句主语，关系从句，条件、假设和原因分句，它们都是表现背景的典型形式。研究提出了与背景信息相联系的句法手段，但没有详细论证背景信息的特点，没有讨论文章提出的句法手段通过何种方式与背景信息联系，也没有提出论证研究合理性的方法。

一些学者如方梅（2008）、陈满华（2010）从小句句法地位出发对前景、背景信息进行了研究。Foley & van Valin（1984）指出，可根据小句是否具有依附性（dependent）和内嵌性（embedded）将小句分为三个等级：等立（coordination），主次（cosubordination），从属（subordination）；三个等级小句之间句法地位的差异逐渐增大。其中，等立等级中小句间的关系为［依附性－］［内嵌性－］，主次等级中小句间的关系为［依附性＋］［内嵌性＋］，从属等级中小句间的关系为［依附性＋］［内嵌性＋］。方梅（2008）利用 Foley & van Valin（1984）提出的句法等级系统，将话语功能的前景、背景与小句句法功能及等级层次结合起来，认为等立小句没有依附性和内嵌性，句法等级最高，是前景化小句；主次小句和从属小句句法等级低，二者都属于背景小句，从属小句句法等级低于主次小句。除此之外，方梅（2008）还指出，背景化就是以句法上的低范畴等级形式对背景信息进行包装，在动词有屈折变化的形态语言中，句法降级的包装手段可以是谓词的非限定形式。在汉语中，小句主语零形反指和描写性关系手段是背景化需求下书面语中的句法降级包装手段。陈满华（2010）同样从句法功能角度对前景、背景做了讨论，指出非反指零形主语小句是信息背景化的句法表现形式，非反指零形主语小句中的动词有非谓语动词化的倾向，现代汉语中的非反指零形主语小句是从对应的状语从句演变而来的。两位学者的研究将篇章背景与句法手段结合起来，但是，这些研究同样没有说明篇章前景、背景对应的研究范围，没有说明篇章前景、背景的意义和差异，没有说明为什么句法形式能通过篇章功能表现出来。

学者如郭晓麟（2016：86），寇鑫、袁毓林（2017）从前景、背景与信息的关系出发进行了研究。郭晓麟（2016：86）在研究简单指示结构位移事件时指出，前景一般与新信息联系，背景一般与旧信息联系。寇鑫、袁毓林（2017）认为“给 VP”句式是倾向于出现在前景中的高及物性句式，有高及物性表现，两位学者指出，汉语中的背景句可用一些特殊结构来表现，如连动结构中前项动词一般在语义上要“弱”于后项动词。两位学者在研究中，将背景信息和语义上的“弱”信息对等，前景信息和语义上的“凸显”信息对等。但是，研究没有说明为什么篇章前景、背景与信息新旧程度联系，没有说明篇章前景、背景的意义。

一些学者从主观性角度对前景、背景做了研究。胡骏飞、陶红印（2017）在“弄”字句的及物性研究中指出，主观性是一个连续统，主观性的高低随说话人目的而变化，人们说话时留下的自我印记越多，或投入的主观情感越多，产出的言语主观性越强，反之越弱。经过现实语料统计，文章认为“弄”字句中表高及物性的句子主观性较弱，“弄”字句中低及物性的句子主观性更强。两位学者认为，在互动交际的口语体中，低及物性句式与高度主观性有较强的对应关系，高及物性句式与低度主观性存在较强的对应关系，而高及物性句式往往出现在前景中。研究将篇章前景、背景与主观性结合，但没有说明为什么篇章前景、背景能与主观性相联系，语言主观性通过什么形式与篇章功能产生关联，也没有说明篇章前景、背景的意义。

还有一些学者如李晋霞（2017），刘云、李晋霞（2017）从语篇角度讨论了前景、背景的差异情况。李晋霞（2017）指出，在叙事语篇中前景、背景出现的差异是一个连续统，前景相当于有内在中止点的有界动作事件（event），背景相当于无内在中止点的无界动作活动（activity），过程结构是制约动词位于前景还是背景的潜在因素，变化动词倾向出现在前景中，动作动词倾向出现在背景中，状态动词没有前景、背景倾向。除此之外，界标是决定动词位于前景还是背景的实现因素，一般来说，与有界化标志共现的动词位于前景，与无界化标志共现的动词位于背景。句法位置对动词所在小句的篇章功能存在影响，一般来说，位于小句谓语中心的动词，既可以充当前景，也可以充当背景；偏离小句谓语中心语的动词，则只能在叙事语篇中充当背景。刘云、李晋霞（2017）认为论证语篇的前景部分是论证结构，背景部分是非论证结构；论证语篇对复句的数量分布和类型分布都有制约，出现在论证语篇前景中的复句在句法语义上表现出低及物性，出现在论证语篇背景中的复句在句法语义上表现出中立的及物性。研究提出了在不同语篇中进行篇章功能的研究，但没有说明不同的语篇与篇章前景、背景的关系，没有说明前景、背景对应的句法单位是句法成分、小句还是句群，也没有进行验证性的研究。

综上，以往利用前景、背景差异来说明句法语义问题的研究很多，但是对于如何判断前景、背景的操作手段一直没有阐释清楚。总的来说，前人对前景、背景判断标准的研究存在四个问题。第一个问题是最重要的问题，即以往研究的判断标准多集中在意义上，如话语功能是否处于故事线上、内容是否为篇章主干、提供的信息是否为主要信息，没有实在的形式标准，没有说明什么是“故事线”“篇章主干”“主要信息”，没有说明这些测试形式如何与篇章前景、背景联系。第二个问题是没有明确篇章前景、背景对应的语法单位是句法成分、小句、句群、语段还是语篇。第三个问题是以往的研究大多数没有建立在真实语料分析上，前景、背景是就篇章而言的，一些研究给出的语料只是孤立的单句或简单的复句，没有立足于篇章。如果我们不能确定前景、背景的研究标准，那么围绕前景、背景这一主题进行的研究就不具有说服力。第四个问题是一些学者对于前景、背景的研究是建立在形态语言的基础上的，将相关理论应用到没有动词屈折的汉语上并不合适。如一些学者认为句子中主句是前景，次句 / 从句是背景，但汉语中小句倾向用流水句的表现形式，即使有语义上的主次，也不能通过动词屈折手段表现出来，所以形态语言中关于前景、背景的研究如果要应用在汉语中，我们应该更加审慎地对待二者的异同，不能一味地引进标准而忽略汉语本身的特点。

基于篇章前景、背景判断标准的现状，本书的目标是找出前景、背景的形式标准和实践操作手段，并找出篇章前景、背景如何与相应操作手段产生联系，使前景、背景的判断有理可依、有据可循，从而给出科学可信的实践验证标准。

10.9.2　篇章前景、背景的形式判断标准设定

在上文中，我们讨论了篇章前景、背景的研究现状，认为当前对篇章前景和背景的意义、形式判断标准的研究不甚明确，为了对篇章分景有更深刻、全面的了解，也为了更好地进行及物性的研究，下面我们将从 Hopper & Thompson（1980）的及物性研究出发，明确篇章前景、背景的意义和差异，再从基本的意义和差异出发，找出区分篇章前景、背景的形式操作手段。

Hopper & Thompson（1980）指出，及物性可作为一种句法——语义接口，将语法上的及物性概念与篇章中的前景、背景信息结合起来；高及物性结构多出现在前景中，低及物性结构多出现在背景中。前景是语言使用者获取的明显形式语义信息，这些信息是联系当下的，没有联系未来。在一些语言中，前景、背景有相应的形式、句法系统，如斯瓦西里语中，一般的叙述体过去式由动词前缀“li-”标记，但如果事件中有一系列动作按顺序一起发生时，只有第一个动作有明确的时态前缀，其他的动作由一个连续时态前缀“ka-”标记，见例（78）（引自 Harries,1965：131）。前缀“ka-”只有在叙述单个连续事件时能使用，换句话说，前缀“ka-”的作用是追溯事件主线（storyline），是叙述部分中的前景部分，可通过语言系统的形态标记如“li-”“ka-”区分篇章前景、背景。例（78）中，划线句是前景部分，未划线句是背景部分。

（78）Tu-LI-po-sema vile, wa-KA-jua kama wevi, mara ile
we-li-when-say thus they-ka-know as thieves at once that
wa-KA-ondoka wa-KA-kimbia
they-ka-leave they-ka-run away
"When we said this, they knew that they had been recognized, and they at once got off (the train) and ran away."
"当我们这么说的时候，他们知道自己被认出来了，立刻下了车跑开了。"

然而，汉语不是形态语言，话语中的前景、背景没有对应的形态标志。为了对汉语篇章中的前景、背景有更全面的认知，为了通过话语的篇章功能对及物性差异有更深刻的理解，找出汉语中前景、背景的形式判断标准是非常重要的。

Hopper & Thompson（1980）指出，从内容角度看，口头叙述语（oral narrative）中的前景是事件的骨架，背景是场景设置语句（scene-setting statements）和评价性评论（evaluative commentary）。例（79）（引自 Labov & Waletzky,1967）中划线句是前景句，非划线句为背景句；前景部分共同构成语篇主干，形成语篇基本架构；背景句为主干增添血肉，添加和丰富事件信息，但跟结构衔接（structural coherence）无关。在下例中，划线前景句是事件的主干，直接推动事件的发展，非划线背景句只起评价、补充、描写作用，对事件的发展没有直接影响。

（79）(Were you ever in a situation where you were in serious danger of being killed?) My brother put a knife in my head. (How'd that happen?) Like kids, you get into a fight and I twisted his arm up behind him.

This was just a few days after my father had died, and we were sitting shive. And the reason the fight started... He sort of ran out in the yard（他好像跑到院子里去了）—this was way out on Coney Island——and he started to talk about it（他开始谈论这件事）. And my mother had just sat down to have a cup of coffee. And I told him to cut it out（我叫他停止）.

Course kids, you know—the don't hafta listen to me. So that's when I grabbed him by the arm, and twisted it up behind him（我抓住他的胳膊，在他身后扭了一下）. When I let go his arm, there was a knife on the table, he just picked it up and he let me have it（他把刀捡起来，然后用它刺向我）, and I started to bleed like a pig（我开始血流如注）.

And naturally, first thing was—run to the doctor（跑去看医生）. And the doctor just says, "Just about this much more," he says, "and you'd a been dead."

在例（79）中，我们可以直观地看到，构成前景的句式内部存在动作传输过程，能直接推动事件的发展，但背景句没有这个功能，这是前景、背景最大的区别。但是，如果从意义出发来谈论前景、背景是空洞的，我们必须找到实在的形式标准。

Hopper & Thompson（1980）对篇章中的前景、背景提出了两个重要判断。两位学者的第一个判断是从结构方面说的，他们认为前景是实在发生的有序事件（actual sequential events），按时间排列，任意两部分语序变化意味着真实世界顺序也发生了变化；而背景没有时间排序要求，背景句甚至可以与前景句互换位置。这一重要论断向我们提供了一个重要信息，即前景句中的动作发展受时间因素制约，背景句不受时间因素制约，根据这一信息，能得出背景句的顺序可变，前景句的顺序不可变。例（79）中第三段背景句"there was a knife on the table"是静态描述句，该背景句能变换顺序，分别见例（80a）（80b）中加粗字体部分，小句变换顺序后不影响事件在篇章中的发展；第三段中"he just picked it up and he let me have it"是前景句，顺序不可变换，变换后现实世界对应事件顺序也发生了变化，语义不通，影响事件发展。分别见例（81a）（81b）中划线句部分。

（80）a. … When I let go his arm, **there was a knife on the table**（当我放开他胳膊的时候，桌子上有一把刀）, he just picked it up and he let me have it（他把刀捡起来，然后用它刺向我）, and I started to bleed like a pig（我开始血流如注）.

b. … **There was a knife on the table**, when I let go his arm（当我放开他胳膊的时候，桌子上有一把刀）, he just picked it up and he let me have it（他把刀捡起来，然后用它刺向我）, and I started to bleed like a pig（我开始血流如注）.

（81）a. … When I let go his arm, there was a knife on the table（当我放开他胳膊的时候，桌子上有一把刀），he just picked it up and he let me have it（他把刀捡起来，然后用它刺向我）, and I started to bleed like a pig（我开始血流如注）.

b. *… When I let go his arm, there was a knife on the table（当我放开他胳膊的时候，桌子上有一把刀）, and I started to bleed like a pig（我开始血流如注）, he just picked it up and he let me have it（他把刀捡起来，然后用它刺向我）.

第二个判断是从内容上说的，即提供骨干材料的话语是前景，提供支撑性、评价性材料的话语是背景。背景与结构连贯无关，由场景设置和评价话语组成。前景部分对应事件主线，背景部分提供事件主线的补充、说明信息。根据 Hopper & Thompson（1980）的内容判断标准进行合理推演，我们发现，如果将未划线的背景部分删掉，不影响故事主线的发展，见例（82）。但是，如果删去前景部分，故事主线会缺失重要信息，事件发展缺少逻辑。例（83a）中，如果删去前景句“I started to bleed like a pig（我开始血流如注）”和“he just picked it up and he let me have it（他把刀捡起来，然后用它刺向我）”句就无法衔接下一事件“run to the doctor（跑去看医生）”，两句的联系比较突兀，见例（83b）。

（82）~~(Were you ever in a situation where you were in serious danger of being killed?) My brother put a knife in my head. (How’d that happen?) Like kids, you get into a fight and I twisted his arm up behind him.~~

~~This was just a few days after my father had died, and we were sitting shive. And the reason the fight started…~~ He sort of ran out in the yard（他好像跑到院子里去了）~~—this was way out on Coney Island——~~and he started to talk about it（他开始谈论那件事）. ~~And my mother had just sat down to have a cup of coffee. And~~ I told him to cut it out（我叫他别说了）.

~~Course kids, you know—he don’t hafta listen to me. So that’s when~~ I grabbed him by the arm, and twisted it up behind him（我抓住他的胳膊，在他身后扭了一下）. ~~When I let go his arm, there was a knife on the~~

~~table~~, he just picked it up and he let me have it（他把刀捡起来，然后用它刺向我）, and I started to bleed like a pig（我开始血流如注）.

~~And naturally, first thing was—~~run to the doctor（跑去看医生）. ~~And the doctor just says, "Just about this much more," he says, "and you' d a been dead.~~"

（83）a. He just picked it up and he let me have it（他把刀捡起来，然后用它刺向我）, and I started to bleed like a pig（我开始血流如注）. I run to the doctor（跑去看医生）.

b.* He just picked it up and he let me have it（他把刀捡起来，然后用它刺向我）, and I run to the doctor（跑去看医生）.

综上所述，我们根据 Hopper & Thompson（1980）结构、内容两方面的判断篇章前景、背景的方法，在其基础上进行合理推测，可得出篇章前景、背景的深层差异。本书认为，可从结构和内容两方面对篇章中的前景、背景进行判定，判断标准分别是：

a. 删除标准：篇章中的背景部分可以删除，删除后留下的前景部分依然能组成事件发展的主线；篇章中的前景部分不可以删除，删除后事件发展主线不明确；

b. 变换标准：篇章中的背景部分能够变换顺序，变换顺序后不影响事件的发展；篇章中的前景部分不能变换顺序，变换顺序后，对应的现实事件发生顺序也发生变化。

这种分辨前景、背景的方法除了能用在口头叙述语中，还能用在程序话语（procedural discourse）中。我们可以从有序的组合中找出动作和状态部分，动作部分对应前景信息，状态部分对应背景信息。Hopper & Thompson（1980）指出例（84）（引自 Rombauer & Becker,1964：675—6）中的划线句是该食谱中的前景部分，对应事件的主干，在食谱中表现为操作步骤；非划线句是该食谱的背景部分，对操作步骤进行描写、补充和说明，非划线句不推动事件发展。

（84）This is a fine recipe for decorative icing. It will keep without hardening for a long time if closely covered with waxed paper. Stir（搅拌）until the sugar is dissolved, then boil（煮）without stirring 1 cup sugar, 1/2 cup water（搅拌一杯糖，半杯水）. Meanwhile, whip（搅打）until stiff but not dry 2 egg whites, 1/8 teaspoon salt（2 个蛋白，1/8 茶匙盐）. Sift and add very slowly（过筛，慢慢加入）, whipping constantly, 3 tablespoons sugar（3 匙糖）. When the sirup begins to fall in heavy drops from a spoon, add a small quantity of it to the eggs and sugar（在鸡蛋和糖中加入少量）; continue beating（继续敲打）. Repeat this process（重复上述过程）, adding the sirup to the eggs in 4 or 5 parts. If these additions are properly timed, the last of the sirup will have reached the thread stage. Beat the icing constantly（不断地破冰）. Have a pan ready, partly filled with water. Place it over heat（把它放在火上加热）. The bowl in which the icing is being made should fit closely into this pan, so that the bowl will be over——but not in——the water. When the water in the pan begins to boil, add to the icing 1/4 teaspoon icing powder（将 1/4 茶匙的糖加入糖霜中）...Continue to beat the icing（继续破冰）until it sticks to the sides and the bottom of the bowl and holds a point. Remove from heat（从火上移开）. Place as much as is required for the decoration（装饰需要多少就放多少冰）, usually about 1/3, in a small bowl（在一个小碗里）. Cover it closely with waxed paper（用蜡纸把它紧紧地盖住）. To the remainder, add 1 teaspoon or more hot water（加入 1 茶匙或更多的热水）to thin it to the right consistency to be spread. Beat it well and spread it on the cake（把它搅匀，铺在蛋糕上）.

根据本书的前景、背景判断方法的第一条，删去背景信息后语篇不受影响。为了验证这一判断方法，我们删去例（85）背景部分，发现故事主线不受影响，证明第一条判断方法是可行的。

（85）~~This is a fine recipe for decorative icing. It will keep without hardening for a long time if closely covered with waxed paper.~~ Stir（搅拌）~~until the sugar is dissolved, then~~ boil（煮）without stirring 1 cup sugar, 1/2 cup water（搅拌一杯糖，半杯水）. ~~Meanwhile,~~ whip（搅打）~~until stiff but not dry~~ 2 egg whites, 1/8 teaspoon salt（2 个蛋白，1/8 茶匙盐）. Sift and add very slowly（过筛，慢慢加入），~~whipping constantly,~~ 3 tablespoons sugar（3 匙糖）. ~~When the sirup begins to fall in heavy drops from a spoon,~~ add a small quantity of it to the eggs and sugar（在鸡蛋和糖中加入少量）; continue beating（继续敲打）. Repeat this process（重复上述过程）, ~~adding the sirup to the eggs in 4 or 5 parts. If these additions are properly timed, the last of the sirup will have reached the thread stage~~. Beat the icing constantly（不断地破冰）. ~~Have a pan ready, partly filled with water~~. Place it over heat（把它放在火上加热）. ~~The bowl in which the icing is being made should fit closely into this pan, so that the bowl will be over——but not in——the water. When the water in the pan begins to boil,~~ add to the icing 1/4 teaspoon icing powder（将 1/4 茶匙的糖加入糖霜中）...Continue to beat the icing（继续破冰）~~until it sticks to the sides and the bottom of the bowl and holds a point~~. Remove from heat（从火上移开）. Place as much as is required for the decoration（装饰需要多少就放多少冰）, ~~usually about 1/3~~, in a small bowl（在一个小碗里）. Cover it closely with waxed paper（用蜡纸把它紧紧地盖住）. ~~To the remainder~~, add 1 teaspoon or more hot water（加入 1 茶匙或更多的热水）~~to thin it to the right consistency to be spread~~. Beat it well and spread it on the cake（把它搅匀，铺在蛋糕上）.'

根据本书的前景、背景的判断方法，背景部分能与前景及其他背景句变换顺序，为了验证这一判断方法，我们将例（86a）中加粗字体部分的背景信息句进行移位操作，发现背景句顺序变化后语篇依然能说，见例（86b）。由此可见，第二条判断方法也是可行的。

（86）a....**When the sirup begins to fall in heavy drops from a spoon（当糖浆开始从匙中大量滴下时）**, add a small quantity of it to the eggs and sugar（在鸡蛋和糖中加入少量）; continue beating（继续敲打）...**If these additions are properly timed, the last of the sirup will have reached the thread stage（如果这些添加步骤正确，最后的糖浆可以拉丝）**...

b. ...Add a small quantity of it to the eggs and sugar（在鸡蛋和糖中加入少量）, **when the sirup begins to fall in heavy drops**

from a spoon（当糖浆开始从匙中大量滴下时）；continue beating（继续敲打）…, **the last of the sirup will have reached the thread stage, if these additions are properly timed（如果这些添加步骤正确，最后的糖浆可以拉丝）**…

上文中，我们验证了本书提出的篇章前景、背景判断标准在英语中的可行性，下面我们来看汉语篇章中的例子。例（87a）中划线句是背景句，首先，该句删除后对全文没有影响，见例（87b）；除此之外，该句还能与前景句变换顺序，见例（87c）。但是，如果删除前景句或移动前景句，篇章衔接会受影响，甚至语义上不合法，分别见例（87d）（87e）。

（87）a. 他和几个同伴在岸上来回逡巡，只要我在某处露头，他们便把我踹下去。看得出来，这游戏使他们很开心，很兴奋。每当我狼狈地掉回水里，他们便哈哈大笑，只有我那个同学始终咬牙切齿地盯着我，不断地发出一连串出凶狠的咒骂。（王朔《动物凶猛》）

b. 他和几个同伴在岸上来回逡巡，只要我在某处露头，他们便把我踹下去。~~看得出来，这游戏使他们很开心，很兴奋。~~每当我狼狈地掉回水里，他们便哈哈大笑，只有我那个同学始终咬牙切齿地盯着我，不断地发出一连串出凶狠的咒骂。

c. 他和几个同伴在岸上来回逡巡，只要我在某处露头，他们便把我踹下去。每当我狼狈地掉回水里，他们便哈哈大笑，只有我那个同学始终咬牙切齿地盯着我，不断地发出一连串出凶狠的咒骂。看得出来，这游戏使他们很开心，很兴奋。

d.* 他和几个同伴在岸上来回逡巡~~，只要我在某处露头，他们便把我踹下去~~。看得出来，这游戏使他们很开心，很兴奋。每当我狼狈地掉回水里，他们便哈哈大笑，只有我那个同学始终咬牙切齿地盯着我，不断地发出一连串出凶狠的咒骂。

e.* 他和几个同伴在岸上来回逡巡，他们便把我踹下去，只要我在某处露头。看得出来，这游戏使他们很开心，很兴奋。每当我狼狈地掉回水里，他们便哈哈大笑，只有我那个同学始终咬牙切齿地盯着我，不断地发出一连串出凶狠的咒骂。

Hopper & Thompson（1980）指出，前景句按事件发生的时间顺序排列，前一事件的终点是后一事件发生的起点，形成话语篇章的基本框架或发展脉络，按时间顺序排列的前景句不能随便变换顺序，变换顺序会引起现实世界事件发生顺序混乱。背景句不按时间顺序排列，背景句顺序的变化不会引起现实世界事件发生顺序的变化。例（88a）中三个小句都指涉现实事件，并且按照时间顺序排列，三个小句都是主要信息，因此三个小句都是话语的前景部分。如果改变三个小句的顺序，那么对应的现实事件也会发生改变，但这种改变在时间流上是不合理的，不符合人类的认知习惯，所以它们变换顺序后不能说，分别见例（88b）（88c）。

（88）a. 洗完碗，他拿着电脑，开心地出门了。
b. ？拿着电脑，他洗完碗，开心地出门了。
c. ？开心地出门了，他洗完碗，拿着电脑。

前景句按照时间顺序排列，背景句不按照时间顺序排列，背景句以相关的前景句为参照点，为前景事件提供场景、增添细节，不影响事件发展的连贯性。例（89a）（89b）（89c）中的句子是背景句，只提供次要的补充、修饰信息，小句间的顺序可以随意变化，不影响现实世界发生事件的顺序，分别见例（89d）（89e）（89f）。前景句与时间因素相关，因此除了小句排列顺序受到限制，语法上还表现为前景句能与时间词语、时体标记共现，而背景句一般不与时间词语或时体标记共现。

（89）a. 衣服洗好了，桌子收拾干净了，饭菜做好了。
b. 衣服洗好了，饭菜做好了，桌子收拾干净了。
c. 桌子收拾干净了，衣服洗好了，饭菜做好了。
d. 桌子收拾干净了，饭菜做好了，衣服洗好了。
e. 饭菜做好了，衣服洗好了，桌子收拾干净了。
f. 饭菜做好了，桌子收拾干净了，衣服洗好了。

及物性理论认为，高及物性小句往往出现在前景中，低及物性小句往往出现在背景中。因此，在日常交际对话或写作中，前景句在编码时需要更多的高及物性特征和更少的低及物性特征，而背景句在编码时需要更多的低及物性特征和更少的高及物性特征。值得注意的是，前景与高及物性、背景与低及物性之间的对应并不是绝对的，它们只是呈现一种强烈的共现趋势。

10.9.3 小句在篇章前景、背景的限制特征

我们在上文中讨论了在篇章中划分前景、背景的形式标准，指出可用删除标准、变换标准区分话语前景、背景，但这两种判断标准只适用于口头叙述语、程序话语，如果脱离这两种语体，前景、背景的两类判断标准就不太准确了。为了更好地对语言中的前景、背景进行判断，下面我们将把研究重点放到小句上。具体来说，我们将对提供前景、背景信息的小句的限制性特征进行讨论，说明什么样的句子能表示“事件主线”，充当前景信息；分析什么样的句子能为事件主干添加血肉，充当背景信息。

发展的本质是新事物的产生和旧事物的灭亡。因此，产生和灭亡都是发展中的变化，只有变化才能推进事件主线发展。戴耀晶（1997）指出，事件存在于时间中，或以动态（dynamic）方式存在，或以静态（static）方式存在，以动态方式存在的事件是动态事件，以静态方式存在的事件是静态事件，分别见例（90）（引自戴耀晶，1997:6）。例（90a）是动态事件，事件中动作“拍手”在持续过程中，“拍手”的力量有变化，还伴随着“手”的位置移动，在“拍手”的事件进程中动作任意一点的形态与别的点的形态都不一样，可能前一个时间点手掌下击，后一个时间点手掌上抬，动态事件具有异质性（heterogeneity）；例（90b）是静态事件，“盘腿”在动作持续过程中没有力的变化和位置的移动，事件进程中任意一点的动作状态与别的点的动作状态相同，前一个点腿盘着，后一个点腿依然盘着，静态事件有均质性（homogeneity）。

（90）a. 他拍着手　　　　b. 他盘着腿

动态句在时间流上的每个点都存在变化，因此可以推动事件发展，存在于事件主线上；静态句在时间流上的每个点都没有变化，因此只能起描写、丰富事件信息的作用，不起推动事件发展的作用，一般提供背景信息。汉语中的零动词句是典型的静态句，句中没有动词；小句是静态的，没有动态变化。陈晓蕾（2017）指出，零动词句指仅由体词性成分构成的表达式，表达式内不含动词，属于体词谓语范畴，包含“量”的意义，与数量范畴有关；除此之外，小

句包含多个内部类别，语义涉及事物之间的某种“关系”。根据表达意义的差别，可将零动词句分为四类，见例（91）。

（91）a. 表示某处存在某物：桌子上一本书

b. 表示某物遍布于某空间：满屋子书

c. 表示事物的配比：一年三百六十五天

d. 表示领属关系：我们俩一个班

语言是人类对现实世界经过认知后进行编码的结果，一般来说，动词为谓语的句子表示动态动作，体词为谓语的句子表示事物之间的状态关系，动作事件、状态关系是语言表达的两大核心范畴。零动词句是体词做谓语的句子，往往表达事物之间的关系，表示一种静态事件。零动词句中没有动作传输的过程，因此在语篇中不起推动事件发展的作用，不出现在事件主线上，只能起静态的补充、说明作用。例（92a）中的划线句是零动词句做背景描写的例子，划线的零动词句对事件发展没有推波助澜的作用，根据我们上文提出的前景、背景划分标准，我们发现划线句与其他背景句变换顺序或删除后对篇章中的事件发展没有影响，分别见例（92b）（92c）。

（92）a. 不过，连这样，李四爷还时常遭受李四妈的指摘与责骂。李四妈，满头白发，一对大近视眼，几乎没有一天不骂那个“老东西”的。（老舍《四世同堂》）

b. 不过，连这样，李四爷还时常遭受李四妈的指摘与责骂。李四妈，一对大近视眼，满头白发，几乎没有一天不骂那个“老东西”的。

c. 不过，连这样，李四爷还时常遭受李四妈的指摘与责骂。李四妈，~~满头白发~~，一对大近视眼，几乎没有一天不骂那个“老东西”的。

静态事件不能推动事件发展，动态事件能推动事件发展。但是，并不是所有的动态句都能出现在篇章前景位置，一些动态小句也能出现在篇章背景中。下面，本书对出现在篇章前景、背景中动态小句的限制特征进行讨论。

前景句在篇章中不能删除，不能调换顺序；背景句在篇章中能删除，能调换顺序。依据这一验证标准，小句提供前景信息还是背景信息的重要判断标准是小句能否变换顺序和删除，而小句能否执行这些操作的关键在于小句之间的联系。

我们发现，在动态小句中，有时间、空间、逻辑联系的小句不能删除，顺序不能变换，如果执行了删除操作，相当于时间没了先后，空间没了参照，逻辑没了前因或后果；如果执行了变换顺序操作，相当于时间先后对调，空间位置变化，原因结果对调，两种操作都会导致小句对应现实世界中的动作事件发生变化。因此，如果动态小句间存在不可破坏的联系，这些小句就是事件的主线、骨干，对应话语的前景；反之，如果动态小句间不存在不可破坏的联系，该小句可执行删除、变换顺序的操作，该小句就是补充性、说明性成分，对应话语的背景。

首先，动态小句之间如果有时间联系，则该动态小句为前景小句，见例（93a）。有时间联系的动态小句联系紧密，共同组成推动事件发展的成分，缺一不可，不可删略，删除某一小句后句子不合法，见例（93b）；有时间联系的动态小句有特定的发生时间顺序，因此小句之间的顺序是不可改变的，改变之后不合法，见例（93c）。

（93）a. 那天夜里到路上扫活儿，行至中关村南大街，三个女学生上车去外语大学，上车之后三个人同时掏腰包，争执不下。（《百姓TAXI》2009年5月号第72页）

b. ? ~~那天夜里到路上扫活儿，行至中关村南大街，~~三个女学生上车去外语大学，争执不下。

c. ? 行至中关村南大街，那天夜里到路上扫活儿，三个女学生上车去外语大学，上车之后三个人同时掏腰包，争执不下。

当动态小句之间存在空间联系时，它们都是前景小句，例（94a）中的划线句都是前景句，不可删除，不可颠倒顺序，否则句子不合法，分别见例（92b）（94c），由此可见，存在空间联系的动态小句属于话语前景小句。

（94）a. 周先生从那边走过来，笑着向他说：“到了，我们下车罢。”矮矮的长墙，围着广大的草场。几处很伟大的学校建筑，矗立在熹微的晨光里，使他振起精神来。穿过了草场，周先生走进

“庶务处”，一会儿出来说：“你的宿舍定在东楼十五号，和这个堂役先去罢，我一会儿就来。”（冰心《冰心全集第一卷》）

b.* ~~周先生从那边走过来~~，笑着向他说：“到了，我们下车罢。”矮矮的长墙，围着广大的草场。几处很伟大的学校建筑，矗立在熹微的晨光里，使他振起精神来。~~穿过了草场，周先生走进“庶务处”~~，一会儿出来说：“你的宿舍定在东楼十五号，和这个堂役先去罢，我一会儿就来。”

c.* 笑着向他说：“到了，我们下车罢”，周先生从那边走过来。矮矮的长墙，围着广大的草场。几处很伟大的学校建筑，矗立在熹微的晨光里，使他振起精神来。* 穿过了草场，一会儿出来说：“你的宿舍定在东楼十五号，和这个堂役先去罢，我一会儿就来”，周先生走进“庶务处”。

当动态小句之间存在逻辑联系时，动态小句缺一不可，否则逻辑语义不完整，不能执行删除、变换顺序的操作，例（95a）中划线句为动态小句，与别的小句之间存在逻辑联系，删除小句后不能说，见例（95b）；变换小句顺序后语段语义不自然，见例（95c），由此可见存在逻辑联系的动态小句是话语前景。

（95）a. 市民如果发现自己或家人、朋友出现非典症状，请迅速拨打“120”急救电话，由“120”提供急救车，到医院就诊。（《人民日报》，2003-04-25）

b.* ~~市民如果发现自己或家人、朋友出现非典症状~~，请迅速拨打“120”急救电话，由“120”提供急救车，到医院就诊。

c.* 请迅速拨打“120”急救电话，市民如果发现自己或家人、朋友出现非典症状，由“120”提供急救车，到医院就诊。

以上，我们认为，动态小句间若存在时间、空间、逻辑联系，则为话语前景小句；动态小句间若不存在时间、空间、逻辑联系，则为话语背景小句。下面，我们用以上的研究推理对前人时贤提出的前景、背景标准进行验证。

方梅（2008）指出零形主语反指句是背景化需求下的汉语信息包装手段，小句主语零形反指往往出现在话语背景中。方梅老师的观点引人深思，我们发现，表修饰的静态成分出现在零形主语反指小句中往往对应背景，小句不影响事件发展，只起伴随、描写作用，见例（96a）（引自方梅，2008），背景小句可删除，可调换顺序，对事件发展没有影响，分别见例（96b）（96c）。

（96）a. 红着脸，他不由得多看了她几眼。

b. ~~红着脸~~，他不由得多看了她几眼。

c. 他不由得多看了她几眼，红着脸。

但是，如果小句是有时间联系的动态零形主语反指句，见例（97a）（引自方梅，2008），该小句影响事件主线的发展，对推动事件的变化有重要作用，因此不能删除，也不能调换顺序，是话语中的前景，分别见例（97b）（97c）。

（97）a. 他扛起铺盖，灭了灯，进了后院。

b.* 他扛起铺盖，~~灭了灯，进了后院~~。

c.* 灭了灯，进了后院，他扛起铺盖。

由此可见，并不是所有的零形主语反指句都能提供背景信息，零形主语反指句只有满足了跟别的小句不存在时间、空间、逻辑联系的限制条件才能提供背景信息。

综上所述，本书认为小句在篇章前景、背景中的限制特征为：

a. 静态小句一般出现在篇章背景中；

b. 动态事件可能出现在篇章背景中，也可能出现在篇章前景中；存在时间、空间、逻辑联系的动态小句一般出现在篇章前景中；

c. 不存在时间、空间、逻辑联系的动态小句一般出现在篇章背景中。

10.9.4 篇章前景、背景的形式判断标准操作手段

上文中，我们提出了在口头叙述语、程序话语两种语体中篇章前景、背景的形式判断标准，讨论了静态小句、动态小句在篇章前景、背景中的限制特征。但是，篇章前景、背景的形式判断标准只在口头叙述语、程序话语中应用，篇章的限制特征只能判断静态、动态小句的篇章地位归属，研究没有将篇章前景、背景和句法表现联系起来。本书发现，篇章前景、背景与句法表现存在关联。

下面，我们对汉语中篇章前景、背景句法表现的操作手段进行讨论。

10.9.4.1　能否关系化

关系从句指具有名词性定语功能的小句，关系从句可以修饰名词。一般来说，关系从句涉及一个核心名词和修饰核心名词的小句，被修饰的核心名词按照所指内容分为回指的、非回指的。核心名词的所指是回指的，可见例（98a），其中，核心名词“男孩”是回指的；核心名词所指是新引入、非回指的，可见例（98b），其中，核心名词“信”是新信息，是非回指的。

（98）a. 只要有人过来，就是顺路走过，孙福都要他喊叫：“我是小偷。”孙福坐在水果摊位的后面，坐在一把有靠背的小椅子里，心满意足地看着这个男孩。他不再为自己失去一只苹果而恼怒了，他开始满意自己了，因为他抓住了这个偷他苹果的男孩，也惩罚了这个男孩，而且惩罚还在进行中。（余华《黄昏里的男孩》）

b. 据说一个喀麦隆司法系统参观团到某个监狱参观，一个犯人悄悄把一个信封塞在一个团员手里。那是托参观团帮他到美国找他哥哥的信。（严歌苓《陆犯焉识》）

例（98a）类关系从句的特点是核心名词是回指的，且关系化的部分如“偷他苹果的男孩”有对应的述谓形式“男孩偷他苹果”，关系化后，原来的动作传递过程消失，原来的述谓形式有了定语的功能，修饰说明回指的核心名词。因为关系化的部分是背景信息，所以关系化部分能删除，见例（99a），删除后不影响篇章故事主线，核心名词具有回指作用，因此事件也不会缺少信息。但是，关系化部分不能变换顺序，见例（99b），这并不是因为变换顺序后会引起现实世界事件发生顺序变换，而是因为修饰核心名词的关系化小句只有一个，不存在与该关系化小句处在同一句法地位的第二例关系化小句，没有变换的选择可能；除此之外，汉语中一般是修饰成分在前，被修饰成分在后，所以关系化小句不能跟核心名词调换位置。

（99）a. 只要有人过来，就是顺路走过，孙福都要他喊叫：“我是小偷。”孙福坐在水果摊位的后面，坐在一把有靠背的小椅子里，心满意足地看着这个男孩。他不再为自己失去一只苹果而恼怒了，他开始满意自己了，因为他抓住了这个~~偷他苹果的~~男孩，也惩罚了这个男孩，而且惩罚还在进行中。

b.* 只要有人过来，就是顺路走过，孙福都要他喊叫："我是小偷。"孙福坐在水果摊位的后面，坐在一把有靠背的小椅子里，心满意足地看着这个男孩。他不再为自己失去一只苹果而恼怒了，他开始满意自己了，因为他惩罚了这个男孩，也抓住了这个偷他苹果的男孩，而且惩罚还在进行中。

例（100a）划线部分也是关系化小句，关系化部分同样能够删去而不影响篇章发展，见例（100b）。

（100）a. 他们在德国并不相识，但喜欢足球的波里迈总经理说："能在这里接待施拉普纳先生和中国足球队，我非常高兴。"（《人民日报》，1993-04-18）

b. 他们在德国并不相识，但~~喜欢足球的~~波里迈总经理说："能在这里接待施拉普纳先生和中国足球队，我非常高兴。"

方梅（2008）指出，限制性关系从句能通过已知事件来明确名词所指，因此可以提供背景信息；描写性关系从句中核心名词是有指的，描写性关系从句表示的是核心名词的恒常特征或某一时刻的动态特征，而这些特征恰恰都是叙述主线之外的信息，一般不参与行为主体在表述事件中的动态过程，因此也是背景信息。

我们认为，关系从句倾向出现在背景中，是因为关系从句属于小句的句内成分，起描写、修饰、说明功能，句内没有实质性的动作传递，因此不影响事件的发展，不提供前景信息。根据关系从句的篇章功能倾向，我们可将关系从句纳入前景、背景的判断标准，即能关系化的小句一般是背景句，不能关系化的小句一般是前景句。"把"字句是汉语中公认的高及物性句式，句内有动作传输过程，因此往往出现在前景中，我们发现，"把"字句一般不能进入关系化从句中修饰名词，见例（101），这恰好印证了前景句一般不能转化为关系化小句的猜想。

（101）a. 他把作业做完了——*把作业做完了的他

b. 小明把衣服洗了——*把衣服洗了的小明

c. 班长把黑板擦干净了——*把黑板擦干净的班长

综上，我们认为能关系化的小句一般提供篇章背景信息，不能关系化的小句一般提供篇章前景信息。

10.9.4.2　是否表现为惯常体

一般认为，惯常事件指发生条件有一定规律可循的事件。沈家煊（1999：167）提出，“惯常”指一种活动被视为持续一段时间的、规律性的情状，在英语中一般用表达式如“used to”和一些词语如“often”“frequently”来标记；惯常体研究涉及事件时间发生点、事件内部时间进程和说话者对命题的看法与态度。

本书认为，表示惯常体的句子通常是对过去经验或过去动作的描述，因此是静态的句子，往往起补充信息的作用，不推动事件的发展，属于背景成分。例（102a）中，“每天都不到食堂吃饭”是惯常体句式，该句是对“日本技师”的修饰说明，这种说明不会改变或推动事件进程，因此是背景成分。惯常体和惯常体后的小句都是修饰小句，删除惯常体句甚至删除惯常体句后的小句，对篇章语义没有影响，见例（102b）；在保证小句语义不变的基础上，变换背景部分小句顺序，对篇章语义也没有影响，见例（102c），其中，“日本技师”和“每天不到食堂吃饭”的对象同指，二者之间隔了“大家同行，混得很熟了”，有认知距离，因此习惯体部分应该加上复指代词“他”，加上代词与否都不影响“每天不到食堂吃饭”的背景信息性质，因此习惯体部分还是该语段中的背景。

（102）a. 我们医院进了一台日本仪器，来了个日本技师，每天都不到食堂吃饭，坐在仪器前吃便当，大家同行，混得很熟了。有一天我问他，知道南京大屠杀吗？他把小眼镜摘下来擦了擦，又戴上说：南京是贵国江苏省省会嘛。别的就不知道了。（王小波《青铜时代》）

b. 我们医院进了一台日本仪器，来了个日本技师，~~每天都不到食堂吃饭，坐在仪器前吃便当~~，大家同行，混得很熟了。有一天我问他，知道南京大屠杀吗？他把小眼镜摘下来擦了擦，又戴上说：南京是贵国江苏省省会嘛。别的就不知道了。

c. 我们医院进了一台日本仪器，来了个日本技师，大家同行，混得很熟了，他每天都不到食堂吃饭，坐在仪器前吃便当。有一天我问他，知道南京大屠杀吗？他把小眼镜摘下来擦了擦，又戴上说：南京是贵国江苏省省会嘛。别的就不知道了。

我们认为，惯常体小句在内容上一般表现为有规律的动作行为，没有动作传输过程，大部分情况下是静态小句，对事件发展一般不产生影响，出现在语篇的背景位置，对前景事件起补充、说明作用。可以验证我们观点的是，例（103）（引自王晓凌，2007）中的几类惯常句都是静态句，起描写、说明作用，没有动作传递过程，不影响故事主线的发展，往往出现在背景位置。

（103）a. 他一烦就抽烟。

b. 孩子嘛，就是吃吃喝喝玩玩乐乐。

c. 他每天都起早。

d. 这种钙片成人一天一片，儿童一天两片。

e. 每当太阳照到他的窗帘上，他就会准时醒来。

王晓凌（2007）认为，惯常体可以被认为是已经实现的，也可以被认为是尚未实现的，惯常体介于现实、非现实间的骑墙（hybrid）状态。本书认为，惯常体的现实性、非现实性不影响惯常体在篇章中的分布，因为惯常体句式本质上表达持续一段时间的情状，注重的是规律的描写，着眼于补充说明和丰富事件内容，因此不影响篇章前景中动作的传递。

我们认为，背景信息与惯常体相容度更高，例（104a）中划线句是惯常体句，作用是对前面的“没睡过安心觉”进行进一步说明，没有动作传输过程，不推动事件发展，不影响事件主线，因此是语篇中的背景。该句能删去，删去后不影响事件主线，见例（104b）；但该句不能变换顺序，因为该句是对“李高成没睡过几个安心觉”的补充说明，有修饰功能，因此不能变换顺序。

（104）a. 唯一顶着巨大压力的是李高成，谁也说不清楚在那将近一年的时间里，李高成究竟睡过几个安心觉。常常是睡到半夜里，猛的一个激灵突然惊醒，便再也睡不着了。那时候中纺的纺织设备已经全部经过更新改造，产量成倍地提高。连续10个多月的产品积压，库存数字已经是历年来最高库存的几倍之多！（张平《抉择》）

b. 唯一顶着巨大压力的是李高成，谁也说不清楚在那将近一年的时间里，李高成究竟睡过几个安心觉。~~常常是睡到半夜里，猛的一个激灵突然惊醒，便再也睡不着了~~。那时候中纺的纺织设备已经全部经过更新改造，产量成倍地提高。连续10个多月的产品积压，库存数字已经是历年来最高库存的几倍之多！

上面说到，惯常义小句对应话语背景。下面，我们将对汉语中惯常义小句的形式标记进行讨论。从形式上看，现代汉语中有很多惯常意义的语言表达手段，包括词汇标记、语法结构标记、缺省标记三类。具体来说，词汇标记包括“每天”“每当”“每每”“总是”“往往”“从来”“经常”“常常”“爱”等，词汇标记在语言中的表现如例（105）所示，可以发现，有词汇标记的惯常句都起说明、描写作用，没有动作传递过程，不推动事件的发展，一般出现在背景中。

（105）a. 我也敢举手发言了。每当我举手时，老师总是叫我；每当我回答正确时，老师和全班同学总是为我鼓掌。我渐渐地有点儿“跟上了”的感觉了。但考试时，怕分数低，还是不敢交卷。（《人民日报·海外版》，2001-08-10）

b. 这是因为孙光平首先从幻想里撤了出来，他以年轻人的急功近利比父亲先感到一切都不再可能。在幻想破灭的最初日子里，我看到孙光平显得沉闷忧郁，经常一个人懒洋洋地躺在床上。由于那时父亲依然坚守在幻想里，他们之间的关系也就变得越来越冷漠。父亲已经养成了坐在广播下面的习惯，他一脸呆相地坐在那里，口水从半开的嘴里流淌而出。（余华《细雨中呼喊》）

许多词类的重叠形式有表示频度的功能，动词重叠后的语法形式表示高频，被视为动作有规律地发生，因此频度可与习惯体联系。我们发现，重叠词类往往在篇章中起描写、说明作用，不影响事件中的动作传递，出现在背景位置，例（106）中划线句就是重叠词出现在惯常体中的例子。由此可见，非谓语位置上的重叠语法形式标记能表示惯常语境。

（106）孙玉亭本人觉得，他现在穷是穷，倒也自有他活人的一番畅快。玉亭是大队党支部委员、农田基建队队长、贫下中农管理学校委员会主任，一身三职，在村里也是一个人物。全村开个大会，尽管他衣服不太体面，但也常是坐主席台的人。他又有文化，上面来个什么文件或材料，书记田福堂和副书记金俊山都不识字，回回都是他给众人宣读。这时候，全村大人娃娃的目光，都集中在他身上，使他感到非常的满足，把饥肠饿肚早已忘得一干二净。只是回到家里，三个孩子饿得嚎哇哭叫，她老婆又跑出去为骂仗的村妇去调解是非，上顿饭的碗筷都没洗撂在锅台上，这时他才感到对生活有点灰心。（路遥《平凡的世界》）

缺省标记又可称为零标记，指事件中虽然没有时、体标记，但事件意义能表达一种规律或习性，表示一种缺省标记的惯常事件。一些零动词句可表示惯常意义，见例（107），零动词句是静态小句，起描写、说明作用，不推动事件发展。除此之外，汉语中熟语、歇后语也可看成零标记惯常句，只起描写、说明的作用，不影响事件主线，一般出现在篇章背景位置，见例（108）。

（107）“假日楼市”是黄金周上海的固定楼展，一年两次。（《人民日报·海外版》，2004-10-11）

（108）不过说了归齐，顾秋水也早就忘记了叶莲子。也难怪，他与叶莲子的婚姻多少带有因陋就简的性质，人往高处走，水往低处流，叶莲子只好成为“过去”。（张洁《无字》）

惯常句表示某种高频率事件，该事件往往是基于此刻经验、已有知识或科学常理对事件的判断，惯常事件不是能直接推动事件发展的动态事件。我们认为，篇章背景跟惯常体有高相容性。一般认为，“把”字句是高及物性句式，可进行动作传递，多出现在话语前景中；我们发现，“把”字句对惯常体的相容性很弱，见例（109）。

（109）a. 他把饭吃了——* 他常常把饭吃了
b. 请大家把作业交给班长——* 请大家一直把作业交给班长
c. 他把衣服洗了——* 他经常把衣服洗了

本书认为，不提供新信息的惯常小句，只起补充信息的作用，描写、修饰、说明动作事件小句。篇章背景能容纳惯常句式，篇章前景对惯常体的容纳力较弱。

10.9.4.3　能否与时刻词共现

Hopper & Thompson（1980）指出，前景句是按照时间顺序发生的一系列句子，王惠（1997）、唐翠菊（2005）根据这一观点，指出能跟时间词语、时间副词共现的句子是前景句，不能跟时间词语、时间副词共现的句子是背景句。经过实际语料考察，本书认为这个判断标准符合汉语的实际情况，对篇章前景、背景的判断有很大的帮助。高及物性小句多出现在篇章前景中，是因为高及物性小句中存在动作传递过程，能直接推动事件的发展，由此可知，高及物性小句跟动作传递过程紧密相关。如果小句内容为动作传递在某个时段内发生，该事件反映到语言上往往表示动作在一段时间内的情况，小句有描写、说明的功能，不能推动事件发展，见例（110a）中划线句，时段句删去不影响篇章事件发展，见例（110b），但因为划线句是前句动作的后续事件，且划线句修饰前句动作，所以不能变换顺序。如果小句内容为动作传递过程出现在某个时刻，该事件反映到语言中往往表示某个时刻发生的动作，具有强动作性，能推动事件发展，见例（111a）中划线句，该划线句不能删去，不能变换顺序，分别见例（111b）（111c）。

（110）a. 讲的是国学，孔孟之道、老庄哲学、六祖坛经、史学经典。都是中华民族的文化渊源。我反复读讲义，读了一个月。上课前一天，我在局促的客厅支了张桌子，上面放了一台台式电脑，这台电脑相当于教室里的投影大屏幕——我站在离桌子两米远的地方，手拿遥控笔，开讲。（《人民日报》，2017-06-17）

b. 讲的是国学，孔孟之道、老庄哲学、六祖坛经、史学经典。都是中华民族的文化渊源。我反复读讲义，读了一个月。上课前一天，我在局促的客厅支了张桌子，上面放了一台台式电脑，这台电脑相当于教室里的投影大屏幕——我站在离桌子两米远的地方，手拿遥控笔，开讲。

（111）a. 那话起报着名道："万岁公司，请红姑娘唱《宝玉探病》。"何丽娜听到，就突然"哟"了一声。（张恨水《啼笑因缘续集》）

b.* 那话起报着名道："万岁公司，请红姑娘唱《宝玉探病》。"何丽娜听到，就突然"哟"了一声。

c.* 那话起报着名道："万岁公司，请红姑娘唱《宝玉探病》。"就突然"哟"了一声，何丽娜听到。

汉语中表示时刻的语言成分很多，副词如"突然""立刻""马上"等，时间名词如表时刻的"下午两点""五点"等，短语如"在那一瞬间""在那一刻"等。时刻词语能标记动作在某一时刻的动向，指示动作传递的瞬间，突出动作传递过程，处在故事主线上，出现在话语的前景中。表示时段的词语也很多，这些词语指示动作发生的时间段，副词如"很久""好久"等，时间词语如"一个月""一个星期""一天""好几天""好几个月"等。谓语和时段词的组合说明的是一段时间内动作的情况，描写动作的状态，不能出现在事件主线上，一般提供背景信息。

综上，本书认为篇章前景小句多与表示时刻的语言成分共现，篇章背景小句多与表示时段的语言成分共现。

10.9.4.4 是否具有强篇章接续力

Hopper & Thompson（1980）指出，篇章前景一般出现在故事主线上，篇章背景一般不出现在故事主线上，篇章背景能为篇章主线提供描写、说明性信息。因为篇章前景一般出现在故事主线上，故事主线是围绕前景信息展开的，因此在后续事件中，篇章前景信息接续力强，能重复多次；而背景信息一般起修饰故事主线的作用，篇章不围绕背景信息展开，因此背景信息接续力弱，在后续文本中很少能复现。王惠（1997）认为汉语中的"把"字句具有较强的及物性，一般出现在篇章前景中，以"把"字句为例，我们发现例（112）中"饭"是"把"字句作用的对象，在后文中显性、隐性地出现了 6 次。我们认为，这里“把”字句具有高及物性，提供篇章前景信息，是故事的主线，是篇章主要描写的对象，因此在后文中重复率高。

（112）就是他们两个同时吃一样的饭，只要把饭$_{i}$从大锅里一装到饭碗里，约瑟就要先加以拣选$_{i1}$的，他先选去了一碗$_{i2}$，剩下的一碗$_{i3}$才是他哥哥的$_{i4}$。假若哥哥不听他的话，上去先动手拿了一碗$_{i5}$，他会立刻过去把饭碗抢过来摔到地上，把饭碗摔得粉碎。所以哥哥永远是让着他。母亲看了也是招呼着大卫：“大卫到妈这里来……”而后小声地在大卫的耳朵上说：“等一会儿，妈给你做蛋炒饭$_{i6}$吃，不给约瑟。”所以大卫是跟妈妈最好的。（萧红《马伯乐》）

王惠（1997）指出，“被”字句具有低及物性，一般提供篇章背景信息。以“被”字句为例，我们发现例（113）中，“饭”是“被”字句的作用对象，在后文中只复现了两次。本书认为，这是因为“被”字句具有低及物性，一般提供背景信息，不出现在篇章主线上，整个故事不围绕背景信息进行，因此复现率较低。

（113）知识青年的三顿饭$_{i}$被扣了两顿$_{i1}$，只有晚上一顿甜菜汤加玉米面大饼$_{i2}$有他的份。除此之外，他还被上了纸铐。渔业中队没有加工队，管落实惩罚的是大组长。大组长用心险恶，选了作废的发票做纸铐，废发票几乎半透明……（严歌苓《陆犯焉识》）

综上，本书认为，高及物性小句一般提供篇章前景信息，出现在故事主线上，在后文中复现率高，篇章接续能力强；低及物性小句一般提供篇章背景信息，不出现在故事主线上，整个文本不围绕背景信息展开，低及物性小句在后文中复现率低，篇章接续能力弱。

10.9.5　篇章前景、背景判断标准小结

本节对篇章前景、背景的判断标准进行了梳理，认为以往研究没有提出判断篇章前景、背景的形式标准。根据这一现状，本章结合实际语料，从语体、小句、句法表现三个层面提出了判断篇章前景和背景的形式标准。

及物性理论中，篇章前景多出现在故事主线上，并且是有序的真实事件，篇章背景不出现在故事主线上，起场景设置、评价作用。本书根据及物性理论

中篇章前景、背景的原始定义，结合实际语篇，对篇章中前景、背景进行了考察，从结构和内容两方面提出了在两类语体即口头叙述语和程序话语中判断篇章前景、背景的形式标准，即：

a. 删除标准：篇章中的背景部分可以删除，删除后留下的前景部分依然能组成事件发展的主线；篇章中的前景部分不可以删除，删除后事件发展主线不明确；

b. 变换标准：篇章中的背景部分能够变换顺序，变换顺序后不影响事件的发展；篇章中的前景部分不能变换顺序，变换顺序后，对应的现实事件发生顺序也发生变化。

本节还进一步考察了在小句层面上前景、背景信息的限制特征，本书发现：

a. 静态事件小句一般提供背景信息；

b. 动态事件小句可能提供前景信息、背景信息；

c. 没有时间、空间、逻辑关系的动态事件小句一般只能提供篇章背景信息；有时间、空间、逻辑关系的动态事件小句能提供篇章前景信息。

本节还提出了在句法表现层面判断篇章前景、背景的操作手段，本书认为：

a. 篇章前景小句一般不能关系化，篇章背景小句能关系化；

b. 篇章前景小句跟惯常语义标记相容性较低，篇章背景小句跟惯常语义标记相容度较高；

c. 篇章前景小句倾向于跟表示时刻的语言成分共现，篇章背景小句倾向于跟表示时段的语言成分共现；

d. 篇章前景小句在后续事件中接续力强，篇章背景小句在后续事件中接续力弱。

本书基于动态语篇，考察了上下文的连贯关系，更深刻地剖析了篇章中前景、背景的内在组合机制。

本节对篇章前景、背景的形式判断标准、限制特征、形式操作手段研究请见表二。

表二　篇章前景和背景的形式判断标准、限制特征、形式操作手段总结

研究项目	研究结果
口头叙述语、程序话语中篇章前景和背景的形式判断标准	a. 删除标准：两类语体中的背景部分可以删除，删除后留下的前景部分依然能组成事件发展的主线；两类语体中的前景部分不可以删除，删除后事件发展主线不明确 b. 两类语体中的背景部分能够变换顺序，变换顺序后不影响事件的发展；两类语体中的前景部分不能变换顺序，变换顺序后影响现实世界对应事件发生顺序也发生变化
静态小句、动态小句在篇章前景和背景中的限制特征	a. 静态事件一般提供背景信息 b. 没有时间、空间、逻辑关系的动态小句一般只能提供篇章背景信息 c. 有时间、空间、逻辑关系的动态小句能提供篇章前景信息
句法层面上篇章前景和背景的形式操作手段	a. 篇章前景句一般不能关系化，篇章背景句能关系化 b. 篇章前景跟惯常体相容度较低，篇章背景跟惯常体相容度较高 c. 篇章前景倾向于跟表示时刻的语言成分（副词如“突然”“立刻”“马上”等，时间名词如表时刻的“下午两点”“五点”等，短语如“在那一瞬间”“在那一刻”等）共现，篇章背景倾向于跟表示时段的语言成分（副词如“很久”“好久”，时间词语如“一个月”“一个星期”“一天”“好几天”“好几个月”）共现 d. 前景信息具有强篇章接续能力，能在后续事件中隐性或显性地重复多次，复现率高；背景信息篇章接续力弱，在后续事件中很少能重复，复现率低

我们认为在口头叙述语和程序话语层面、小句层面、句法表现层面判断篇章前景、背景的形式操作手段可具体参见表三。

表三　判断篇章前景、背景的操作手段

形式操作手段 / 篇章地位	删除标准	变换标准	静态成分	无时间、空间、逻辑关系的动态成分	有时间、空间、逻辑关系的动态成分	关系化	惯常体	时刻词	篇章接续力
篇章前景	–	–	–	–	+	–	–	+	+
篇章背景	+	+	+	+	–	+	+	–	–

10.10　余论

在框架语义学中，一个内容框架具有表征无限数量的相关客体的能力，但内容框架中的客体并不一定都是典型范畴客体，我们经常会遇到非典型范畴客体的情况，准宾语结构正是动词框架遇到非典型常规配位对象后，语言系统出现扩大搭配范围的语法现象。

经过研究，我们认为准宾语结构的形成原因可从充分性和必要性两个方面说明。第一，准宾语结构能够形成，一方面是因为在语言经济性原则作用下，同样的语义需要由更简练的方式表达；另一方面是因为准宾语结构具有高及物性，准宾语在结构整体高及物性的作用下存在被动词吸纳到宾语位置的可能性。第二，准宾语结构的语义存在限制性允准条件，准宾语结构中的动词必须满足常用、不定量的要求，准宾语跟动词存在依存关系，准宾语的语义必须与动词语义适配，动词的语义也必须与准宾语适配，才能形成准宾语结构。

一般认为，典型的宾语应是受事者，典型的受事者是在施动者作用下产生变化的成分。变化性是受事者的原型特征，受事者的变化性是典型及物性句式的语义属性。本书认为，虽然准宾语结构中的准宾语不是典型受事，不是动词的常规配位对象，但是准宾语结构所在小句中的受事实际上发生了变化，这种变化表现在两方面，一是位置的变化，二是状态的变化。例（114a）中动作的状态发生变化，如动作“吃”的状态变化为“痛快”；例（114b）动作“吃”的位置发生变化，从没有明确位置变为“食堂”；例（114c）中动作“玩”的状态发生变化，从“玩”变为短时、尝试的“玩一玩”；例（114d）中的动作的状态发生变化，从“睡觉”变成延长时间、施动性加强的“睡一觉”；例（114e）的动作状态变化，从“吃”变为已经吃完，表示动作结果；例（114f）的动作发生变化，从状态“来”变为表示动作现实结果，即“客人”已经来了。

（114）a. 吃个痛快　吐个干净　打个落花流水
　　b. 吃食堂　洗冷水　打毛线
　　c. 玩一玩　看一看　说一说
　　d. 睡一觉　打一架　升一级
　　e. 一锅饭吃十个人　一件衣服穿两代人
　　f. 来客人了　死了一头牛　走了老师

Fillmore（1970）指出，发生状态变化、处所变化的事物总是比较突出的事物，比较容易进入透视域，成为场景中凸显的部分。由此，我们认为准宾语结构中的准宾语也能进入透视域，吸引说话双方注意力，事件中准宾语的显要性等级更高，成为语句的核心成分，被动词吸纳为直接宾语，结构整体成为篇章、话语中凸显的话语内容。

本书发现，准宾语结构在韵律上表现为不超过四个音节，以三音节为主，而在韵律上不超过四个音节的语言结构一般被视为一个整体，也就是说，准宾语结构所包含的信息被打包为一个信息整体。

根据上面的分析，本书认为，虽然准宾语结构中的准宾语不是典型受事，但结构所在小句指示的动作发生了变化，这种变化正是小句整体具有高及物性的表现，这种变化还表现为小句内容往往出现在话语前景位置，也与我们前文所做的及物性考察结果一致。

10.11　结语

本书在及物性的理论指导下，对现代汉语中的准宾语结构进行了研究，全面考察了汉语准宾语结构及其相关句法结构的及物性表现，下面是本书对七类研究对象及物性的比较结果：

（115）a. 程度准宾语结构“V 个 P”＞述补结构“V 得 P”

b. 旁格准宾语结构“吃食堂”＞动宾结构“吃饭”＞状中结构“在食堂吃”

c. 重叠准宾语结构“V 一 V”＞重叠式结构“VV”

d. 借用动量准宾语结构“睡一觉”＞无动量动宾结构“睡觉”＞专用动量结构“睡一下”

e. 处所准宾语结构“忘家里了”＞述补结构“忘在家里了”

f. 功用准宾语结构“(一锅饭）吃十个人”＞施动受结构“十个人吃一锅饭”

g. 主体准宾语结构“来客人了”＞主谓结构“客人来了”

综合来看，本书认为，汉语中的一些语言结构中的语言成分进入汉语准宾语结构之后，及物性会得到增强。在这七类结构中，前五项即例（115a）—（115e）项语法结构与其语义相似的准宾语结构的及物性差异比较大，准宾语结构的各项及物性特征明显更高，结构的及物性具体表现比较分别见表四至表八。

我们发现，例（115）（a）—（e）项准宾语结构的运动状态、意愿性都表现出高及物性特征，五项结构所表示的动作事件都是主语有意愿地发出的动作，小句内部一定存在动作传递，而这恰恰是典型高及物性事件必须具有的特征。

表四　程度准宾语结构和述补结构“V 得 P”的及物性对比

及物性特征 / 小句类型	参与者	施动性	宾语受动性	宾语个体化	运动状态	瞬时性	意愿性	肯定性	体貌	语态
结果义“V 个 P”类小句	+	+	+	+	+	+	+	+	+	–
“V 得 P”类小句	–	–	–	–	±	±	±	+	–	±

表五　旁格准宾语结构、动宾结构、状中结构的及物性对比

及物性特征 / 小句类型	参与者	施动性	宾语受动性	宾语个体化	运动状态	瞬时性	意愿性	肯定性	体貌	语态
旁格宾语“吃食堂”类小句	+	+	–	–	+	±	+	+	+	+
动宾结构“吃饭”类小句	–	±	+	+	±	±	±	±	±	±
状中结构“在食堂吃”类小句	–	±	–	–	±	±	±	±	±	±

表六　重叠准宾语结构和重叠结构的及物性对比

及物性特征 / 小句类型	参与者	施动性	宾语受动性	宾语个体化	动作状态	瞬时性	意愿性	肯定性	体貌	语态
重叠准宾语“V 一 V”类小句	±	+	+	+	+	–	+	+	+	+
重叠结构“VV”类小句	±	–	–	–	+	+	–	–	+	–

表七　借用动量准宾语结构、专用动量结构和无动量普通动宾结构的及物性对比

及物性特征 小句类型	参与者	施动性	宾语受动性	宾语个体化	运动状态	瞬时性	意愿性	肯定性	体貌	语态
借用动量准宾语“睡一觉”类小句	+	+	+	+	+	±	+	+	+	+
专用动量结构“睡一下”类小句	–	+	–	–	+	±	–	–	–	–
无动量结构“睡觉”类小句	–	+	+	+	+	±	+	–	–	±

表八　处所准宾语结构和述补结构的及物性对比

及物性特征 小句类型	参与者	施动性	宾语受动性	宾语个体化	运动状态	瞬时性	意愿性	肯定性	体貌	语态
处所准宾语“忘家里了”类小句	+	+	+	+	+	-	+	+	+	+
述补结构“忘在家里了”类小句	+	-	-	-	+	-	+	-	-	+

我们认为，就汉语语法系统而言，例（115）中（a）—（e）右列语法结构中的语言成分在进入准宾语结构后及物性得到了整体提升，能出现在篇章中更显著的前景位置，表达跟故事主线更相关的信息。例（115）中（a）—（e）右列的语法结构有一个明显的特点，就是它们一般是描述性质、状态的语法结构。具体来说，例（115a）右列中的语法结构如“V 得 P”是述补结构，例（115b）右列中的语法结构“在食堂吃”为状中结构，例（115c）右列中的“VV”为重叠式结构，例（115d）右列中的“睡一下”为专用动量结构，例（115e）右列中的“忘在家里了”为述补结构，几类语法结构都是对动作的情况进行描写、说明的语法结构。

总的来说，例（115a）至例（115e）右列的语法结构一般提供对动作进行描写、充实的信息，不出现在故事主线上，在及物性考察结果中表现出低及物性，结构所在小句很难进行动作传递。这些低及物性的语法结构在进入汉语准宾语结构后及物性得到了提升，能表示动作事件的传递，出现在故事主线上。Hopper & Thompson（1980）指出，语言成分出现或不出现在篇章的某个位置不是任意的，受到及物性高低和篇章限制分布要求的影响。现代汉语中的准宾语结构能够提高及物性，因此一些低及物性语言结构中的语言成分可以通过进入准宾语结构的方式提高小句整体的及物性，再进入相应的篇章位置，提供相应的篇章功能信息。

我们发现，在例（115a）至例（115e）中，左右两列语法结构之间的及物性表现差异比较大，但在例（115f）功用准宾语结构“一锅饭吃十个人”和施动受结构“十个人吃一锅饭”以及例（115g）主体准宾语结构“来客人了”和主谓结构“客人来了”的及物性考察结果中，左右两列语法结构在及物性表现上比较相似，差异不大。实际上，功用准宾语结构和主体准宾语结构的十项及物性特征只是略微高于对应的施动受结构、主谓结构，分别见表九、表十。

本书认为，这是因为施动受结构、主谓结构本身具有高及物性，两类结构所在小句能表示动作传递的过程，能提供直接关系动作事件发展的前景信息。施动受结构、主谓结构所在小句动作性强，与之相关的准宾语结构也具有较强的动作性，同样能表示动作传递的过程。

表九　功用准宾语结构和施动受结构的及物性对比

及物性特征 / 小句类型	参与者	施动性	宾语受动性	宾语个体化	运动状态	瞬时性	意愿性	肯定性	体貌	语态
功用准宾语“一锅饭吃十个人”类小句	-	-	+	+	-	-	+	+	+	+
施动受结构“十个人吃一锅饭”类小句	+	+	-	-	+	-	+	+	-	±

表十　主体准宾语结构和主谓结构的及物性对比

及物性特征 / 小句类型	参与者	施动性	宾语受动性	宾语个体化	运动状态	瞬时性	意愿性	肯定性	体貌	语态
主体准宾语“来了客人”类小句	+	-	+	+	+	+	-	+	+	+
主谓结构“客人来了”类小句	-	+	-	-	+	±	+	±	+	±

本书发现，虽然述补、状中、动宾、重叠等结构中的语言成分转换为准宾语结构后及物性能得到提升，但转换为准宾语结构后语言内部成分受到更多的

限制。上文已经说过，准宾语结构中的动词、准宾语结合紧密，动词、准宾语是黏合的，因此准宾语结构内部很难插入别的成分，见例（116）。准宾语结构除了成分扩展受到限制外，还倾向出现在口语语体中，在书面语体或正式场合很少使用准宾语结构，见例（117）。

（116）a. 吃个痛快　＊吃个很痛快　＊吃个非常痛快　＊吃个特别痛快
b. 吃食堂　＊吃便宜的食堂　＊吃好吃的食堂
c. 来客人了　＊来北京的客人了　＊来富裕的客人了
（117）? 请飞北京的旅客到登机口登机
——请飞往北京的旅客到登机口登机

综上，本书认为，述补、状中、动宾、重叠等结构通过进入准宾语结构后能提高及物性，但语言成分在准宾语结构内部受到限制，很难扩展，动词、准宾语是黏合的。动词准宾语结构有提高小句及物性的作用，能出现在篇章前景中提供故事主线信息，准宾语结构所在的小句能表示有意愿地进行的动作过程。准宾语结构的出现丰富了语言表达的形式，同时也满足了语言使用的经济原则，使人们在语言生活中能用更简单的语言成分来表达更复杂的语言信息。除此之外，对现代汉语准宾语结构进行研究，能使我们对汉语中的各类语法结构之间的关系有更深的理解，也能帮助我们对篇章功能和语法结构及物性之间的关联有更全面的认识。

总的来说，现代汉语中的准宾语结构说明的并不只是一种简单的特殊的动宾关系，而是从更深的层面上揭示了汉语中各类语法结构之间存在的深层联系，并通过这种深层联系指出了语法结构之间存在转换的可能。通过语法结构的转换，小句的及物性会产生变化，能适应不同的语言表达需要，从而提供适配的篇章功能信息。同时，通过准宾语的研究，我们认识到，及物性并不只是动词是否带宾语的性质，而是涉及不同语言结构整体的综合句法语义表现，这一认识能帮助我们对语法结构间差异的本质进行更系统、全面的探索。

参考文献

Bybee, Joan. 2010. *Language, usage and cognition*. Cambridge: Cambridge University Press, 2010.

Bybee, Joan and Paul J. Hopper 2001, *Frequency and the emergence of linguisticStructure*. Amsterdam: John Benjamins.

赵元任 (Chao,Yuen Ren) 著，吕叔湘译，1979，《汉语口语语法》。北京：商务印书馆。原著：1968. *A Grammar of Spoken Chinese*. Berkeley，CA: University of California Press.

Chen, Changlai（陈昌来）. 2001. The Objection on Subject of Instrument and Object of Instrument. *Chinese Teaching in the World* 1: 65–73.［2001，工具主语和工具宾语异议。《世界汉语教学》第 1 期，65–73 页。］

Chen, Manhua（陈满华）. 2010. The Non–cataphoric Zero Subject Clause Motivated by Background Information Packaging. *Studies of the Chinese Language* 5:413–425.［2010，由背景化触发的非反指零形主语小句。《中国语文》第 5 期，413–425 页。］

Chen, Ping（陈平）. 1987. The Interpretation on Four Groups of Concepts Related to Nominal Components in Chinese. *Studies of the Chinese Language* 2:109–120.［1987，释汉语中与名词性成分相关的四组概念。《中国语文》第 2 期，109–120 页。］

Chen, Ping(陈平). 1988. A Discussion on the Ternary Structure of the Time System in Modern Chinese. *Studies of the Chinese Language* 6:401–422.［1988，论现代汉语时间系统的三元结构。《中国语文》第 6 期，401–422 页。］

Cheng, Jie（程杰）and Binli Wen（温宾利）. 2008. An Applicative–Construction Analysis of Two Types of Chinese Non–Core Arguments. J*ournal of Sichuan*

International Studies University 2: 82–87. [2008，对汉语两类非核心论元的 APPL 分析——兼论英汉 APPL 结构之差异。《四川外语学院学报》第 2 期，82–87 页。]

Chu, Chauncey（屈承熹）. 1998. A Discourse Grammar of Mandarin Chinese. New York: Peter Lang Publishing.

Cui, Minzhi（崔愍知）. 2014. The Research on the Monosyllabic Verb Reduplication in Modern Chinese on the Iconicity Theory. PhD diss., Shanghai Normal University. [2014，基于语言象似性的汉语单音节动词重叠研究。上海师范大学博士学位论文。]

Dai, Yaojing（戴耀晶）. 1997. *The Research on the Aspect System in Modern Chinese*. Hangzhou: Zhejiang Education Press. [1997，现代汉语时体系统研究。杭州：浙江教育出版社。]

Department of Chinese Language and Culture at Peking University (Modern Chinese Teaching and Research Section of Chinese Department at Peking University)（北大中文系（北京大学中文系现代汉语教研室）). 2004. *Modern Chinese (Rearranged Version)*. Beijing: The Commercial Press. [2004，《现代汉语（重排本）》。北京：商务印书馆。]

Ding, Shengshu（丁声树），Shuxiang Lü（吕叔湘），Dexuan Sun（孙德宣），Rong Li（李荣），Xiechu Guan（管燮初），Jing Fu（傅婧），Shengzhang Huang（黄盛璋），Zhiwen Chen（陈治文）. 1961. *Modern Chinese grammar*. Beijing: The Commercial Press. [1961，现代汉语语法讲话。北京：商务印书馆。]

Fan, Xiao（范晓）. 1996. Some Questions about the Study of Verb Valence. *Journal of Sanming Vocational University* 1: 9–19. [1996，关于动词配价研究的几个问题。《三明职业大学学报（综合版）》第 1 期，9–19 页。]

Fang, mei（方梅）. 1993. The Order of Object and Verb Measure word. *Studies of the Chinese Language* 1:54–64. [1993，宾语与动量词语的次序问题。《中国语文》第 1 期，54–64 页。]

Fang, mei（方梅）. 2005. Discourse Grammar and Chinese Discourse Grammar. *Social Sciences in China* 6:165–172. [2005，篇章语法与汉语篇章语法研究。《中国社会科学》第 6 期，165–172 页。]

Fang, mei（方梅）. 2008. Two Emergent Grammatical Structures Motivated by Background Information Packaging: A case study on the Cataphoric Zero Subject Clause and the

Descriptive Relative Clause. *Studies of the Chinese Language* 4:291–303.[2008，由背景化触发的两种句法结构——主语零形反指和描写性关系从句。《中国语文》第 4 期，291–303 页。]

Fang, Xujun（方绪军）. 1994. The Research on the Quasi Object. *Journal of Luoyang University* 3: 42–47.[1994，"准宾语"问题。《洛阳大学学报》第 3 期，42–47 页。]

Feng, Shengli（冯胜利）. 2005. Light Verb Movement in Modern and Classical Chinese. *Linguistic Sciences* 1:3–16.[2005，轻动词移位与古今汉语的动宾关系。《语言科学》第期，3–16 页。]

Feng, Shengli（冯胜利）. 2016. *Question and Snswer of Prosodic Grammar in Chinese*. Beijing: Beijing language and culture university Press.[2016，汉语韵律语法问答。北京：北京语言大学出版社。]

Feng, Shengli（冯胜利），San Duanmu（端木三），Hongjun Wang（王洪君）. 2016. *Foot and Stress*. Beijing: Beijing language and culture university Press.[2016，音步和重音。北京：北京语言大学出版社。]

Fillmore, Charles. J. 1966. A proposal concerning English prepositions. In Francis P.Dinneen, eds., *Report of the Seventeenth Annual Round Table Meeting on Linguistics and Language Studies*. Washington, D. C. : Georgetown University Press, 1966. Pp. 19–33.

Fillmore, Charles. J. 1968. The case for case. In Emmon Bach and Robert T. Harms, eds., *Universals in Linguistic Theory*. New York: Holt, Rinehart and Winston.Pp.1–90.

Fillmore, Charles. J. 1970. The Grammar of Hitting and Breaking. In Jacobs R. A. and Rosenbaum P. S., eds., *Readings in English Transformational Grammar*. Waltham: Mass., : Ginn & CO. Pp.120–133.

Fillmore, Charles. J. 1977. The case for case reopened. In Cole P. and Sadock J. M., eds., *Syntax and Semantics 8: Grammatical Relations*. New York: Academic Press. Pp.59–81.

Foley, Willaim A. and Robert D. Van Valin. 1984. *Functional Syntax and Universal Grammar*. London: Cambridge University Press.

García, Erica. 1975. *The role of theory in linguistic analysis*. Amsterdam: North–Holland.

Guo, Jimao（郭继懋）. 1999. A Discussion on the Phenomenon of "Fei Shanghai" in which Intransitive Verb can attach to the Object. *Studies of the Chinese Language* 5:337–346. [1999，试谈"飞上海"等不及物动词带宾语现象。《中国语文》第 5 期，337–346 页。]

Guo, Rui（郭锐）. Await Publication. *Modern Chinese*. [待出版，《现代汉语》。]

Guo, Xiaolin（郭晓麟）. 2016. *A Functional Study of Tendency Structure System in Modern Chinese – Based on Event Semantics*. Beijing: China Book Press. [2016，《现代汉语趋向结构系统的功能研究——基于事件语义学的考察》。北京：中国书籍出版社，2016。]

Halliday, M.A.K. 1966. Deep Grammar: system as semantic choice. In Kress G.R., eds., Halliday: *System and Function in Language*. Oxford: OUP. Pp.88–98.

Halliday, M.A.K. 1967. Notes on transitivity and theme in English. Journal of *Linguistics* 3: 37–81.

Halliday, M.A.K. 1985. *Introduction to Functional Grammar*. London: Edward Arnold Ltd.

Harries, Lyndon. 1965. *Swahili Prose Texts*. London: Oxford University Press.

He, Yang（贺阳）.1994. A Preliminary Study of Completion Sentence Composition in Chinese. *Language Teaching and Linguistic Studies* 4:26–38. [1994，汉语完句成分初探。《语言教学与研究》第 4 期，26–38 页。]

Hopper, Paul J. 1979. Aspect and Foregrounding in Discourse. In Givón Talmy, eds., *Syntax and Semantics: Discourse and Syntax*. New York: Academic Press.Pp.213–241.

Hopper, Paul J. and Sandra A Thompson. 1980. Transitivity in Grammar and Discourse. *Language* 2: 251–299.

Hu, Hua（胡华）. 2002. *Language system and pragmatic factors*. Changchun: Northeast Normal University. [2002，《语言系统和语用因素》。长春：东北师范大学出版社。]

Hu, Junfei（胡骏飞）and Hongyin Tao（陶红印）. 2017. A Corpus-based Study of Low Transitivity Features of the Verb "Nong" in Chinese. *Foreign Language Teaching and Research* 1:64–72. [2017，基于语料库的"弄"字句及物性研究。《外语教学与研究》第 1 期，64–72 页。]

Hu, Xiaobin（胡孝斌）.1997. Discussion on the difference between the Verb Reduplication

"VV" and "V yi Xia". *Chinese Language Learning* 2:18–21.［1997，试论动词重叠"VV"式与动词"V 一下"式的差异。《汉语学习》第 2 期，18–21 页。］

Hu, Yong（胡勇）. 2016. A Cognitive–functional Analysis of Mandarin Construction "Chi Shitang". *Chinese Teaching in the World* 3: 342–355.［2016，"吃食堂"的认 知功能分析。《世界汉语教学》第 3 期，342–355 页。］

Hu, Yushu（胡裕树）. 1995. *Modern Chinese*（*Reranged Version*）. Shanghai: Shanghai Education Press.［1995，《现代汉语（重订本）》。上海：上海教育出版社。］

Huang, Nansong（黄南松）.1994. Some Grammatical Categories of Phrase Autonomy in Sentence Formation. *Studies of the Chinese Language* 6:441–447.［1994，试论短语自主成句所应具备的若干语法范畴。《中国语文》，第 6 期，441–447 页。］

Joseph, E. Grimes. 1975. *The Thread of Discourse*. The Hague: Mouton.

Keen, Sandra L. A. 1972. Description of the Yukulta Language. MA thesis, Monash University.

Kou, Xin（寇鑫）and Yulin Yuan（袁毓林）. 2017. Transitivity and Some Problems with the "gei–VP" Construction in Mandarin. *Chinese Language Learning* 6: 14–22.［2017，现代汉语"给 vp"结构的及物性分析。《汉语学习》第 6 期，14–22 页。］

Labov, William and Joshua Waletzky. 1967. Narrative analysis: Oral Versions of Personal Experience. In June Helm, eds., *Essays on the Verbal and Visual Arts*. Seattle: University of Washington Press.Pp.12–44.

Labov, William. 1972. The Transformation of Experience in Narrative Syntax. In Labov William, eds., *Language in the Inner city*. Philadelphia: University of Pennsylvania Press. Pp.354–396.

Lakoff, George and Mark Johnson. 1980. *Metaphors We Live By*. Chicago : University Of Chicago Press.

Langacker, Ronald W. 1987. *Foundations of cognitive Grammar Vol.I*. Stanford: Stanford University Press.

Langacker, Ronald W. 1996. T*he Grammar of Discourse*. New York: Plenum.

Langacker, Ronald W. 1999.*Grammar and Conceptualizaion*. Berlin/New York: Mouton de Gruyter.

Li, Jinrong（李劲荣）. 2018. Transitivity Interpretation on the Functional Extensions of Quasi–double–valency Verbs. *Chinese Teaching in the World* 1: 68–83.［2018，准

双向动词功能扩展的及物性解释。《世界汉语教学》第 1 期，68–83 页。]

Li, Jinrong（李劲荣）. 2019. The Realization Mechanism and Grammatical Consequences of Chinese Oblique Objects: A Case Study of "Chi Shitang". *Language Teaching and Linguistic Studies* 6:31–43.[2019，汉语旁格宾语的实现机制及其语法后果——以"吃食堂为例"。《语言教学与研究》第 6 期，31–43 页。]

Li, Jinxi（黎锦熙）. 1924. *The New Chinese Grammar*. Beijing: The Commercial Press.[1924,《新著国语语法》。北京：商务印书馆。]

Li, Jinxia（李晋霞）. 2017. On the Relation between Foreground–background and Some Grammatical Features of Verbs in Narrative Discourse. *Chinese Language Learning* 4: 13–23.[2017，叙事语篇的"前景 – 背景"与动词的若干语法特征。《汉语学习》第 4 期，13–23 页。]

Li, Linding（李临定）. 1983. Investigation of the Use of Objects. *Linguistic Researches* 2:31–38.[1983，宾语使用情况考察。《语文研究》第 2 期，31–38 页。]

Li, Linding（李临定）. 1990. *The Verb in Modern Chinese*. Beijing: China Social Sciences Press.[1990,《现代汉语动词》。北京：中国社会科学出版社。]

Li, Xiang（李湘）. 2011. A Study of Borrowed Verb Measure Words in Chinese from the Perspective of Realization Mechanism and Transitive Types. *Studies of the Chinese Language* 4:313–325.[2011，从实现机制和及物类型看汉语的借用动量词。《中国语文》第 4 期，313–325 页。]

Lin, Tzong–Hong（林宗宏）. 2001. Light verb syntax and the theory of phrase structure. Ph.D diss., University of California.

Liu, Jiesheng（刘街生）and Wenzhe Cai（蔡闻哲）. 2004. The Borrowing Usage of Verb Measure Word in Modern Chinese. *Chinese Teaching in the World* 3: 49–53.[2004，现代汉语动量词的借用。《世界汉语教学》第 3 期，49–53 页。]

Liu, Xiaolin（刘晓林）. 2004. A Further Exploration into the Issue of Intransitive Verbs Taking Objects. *Journal of Foreign Languages* 1:33–39.[2004，也谈不及物动词带宾语的问题。《外国语（上海外国语大学学报）》第 1 期，33–39 页。]

Liu, Yuehua（刘月华）. 1983. *Practical Modern Chinese Grammar*. Beijing: Foreign Language Teaching and Research Press.[1983,《实用现代汉语语法》。北京：外语教学与研究出版社。]

Liu, Yun（刘云）and Jinxia Li（李晋霞）. 2017. The "Foreground–background" in Argumentative Discourse and the Use of Chinese Complex Sentences. *Journal of Central China Normal University (Humanities and Social Sciences)* 4:96–103.［2017，论证语篇的“前景——背景”与汉语复句的使用。《华中师范大学学报（人文社会科学版）》第 4 期，96–103 页。］

Long, Rijin（龙日金）and Xuanwei Peng（彭宣维）. 2012. *A Study of Transitivity in Modern Chinese*. Beijing: Peking University Press.［2012，《现代汉语及物性研究》。北京：北京大学出版社。］

Lu, Jianming（陆俭明）. 1991. A Study on Intransitive Verbs in Modern Chinese. In Editorial Office of Chinese Language and Culture Magazine, ed., *Research and Explorations in Grammar, Vol. 5*. Beijing: Language and Culture Press.Pp.159–173.［1991，现代汉语不及物动词之管见。见中国语文杂志社编，《语法研究和探索》(五)。北京：语文出版社。159–173 页。］

Lu, Jianming（陆俭明）. 2010. The Foundation of Rhetoric – Semantic Harmony Law. *Contemporary Rhetoric* 1:13–15.［2010，修辞的基础 – 语义和谐律。《当代修辞学》第 1 期，13–15 页。］

Lu, Jianming（陆俭明）. 2018. *Singaporean Chinese Grammar*. Beijing: The Commercial Press.［2018，新加坡华语语法。北京：商务印书馆。］

Lu, Rong（鹿荣）. 2010. A Cognitive Semantic Explanation of the Legality of “Yi Guo Fan Chi Shi Ge Ren” – A Reversible Analysis of the Format of “patient +V+ Agent”. In Qi Huyang (齐沪扬), ed., *Proceedings of the 4th Symposium on Modern Chinese Function Words and Teaching Chinese as a Foreign Language*. Shanghai: Academia Press. Pp.227–234.［2010，“一锅饭吃十个人”合法性的认知语义解释——“受事 +V+ 施事”格式供用句的可逆分析。见齐沪扬编，《第四届现代汉语虚词研究与对外汉语教学学术研讨会论文集》。上海：学林出版社。227–234 页。］

Luo, Yixue（罗艺雪）. 2015. Dynamic Changes of Transitivity in Modern Chinese: A Case Study of Dailai. *Chinese Teaching in the World* 4: 462–477.［2015，从“带来”看现代汉语小句及物性的动态变化。《世界汉语教学》第 4 期，462–477 页。］

Lü, Shuxiang（吕叔湘）. 1979. *Grammatical Analysis in Modern Chinese*. Beijing: The Commercial Press.［1979，《现代汉语语法分析问题》。北京：商务印书馆。］

Lü, Shuxiang（吕叔湘）.1955. The Application Scope of the Word “Ge” and the Shedding of the “yi” before the Unit Word. In Lü Shuxiang（吕叔湘）, ed., *Collected essays on*

Chinese grammar. Beijing: Science Press. Pp.69–94.［1955，個字的应用范围——附论单位词前一字的脱落。《汉语语法论文集》，北京：科学出版社。69–94 页。］

Ma, Jianzhong（马建忠）. 1898. *MaShiwentong*. Beijing: The Commercial Press.［1998，《马氏文通》。北京：商务印书馆。］

Malinowski, Bronislaw. 1923. The Problem of Meaning in Primitive Languages. In Ogden C. K. and Richards I. A. eds., *The Meaning of Meaning*. London: K. Paul, Trend, Trubner. Pp. 296–336.

Ma, Qingzhu（马庆株）. 2005. Categories of Nominal Objects. In Ma Qingzhu（马庆株）, ed., *Chinese Verb and Verbal Structure I*. Beijing: Peking University Press. Pp.87–93.［2005，名词性宾语的类别。《汉语动词和动词性结构·一编》，北京：北京大学出版社。87–93 页。］

Ma, Qingzhu（马庆株）. 1988. Volitional Verb and Non-volitional Verb. *Journal of Chinese Linguistics* 3:157–180.［1988，自主动词和非自主动词。《中国语言学报》第 3 期，157–180 页。］

Ma, Qingzhu（马庆株）. 1992. *Verb and Verb Structure in Chinese*. Beijing: Beijing Language and Culture Institute Press.［1992，《汉语动词和动词性结构》。北京：北京语言学院出版社。］

Meng, Qinghai（孟庆海）. 1987. Verb + Locative Object. In Editorial Office of Modern Chinese Language Laboratory, Institute of Linguistics, Chinese Academy of Social Sciences, ed., *Sentences and Verbs*. Beijing: Language and Culture Press. Pp.316–326.［1987，动词 + 处所宾语。见中国社会科学院语言研究所现代汉语研究室编，《句型和动词》。北京：语文出版社。316–326 页。］

Meng, Cong（孟琮）. 1987. *Dictionary of Verb Usage*. Shanghai: Shanghai Lexicographic Publishing House.［1987，《动词用法词典》。上海：上海辞书出版社。］

Miao, Shouyan（苗守艳）. 2019. Syntactic Structure of Declarative Object and its Collocation with Predicate-verbs. *Chinese Language And Literature Study* 1: 18–33.［2019，陈述宾语的句法构成与谓宾动词配置研究。《中国语言文学研究》第 1 期，18–33 页。］

Milner, G.B. 1974. It is aspect (not voice) which is marked in Samoan. *Oceanic Linguistics* 12: 621–639.

Ning, Chunyan（宁春岩）. 2000. The pure scientific spirit of formal linguistics. *Modern Foreign Languages* 2:202–209.［2000，形式语言学的纯科学精神。《现代外语》第 2 期，202–209 页。］

Oinas, Felix J. 1996. *Basic course in Estonian (Uralic and Altaic series,54)* . Bloomington: Indiana University.

Ouhalla, Jamal. 1999. *Introducing Transformational Grammar: From Principles and Parameters to Minimalism*. London: Routledge.

Chinese Language Teaching Group of Chinese Department of Nankai University（南开大学中文系预科语文教学小组）. 1972. *Textbook on Modern Chinese Grammatical Analysis*. Unknown Press.［1972，《现代汉语语法分析试用教材》。出版社不详。］

Reinhart, Tanya. 1984. Principles of Gestalt Perception in the Temporal Organization of Narrative Texts. *Linguistics* 22: 779–809.

Ren, Ying（任鹰）. 1999. Semantic Condition Analysis on Subject–object Transposition Clause. *Chinese Language Learning* 3: 1–6.［1999，主宾可换位供用句的语义条件分析。《汉语学习》第 3 期，1–6 页。］

Ren, Ying（任鹰）. 2000. Grammatical Metonymy of "Chi Shitang". *Journal of Graduate School of Chinese Academy of Social Sciences* 3:59–68.［2000，"吃食堂"的语法转转喻。《中国社会科学院研究生院学报》第 3 期，59–68 页。］

Ren, Ying（任鹰）. 2000. *A Study on Non–patient Object Sentences in Modern Chinese*. Beijing: Social Sciences Academic Press.［2000，《现代汉语非受事宾语句研究》。北京：社会科学文献出版社。］

Shannon, C. E. 1948. A mathematical theory of communication. *Bell System Technical Journal* 27: 623–656.

Shao, Jian（邵健）. 2019. Transitivity and Category of Transitive Sentences: Based on Data Mining of Multi–variables Analysis. *Chinese Language Learning* 1: 31–41.［2019，基于数据挖掘的及物性和单宾语句典型性关系研究。《汉语学习》第 1 期，31–41 页。］

Shao, Jian（邵健）and Xiaolu Wang（王小潞）. 2018. A Quantitative Study of the Relationship Between Transitivity and Prototypicality of Transitive Sentences. *Language Teaching and Linguistic Studies* 1:69–79.［2018，及物性特征与单宾语句典型性关系的量化研究。《语言教学与研究》第 1 期，69–79 页。］

Shao, Jingmin（邵敬敏）. 1996. Semantic Analysis of Verb Measure Word and Their Relationship with Verb Selection. *Studies of the Chinese Language* 2:100–109.［1996，动量词的语义分析及其与动词的选择关系。《中国语文》第 2 期，100–109 页。］

Shen, Jiaxuan（沈家煊）. 2001. A Survey of Studies on Subjectivity and Subjectivisation. *Foreign Language Teaching and Research* 4:268–275.［2001，语言的主观性和主观化，《外语教学与研究》第 4 期，268–275 页。］

Shen, Jiaxuan（沈家煊）. 2017. "Simplicity" and "Priorities" – On the Methodology of Language Studies. *Nankai Linguistics* 2: 1–10.［2017，"能简则简"和"分清主次"——语言研究方法论谈。《南开语言学刊》第 2 期，1–10 页。］

Shen, Jiaxuan（沈家煊）. 2019. *Beyond Subject–Verb Structure – Paraletic Method and Paraletic Form*. Beijing: The Commercial Press.［2019，《超越主谓结构——对言语法和对言格式》。北京：商务印书馆。］

Shi, Dingxu（石定栩）. 2006. The Syntactic Status of Quantitative Phrases after Verb. *Chinese Linguistics* 1: 51–58.［2006，动词后数量短语的句法地位。《汉语学报》第 1 期，51–58 页。］

Shi, Yuzhi（石毓智）. 2001. *The Asymmetry of Positive and Negative (Revised Version)*. Beijing: Beijing Language and Culture University Press.［2001，《肯定和否定的不对称（增订本）》。北京：北京语言文化大学出版社。］

Shi, Yuzhi（石毓智）. 2006. *The Conceptual Basis of Grammar*. Shanghai: Shanghai Foreign Language Education Press.［2006，《语法的概念基础》。上海：上海外语教育出版社。］

Shi, Yuzhi（石毓智）and Yumei Lei（雷玉梅）. 2004. The Function of "Ge" on Marking Object. *Linguistic Research* 4: 14–20.［2004，"个"标记宾语的功能。《语文研究》第 4 期，14–20 页。］

Silverstein, Michael. 1976. Hierarchy of features and ergativity. In Robert M. W. Dixon, eds., *Grammatical categories in Australian languages*. Canberra: Australian Institute of Aboriginal Studies. Pp. 112–171.

Sun, Tianqi（孙天琦）. 2009. On Oblique Objects in Chinese. *Chinese Language Learning* 3: 70–77.［2009，谈汉语中旁格成分作宾语现象。《汉语学习》第 3 期，70–77。］

Sun, Tianqi（孙天琦）and Yafei Li（李亚非）. 2010. Licensing Non-core Arguments in Chinese. *Studies of the Chinese Language* 1:21–33.［2010，汉语非核心论元允准结构初探。《中国语文》第 1 期，21–33 页。］

Sun, Tianqi（孙天琦）. 2019. An Analysis of the Differences between Oblique Object Constructions and Applicative Constructions: On the Criterion of Setting Zero

Applicative Markers in Chinese. *Contemporary Linguistics* 1: 72–86.［2019，试析汉语的旁格成分作宾语现象与施用结构——兼议零形素施用标记的设立标准。《当代语言学》第 1 期，72–86 页。］

Sun, Tianqi（孙天琦）. 2020. An Analysis on the Syntactic Characteristics and Derivation of the "V+ge+VP" Construction: A Covertly Marked Verb–complement Construction in Chinese. *Studies of the Chinese Language* 6: 662–674+766.［2020，试析"V+个+VP"结构的句法属性及生成机制——兼议汉语的"隐性述补结构"。《中国语文》第 6 期，662–674+766 页。］

Givón, Talmy. 1984. *Syntax: A Functional–Typological Introduction Vol* Ⅰ, Amsterdam/Philadelphia: John Benjamins Publishing Company.

Tan, Jingchun（谭景春）. 1995. Material Object and Tool Object. *Chinese Language Learning* 6: 28–30.［1995，材料宾语和工具宾语。《汉语学习》第 6 期，28–30 页。］

Tang, Cuiju（唐翠菊）. 2005. Transitivity and Sentences with an Indefinite NP as Subject. *Language Teaching and Linguistic Studies* 3: 9–16.［2005，从及物性角度看汉语无定主语句。《语言教学与研究》第 3 期，9–16 页。］

Tang, Yili（唐依力）. 2012. A Construction Study of Locative Category Syntactic Expression in Chinese. PhD diss., Shanghai Normal University.［2012，汉语处所范畴句法表达的构式研究。上海师范大学博士学位论文。］

Tao, Hongyin（陶红印）. 1999. Discourse Taxonomies and Their Grammatico–theoretical Implications. *Contemporary Linguistics* 3: 15–24+61.［1999，试论语体分类的语法学意义。《当代语言学》第 3 期，15–24+61 页。］

Tao, Zhenmin（陶振民）. 1988. Study on "V – V" Structure. *Journal of Xinyang Normal University (Philosophy and Social Sciences Edition)* 1:97–99.［1988，"V 一 V"结构管见。《信阳师范学院学报（哲学社会科学版）》第 1 期，97–99 页。］

Taylor, J. R. 1995. *Linguistic Categorization: Prototypes in Linguistic Theory (2nd edn)*. Oxford: Oxford University Press.

Thompson, Sandra A. and Paul J. Hopper. 2001. Transitivity, clause structure, and argument structure: Evidence from conversation. In Bybee Joan and Hopper Paul J., eds., *Frequency and the emergence of linguistics structure*. Amsterdam: John Benjamins. Pp.27–60.

Tomlin, Russell S. 1985. Foreground–background information and the syntax of

Subordination. *Text 5* (1–2): 85–122.

Tsai, Wei–tien Dylan(蔡维天). 2016. On the Distribution Anti Interpretation of Inner and Outer Light Verbs in Chinese. *Linguistic Sciences* 4:362–376.［2016，论汉语内、外轻动词的分布与诠释。《语言科学》第 4 期，362–376 页。］

Tsunoda, T. 1985. Remarks on Transitivity. *Journal of Linguistics* 2: 385–396.Unger, Christoph. 2006. *Genre, relevance and global coherence*. Basingstoke, UK: Palgrave Macmillan.

Van Valin, Robert D. and R. J. Lapolla. 1977. *Syntax: structure, meaning and function*. Cambridge: Cambridge University Press.

Wang, Bbaoli（王宝利）and Yun Tang（唐韵）.2002. Differences between VV and V yi V of Monosyllabic Verb Reduplication in《Journey to the West》. *Journal of Sichuan Normal University (Philosophy & Social Sciences)* 2:50–54.［2002，《西游记》单音节动词重叠式 VV 与 V 一 V 的差异。《四川师范学院学报（哲学社会科学版）》第 2 期，50–54 页。］

Wang, Canlong（王灿龙）. 2017. On the Analysis of the Two Types of Sentences with the Verb "Lai" as Their Predicates in Chinese. *Chinese Language Learning* 2: 3–14.［2017，试说"N 来了"与"来 N 了"句式。《汉语学习》第 2 期，3–14 页。］

Wang, Hui（王惠）. 1997. The Study on Modern Chinese Sentence Patterns from the Perspective of Transitivity System. In Editorial Office of Editorial Board of Linguistic Essays, Department of Chinese, Peking University, ed., *Collections of Linguistic Essays , Vol. 19*. Beijing: The Commercial Press. Pp.193–252.［1997，从及物性系统看现代汉语的句式。见北京大学中文系《语言学论丛》编委会编，语言学论丛第十九辑。北京：商务印书馆。193–252 页。］

Wang, Huijing（王惠静）. 2017. Several Key Issues in Transitivity and the Cognitive Interpretation. *Journal of Southwest University(Social Sciences Edition)* 3:135–143.［2017，及物性的几个核心问题及其认知阐释。《西南大学学报（社会科学版）》第 3 期，135–143 页。］

Wang, Huijing（王惠静）and Xu Wen（文旭）. 2017. Researches on Transitivity: Reviews and Reflections. *Journal of Xi'an International Studies University* 1:12–16.［2017，及物性研究：回顾与思考。《西安外国语大学学报》第 1 期，12–16 页。］

Wang, Li（王力）. 1985. *Modern Chinese Grammar*. Beijing: The Commercial Press.

[1985,《中国现代语法》。北京：商务印书馆。]

Wang, Wenli（王文丽）and Changlai Chen（陈昌来）. 2017. A Reclassification of Modern Chinese Verbs Based on Transitivity. *Journal of East China Normal University(Humanities and Social Sciences)* 1: 105–110.[2017，基于及物性的现代汉语动词再分类。《华东师范大学学报（哲学社会科学版）第 1 期，105–110 页。]

Wang, Xiaoling（王晓凌）. 2007. Research on the Semantic Category of Irrealis. PhD diss., Fudan University.[2007，论非现实语义范畴。复旦大学博士学位论文。]

Wu, Yicheng（吴义诚）and Yanzhi Li（李艳芝）. 2014. Transitivity in the Constructional Perspective. *Journal of Foreign Languages* 3: 41–48.[2014，语言及物性的构式研究。《外国语(上海外国语大学学报)》第 3 期，41–48 页。]

Wang, Zhanhua（王占华）. 2000. The Cognitive Investigation of "Chi Shitang". *Language Teaching and Linguistic Studies* 2: 58–64.[2000，"吃食堂"的认知考察。《语言教学与研究》第 2 期，58–64 页。]

Xiao, Guozheng（萧国政）and Xun Li（李汛）. 1988. A Study on the Difference between "V yi V" and "VV". *Journal of Central China Normal University (Philosophy and Social Sciences Edition)* 6:117–123.[1988，试论 V 一 V 和 VV 的差异。《华中师范大学学报（哲社版）》第 6 期，117–123 页。]

Xing, Fuyi（邢福义）. 1991. Observation on the Phenomenon of Object Substitution in Chinese. *Chinese Teaching in the World* 2: 76–84. [1991，汉语里宾语代入现象之观察。《世界汉语教学》第 2 期，76–84 页。]

Xing, Fuyi（邢福义）. 2000. The Research on "V yi V". *Studies of the Chinese Language* 5:420–432.[2000，说"V 一 V"。《中国语文》第 5 期，420–432 页。]

Xu, Honghua（许红花）. 2017. The Function of "NPpatient+VP" from the Perspective of the Transitivity Hypothesis. *Chinese Language Learning* 5: 52–61.[2017，及物性视角下"NP 受 VP"的句法表现和语用功能。《汉语学习》第 5 期，52–61 页。]

Xu, Jie（徐杰）. 2001. *Universal Grammatical Principles and Chinese Grammatical Phenomena*. Beijing: Peking University Press.[2001,《普遍语法原则与汉语语法现象》。北京：北京大学出版社。]

Xu, Lianxiang（徐连祥）. 2002. Pragmatic Difference between Verb Reduplication VV and V yi V. *Studies of the Chinese Language* 2:118–122.[2002，动词重叠式 VV

与 V 一 V 的语用差别。《中国语文》第 2 期，118–122 页。]

Xu, Shenghuan（徐盛桓）. 2003. A Study on Conventional Relation and Sentence Structure -- Taking Chinese Intransitive Verb Structure with Object as an Example. *Journal of Foreign Languages* 2:8–16. [2003，常规关系与句式结构研究——以汉语不及物动词带宾语句式为例。《外国语（上海外国语大学学报）》第 2 期，8–16 页。]

Xu, Shu（徐枢）. 1985. *The Object and The Complement*. Harbin: Heilongjiang People's Publishing House. [1985，《宾语和补语》。哈尔滨：黑龙江人民出版社。]

Xu, Tongqiang（徐通锵）. 2008. *Introduction to Chinese Character – Based Grammar*. Jinan: Shandong Education Press. [2008，《汉语字本位语法导论》。济南：山东教育出版社。]

You, Rujie（游汝杰）. 1983. The Research one the Complement marks "Ge" and "De". *Chinese Language Learning* 3: 18–20. [1983，补语标志"个"与"得"。《汉语学习》第 3 期，18–20 页。]

Yuan, Yulin（袁毓林）. 1998. *Study on the Valence of Chinese Verbs*. Jiangxi: Jiangxi Education Press. [1998，《汉语动词的配价研究》。江西：江西教育出版社。]

Yuan, Yulin（袁毓林）. 1998. Study on the valence levels and coordination modes of Chinese verbs. In Yuan Yulin（袁毓林）and Rui Guo（郭锐）, ed., *Studies on the Valence Grammar of Modern Chinese, Vol. 2*. Beijing: Peking University Press. Pp.18–68. [1998，汉语动词的配价层级和配位方式研究。见袁毓林、郭锐主编，现代汉语配价汉语语法研究（第二辑）。北京：北京大学出版社。18–68 页。]

Yuan, Yulin（袁毓林）. 2003. The Syntactic and Semantic Functions of the Non-referential Pronoun "Ta": from the Perspective of Prosodic Syntax and Focus Theory. In Editorial Office of Studies of the Chinese Language, ed., *Research and Explorations in Grammar, Vol. 12*. Beijing: The Commercial Press. Pp.44–64. [2003，无指代词"他"的句法语义功能——从韵律句法和焦点理论的角度看。见中国语文杂志社编，《语法研究和探索》（十二）。北京：商务印书馆。44–64 页。]

Zhang, Bojiang（张伯江）and Mei Fang（方梅）.1996（2014）. *Research on Functional Grammar of Chinese*. Nanchang: Jiangxi Education Press（Beijing: The Commercial Press.）. [1996，《汉语功能语法研究》. 南昌：江西教育出版社。（北京商务印书馆 2014 重印本，本书据此）]

Zhang, Cheng（张赪）.2000，The Origin of "V yi V" and "VV" in Modern Chinese.

Language Teaching and Linguistic Studies 4: 10–17.［2000，现代汉语“V 一 V”式和“VV”式的来源。《语言教学与研究》第 4 期，10–17 页。］

Zhang, Cheng（张赪）. 2016. The Chang of Verb Reduplication on Realis–Irrealis Distinction. *Journal of Tsinghua University (Philosophy and Social Sciences)* 3:135–144.［2016，动词重叠式的现实性句法特征演变。《清华大学学报（哲学社会科学版）》第 3 期，135–144 页。］

Zhang, Qingyuan（张清源）. 1990. *Dictionary of Modern Chinese Knowledge*. Chengdu: Sichuan People's Publishing House.［1990，《现代汉语知识词典》。成都：四川人民出版社。］

Zhang, Yisheng（张谊生）. 2003. From Quantifier to Auxiliary –– A Case Study of the Grammaticalization of Quantifier “Ge”. *Contemporary Linguistics* 3: 193–205.［2003，从量词到助词——量词“个”语法化过程的个案分析。《当代语言学》第 3 期，193–205 页。］

Zhang, Yunqiu（张云秋）. 2004. *Research on the Patient–object Sentence in Modern Chinese*. Shanghai: Academia Press.［2004，《现代汉语受事宾语句研究》。上海：学林出版社。］

Zhao, Rixin（赵日新）. 1999. The Research on “Ge”. *Language Teaching and Linguistic Studies* 2: 36–52.［1999，说“个”。《语言教学与研究》第 2 期，36–52 页。］

Zhao, Xinfa（赵新法）. 2016. The Comparison of “V yi V” and “VV”. *Journal of Language and Literature Studies* 2:23–24.［2016，V 一 V 和 VV 的比较。《语文学刊》第 2 期，23–24 页。］

Zhong, Xiaoyong（钟小勇）. 2017. Transitivity Difference Between Verb–copying Sentence and Ba–sentences and Its Discourse Motivation. *Chinese Teaching in the World* 4: 477–495.［2017，重动句、把字句及物性差异及其话语动因。《世界汉语教学》第 4 期，477–495 页。］

Zhong, Xiaoyong（钟小勇）.2020. Some Problems on the Transitivity Study of Chinese. *Chinese Language Learning* 4: 51–61.［2020，汉语及物性研究的几个问题。《汉语学习》第 4 期，51–61 页。］

Zhou, Qingyan（周清艳）. 2009. Study on the Structure and Recessive Quantity of “V+ Ge+ N/VP” in Modern Chinese. PhD diss., Beijing Language and Culture University.［2009，现代汉语中“V 个 N/VP”结构与隐性量研究。北京语言大学博士学位论文。］

Zhou, Ren（周韧）. 2015. A Study of Mandarin Adverbs Under Realis–Irrealis Distinction. *Chinese Teaching in the World* 2: 167–183.［2015，现实性和非现实性范畴下的汉语副词研究。《世界汉语教学》第 2 期，167–183 页。］

Zhou, Ren（周韧）. 2017. A Qualia Structure Analysis of Mandarian Supply Sentences. *Chinese Teaching in the World* 2: 181–193.［2017，从供用句到功用句——“一锅饭吃十个人”的物性结构解读。《世界汉语教学》第 2 期，181–193 页。］

Zhou, Ren（周韧）.2020. What Kind of Keren(“Guest”) Comes. *Language Teaching and Linguistic Studies* 2: 51–64.［2020，什么样的“客人”来了。《语言教学与研究》第 2 期，51–64 页。］

Zhu, Dexi（朱德熙）. 1982. *Grammar Notes*. Beijing: The Commercial Press.［1982，《语法讲义》。北京：商务印书馆。］

Zhu, Dexi（朱德熙）. 1985. *The Questions and Answers on the Grammar*. Beijing: The Commercial Press.［1985，《语法答问》。北京：商务印书馆。］

Zhu, Dexi（朱德熙）. 1983. The Self–referential and Transferential: The Grammatical Function and Semantic Function of Chinese Nominalization Marker “De, Zhe, Zhi, Suo”. *Dialect* 1:16–31.［1983，自指和转指：汉语名词化标记“的、者、之、所”的语法功能和语义功能。《方言》第 1 期，16–31 页。］

Zhu, Huai（朱怀）. 2011. Conceptual Integration and Chinese Non–patient Object Sentences. PhD diss., Jilin University.［2011，概念整合与汉语非受事宾语句。吉林大学博士学位论文。］

Zhu, Keyi（祝克懿）. 2000. Analysis of “Ge” in the Structure of “V. + Ge + V./Adj.”. *Chinese Language Learning* 3: 16–19.［2000，析“动 + 个 + 形 / 动”结构中的“个”。《汉语学习》第 3 期，16–19 页。］

Zhu, Xiaolei（朱晓蕾）. 2017. Flip–flop Construction and Patient–sybject Sentence. *Chinese Teaching in the World* 3: 291–310.［2017，“一锅饭吃十个人”与受事主语句。《世界汉语教学》第 3 期，291–310 页。］

Zhu, Xiaoya（朱晓亚）. 2001. *A Study of Sentence Pattern in Modern Chinese*. Beijing: Peking University Press.［2001，《现代汉语句模研究》。北京：北京大学出版社。］

图书在版编目（CIP）数据

现代汉语准宾语结构研究：基于及物性理论的视角 / 王倩著. -- 北京：社会科学文献出版社，2024. 6.

ISBN 978-7-5228-3690-4

Ⅰ. H146.3

中国国家版本馆 CIP 数据核字第 2024AY9595 号

现代汉语准宾语结构研究
——基于及物性理论的视角

著　　者 / 王　倩

出 版 人 / 冀祥德
责任编辑 / 张建中
责任印制 / 王京美

出　　版 / 社会科学文献出版社 · 文化传媒分社（010）59367004
地址：北京市北三环中路甲 29 号院华龙大厦　邮编：100029
网址：www.ssap.com.cn
发　　行 / 社会科学文献出版社（010）59367028
印　　装 / 三河市尚艺印装有限公司

规　　格 / 开 本：787mm × 1092mm　1/16
印 张：18.5　字 数：332 千字
版　　次 / 2024 年 6 月第 1 版　2024 年 6 月第 1 次印刷
书　　号 / ISBN 978-7-5228-3690-4
定　　价 / 119.00 元

读者服务电话：4008918866